PPP 项目承诺升级行为机理与控制研究——基于投资者视角

刘继才　高若兰　张惠琴　罗　琦　著

国家自然科学基金面上项目（71571149）

西南交通大学研究生教材（专著）经费建设项目专项资助（SWJTU-ZZ 2022-021）

科 学 出 版 社

北 京

内 容 简 介

PPP 项目中投资者作为连接政府部门、金融机构和众多分包产业的关键节点，其自身的经营决策将直接关系到整个 PPP 项目的运营绩效和成败。本书为了开展 PPP 项目承诺升级行为的研究，首先，构建了结构化的 PPP 项目投资者承诺升级影响因素指标体系，并提出不同情景下投资者承诺升级的契约设计；其次，基于实物期权理论，构建了投资者承诺升级终止的决策阈值模型；最后，基于研究结果，制定了控制 PPP 项目中投资者承诺升级行为的途径。

本书既可以作为高校相关专业的研究生和高年级本科生所学相关课程的辅助教材，也适合各级地方政府相关人员和企业家阅读。

图书在版编目（CIP）数据

PPP 项目承诺升级行为机理与控制研究：基于投资者视角 / 刘继才等著. —北京：科学出版社，2023.12

ISBN 978-7-03-074752-5

Ⅰ. ①P… Ⅱ. ①刘… Ⅲ. ①政府投资–合作–社会资本–风险管理–研究–中国 Ⅳ. ①F832.48 ②F124.7

中国国家版本馆 CIP 数据核字（2023）第 022262 号

责任编辑：郝　悦 / 责任校对：姜丽策
责任印制：张　伟 / 封面设计：有道设计

科 学 出 版 社 出版
北京东黄城根北街 16 号
邮政编码：100717
http://www.sciencep.com
北京中科印刷有限公司 印刷
科学出版社发行　各地新华书店经销
＊
2023 年 12 月第 一 版　开本：720×1000　1/16
2023 年 12 月第一次印刷　印张：10 3/4
字数：216 000
定价：**118.00 元**
（如有印装质量问题，我社负责调换）

前　言

随着社会经济的不断发展，各国政府（特别是新兴市场国家和发展中国家）在城市发展、基础设施建设和更新及提供公共服务等方面存在巨大资金缺口。在财政资金使用空间有限和债务风险不断加剧的情况下，仅靠政府资金难以满足基础设施发展的巨大投资需求。众所周知，私人投资者在优化管理模式、降低项目成本、提高公共供给质量和效率方面能够发挥重要作用（Buyukyoran and Gundes，2018；Ahmadabadi and Heravi，2019；H. Wang et al.，2019）。因此，政府和社会资本合作（public-private-partnership，PPP）作为解决公共产品与服务建设资金缺口的创新融资模式而逐渐受到广泛关注（宋金波等，2016；王守清等，2017），同时作为促进公共产品和服务提质增效、实现以人为本的理念并促进可持续发展的公共管理模式而备受推崇（Mota and Moreira，2015；Zhang et al.，2016；常亮等，2017；熊伟和诸大建，2017）。

自 2014 年 4 月开始，国务院、财政部和国家发改委等纷纷相继出台相关的政策文件推动 PPP 模式发展，随之相关的立法工作逐渐推进，也为 PPP 项目的顺利实施提供了有力的保障，但在这场规模空前的 PPP 融资盛宴中，以政府购买服务的名义违法违规融资等问题异常突出。为有效防控财政金融风险、规范管理，稳中推进供给侧结构性改革，自 2017 年 5 月起，财政部、国家发改委和国资委等部门先后出台规范 PPP 项目的监管意见，不断提高入库标准、加强入库审核，并于 2018 年开始持续清理不合规的入库项目。截至 2019 年 8 月底，管理库清退项目共计 3 002 个，涉及投资额共计 3.50 万亿元；新增管理库入库项目 5 046 个、投资额约 7.2 万亿元[①]。总体而言，新增入库项目数量趋于平稳，更加理性。2014 年以来，我国 PPP 发展历经"爆发式增长"到如今逐渐趋于"冷静"，其本质并非叫停 PPP，主要目的是进一步规范并促进其可持续性发展（Huemann and Silvius，2017；Hueskes et al.，2017；Kivilä et al.，2017）。以可持续发展为导向的 PPP 模

---

① 全国 PPP 综合信息平台项目管理库 2019 年 8 月报. http://www.anyang.gov.cn/2019/10-17/1961398.html，2019-10-19.

式更符合"经济新常态"的目标定位，将助力于打好三大攻坚战和推进供给侧结构性改革。

尽管 PPP 模式自身的优势显著，但投资大、周期长、不确定性多、项目利益主体关系错综复杂等缺点，导致其管理决策面临巨大的风险（Martins et al.，2013；Ahmadabadi and Heravi，2019）。对此，现有大量文献均从风险角度研究和探讨各项目失败的主要原因（Kumar et al.，2018；H. Wang et al.，2019），但已有研究的基本主张是基于理性决策，其风险研究也基于客观存在的风险，如成本风险、进度风险和需求风险等。

然而，现实中的决策者并非完全理性，由于过去的投资，投资者经常会不得不向目前失利的项目继续投资，最后不仅得不到满意的结果，也会使投资者难以脱身，即投资者跌入了"行为陷阱"（Wong and Kwong，2018）。在决策过程中，面对未来可能失败的项目，投资者继续项目的倾向现象，统称为承诺升级（escalation of commitment，EOC）（Staw，1976，1981；Staw and Ross，1989）。例如，美国 Shoreham 核电站项目在 1966 年时估计成本 7 500 万美元，但实际运营成本高达 50 多亿美元，投资者却坚持运营项目长达 23 年未曾放弃（Ross and Staw，1993）；丹佛国际机场项目中，基于信息技术的行李处理系统开发进度滞后 16 个月、预算超支 20 亿美元，但项目却未终止（Montealegre and Keil，2000）。

PPP 实践中，承诺升级这一现象普遍存在，以往投资者为了自身的声誉等因素，在项目面临失败结果时依然选择坚持。例如，英法海底隧道项目，当投资者面临经营困难时，却在进度计划和预算上不断加大投资，最终发现自己身陷困境（Winch，2013；Song et al.，2018a）。投资者作为 PPP 项目中连接政府部门、金融机构和众多分包产业的关键节点，其自身的经营决策将直接关系到整个 PPP 项目的运营绩效和成败。一旦投资者选择承诺升级，其后果可能会造成极大的资源浪费，给 PPP 项目中的相关利益主体甚至整个项目带来不可逆转的巨大损失（Staats et al.，2018）。事实上，当 PPP 项目表现出不断的负反馈信息时，意味着投资者的风险加大；对此，投资者通常会启动再谈判程序，与政府部门商榷后续的合同设计等。因此，从控制 PPP 项目中投资者承诺升级行为后果的角度展开研究，对于政府部门、投资者及整个 PPP 模式的可持续发展具有重要的理论价值和现实意义。

刘继才

2023 年 6 月 5 日

目　　录

第1章 绪　　论

1.1　PPP 模式的发展状况

1.1.1　PPP 模式含义与优势

PPP 模式是英国政府大力推行扩张性财政政策后陷入财政赤字的产物，最早译为公私合作、公私合营等。PPP 模式是指通过项目进行融资，是以项目建成后的资产作为担保，以项目未来的期望收益或现金流量、资产和合同权益作为主要偿债来源的一种融资方式。英国 PPP 市场发展始于私人主动融资（private finance initiative，PFI）计划，标志着英国公共服务领域开始全面的民营化改革。中国改革开放以后，急需吸引和利用外资推动经济建设，深圳沙角 B 电厂为中国最早实现有限追索的项目融资案例，该项目的实施拉开了中国 PPP 发展的序幕。目前，PPP 模式成为一种行之有效的公共管理与公共服务市场化手段，对于推动中国公共供给的市场化发展具有积极借鉴意义（Feng et al.，2015）。

政府部门作为公共事业和基础设施的投资者与领导者，对于促进中国 PPP 模式的优良运作发挥着不可替代的作用。中国将 PPP 模式译为政府和社会资本合作，其中投资者包括私营部门和市场化的国有企业（含央企），是指政府部门将公共供给的提供义务通过特许经营、购买服务和股权合作等方式转移给投资者，由投资者负责投资、建设、运营和维护。在此过程中，投资者可采用使用者付费或可用性付费或可行性缺口补助的方式，实现合理的投资回报（Feng et al.，2015；Y. Wang et al.，2019）。

PPP 模式的大力推广，不仅可以帮助政府部门缓解投资压力，还有助于理顺政府与市场的关系，有助于简政放权，加快政府职能转变，弘扬契约文化，体现现代国家的治理理念，提升国家治理能力，助力发挥市场配置资源的决定性作用（李海涛，2016）。因此，PPP 模式不仅是一种创新的融资模式，也是一种项目组织运营模式，更是一种新型的管理模式和社会治理模式（刘晓凯和张明，2015）。尽管如此，并非所有项目都适合采用 PPP 模式，只有政府部门负有提供责任且又适合市场化运作的公共服务和基础设施类项目（如供水、供电、供气、供热等市政设施，公路、桥梁、城市轨道交通等交通设施，水利、环保等）可推行 PPP 模式；项目性质涵盖新建、改建和存量资产。

1.1.2　PPP 模式基本要素

1. 合作伙伴关系

PPP 合同作为一种强有力的纽带将 PPP 项目中的政府部门和投资者联系起来，其中政府部门为委托人，投资者为代理人，双方签订的 PPP 合同实质是一种委托代理合同（Wang and Liu，2015；Chang and Phang，2017；Cui et al.，2018）。PPP 合同的订立要求政府部门和投资者是平等的民事主体，且双方要在长达二三十年的特许期内维持良好的契约关系，要求双方之间形成和谐默契的合作伙伴关系，这是 PPP 模式得以开展的前提。双方之间形成长期的互惠互利目标，有助于 PPP 项目更稳定地发展，可以更好地为社会和公众服务。

2. 利益共享，风险共担

投资者以追求自身利益最大化为根本目标（J. Liu et al.，2016）。因此，PPP 模式在一定程度上要保证投资者"有利可图"，对此政府部门可通过一定的扶持政策（如税收优惠、贷款担保等）降低投资者的成本，提高投资者参与公共基础设施项目的积极性（Carbonara et al.，2014a）。但 PPP 项目始终以实现社会效益为宗旨，关乎民生，这就要求政府部门事前建立动态的利益调节机制，以保证投资者在 PPP 项目中实现"盈利但不暴利"。

根据 PPP 项目中权责对等的原则，政府部门和投资者要实现利益共享，相应地，要求双方之间共担风险。但风险共担并不意味着所有风险均由双方共同承担，而是按照风险控制力、风险承担成本等原则进行风险划分。通常情况下，政治风险由政府部门承担，而 PPP 项目本身的风险（如进度风险、成本风险等）由投资者承担，不可抗力等风险由双方共担（Li et al.，2005）。合理的风险分配机制有助于降低 PPP 项目整体风险和融资难度，提高项目融资成功率和项目整体绩效。

3. 有限追索或无追索

PPP 融资模式与传统融资模式的追索程度不同，是两者之间的本质区别。

PPP 模式的融资主体是项目本身，项目未来的收益及建成后的资产是还款的唯一来源。PPP 模式是一种以项目进行融资的模式，其有限追索甚至是无追索使投资者的资产得到最有力的保护，极大程度上解除了投资者进入基础设施和公共服务领域的后顾之忧，有助于充分调动私人投资者的积极性。

1.1.3 PPP 模式研究现状

PPP 项目的投资决策包含多方面的分析与评价，包括风险管理（戴大双等，2010；Liu et al.，2014a；Xu et al.，2015；Moore et al.，2017；Keers and van Fenema，2018）、特许期决策（Galera and Soliño，2010；宋金波等，2016）、政府担保（Galera and Soliño，2010；Feng et al.，2015；Buyukyoran and Gundes，2018；Y. Wang et al.，2019）、合同管理（Martins et al.，2013；Iossa and Martimort，2016）等，是一个较为复杂的系统工程，其实质均是对 PPP 模式衍生的各种客观风险的分析与管理，由此风险管理已逐渐成为学界和产业界共同关注的热点。

1. 风险识别

风险识别是指找出 PPP 项目中各方利益主体需要分担与管理的具体风险。尽管 PPP 模式在风险管理方面表现出独特的战略和能力，但风险识别仍然是一个相对复杂的过程，需要从政府部门和投资者等不同角度对风险进行分析。通过文献分析发现，PPP 项目风险识别主要采用文献识别（Yuan et al.，2013）、德尔菲法（Ke et al.，2010）、风险分解结构（Chan et al.，2011）、问卷调查（Li et al.，2005）、专家访谈（Song et al.，2013）和案例分析（戴大双等，2010；Song et al.，2013）等方法。

由于风险分类标准不同，PPP 项目的风险可以划分为不同的体系。按照风险层次，PPP 项目风险可以划分为宏观、中观和微观三个层面（Li et al.，2005）；按照风险是否可以分散，PPP 项目风险可以划分为系统风险和项目特定风险两大类（Chan et al.，2011）；按照风险性质不同，PPP 项目风险可以划分为政府决策风险、政府信用风险、法律和政策风险等（Song et al.，2013）。

2. 风险评估

在识别 PPP 项目风险后，评估各项风险影响也是风险管理的重要环节。PPP 项目实施过程中的各种潜在风险将直接对项目现金流（包括收入和成本）产生影响（Shen and Wu，2005），其中需求风险和偿债风险等会影响收入（Singh and Kalidindi，2006），而融资风险、建设风险和运营成本超支风险等会对项目成本造成影响（Ibrahim et al.，2006）。对 PPP 项目过程进行优先排序和分析时，投资者可通过对每种风险及风险之间相关关系的感知程度来采取合理的风险控制措施（Iyer and Sagheer，2009）。最终，投资者在 PPP 项目中采用的策略通常取决于风险影响的可预测性和风险结果的可控性。当正确评估项目投资者的风险管理能力时，决策过程就会变得更加系统和实用（Ameyaw and Chan，2015）。

关于风险评估的方法，风险等级矩阵使用最为简单，其中包括已识别风险的发生概率和损失后果，这种方法可以与反映项目绩效的二维价值曲线一并使用。风险评估也可通过结构方程模型构建风险评价框架，进而揭示这些风险对 PPP 项目绩效的影响（Ahmadabadi and Heravi，2019）。此外，模糊综合评价法和蒙特卡罗方法也是评估 PPP 项目风险水平的有效工具（Alonso-Conde et al.，2007；Xu et al.，2010a；Chang and Ko，2016）。

不同于传统评价方法，实物期权考虑了风险的价值，为 PPP 项目的风险评估提供了一种新的视角（Ho and Liu，2002；Liu et al.，2014b）。PPP 项目中期权的表现形式因风险种类的不同而不同，如推迟期权（Garvin and Cheah，2004）、限制竞争的担保期权（Liu et al.，2014b）。另外，部分学者对 PPP 项目中政府担保与投资者收益限制也采用实物期权理论进行了研究（Liu and Cheah，2009；Wang and Liu，2015；Y. Wang et al.，2019）。在 PPP 项目再谈判和提前终止频频发生的情况下，事前风险管理显然不足以防范所有风险的发生，事后风险管理也十分必要（Xiong et al.，2017）；构建基于再谈判和提前终止因素的风险管理模型，对事前风险评估及事后风险应对措施的研究至关重要。

3. 风险分担

风险分担是 PPP 项目区别于一般风险管理的重要特征，也是 PPP 模式的主要优势之一（Osei-Kyei and Chan，2015；Cui et al.，2018；Y. Wang et al.，2019）。不同利益主体对风险分配的感知情况不同，风险分配感知概念的提出，有助于实现 PPP 项目的合理分配（Abednego and Ogunlana，2006）。最优的风险分配机制有助于促进 PPP 项目物有所值的实现（Ameyaw et al.，2015）。随后诸多学者对 PPP 项目风险分担机制展开研究，特别是治理结构方面（Jin and Doloi，2008；Jin and Zhang，2011）。由于 PPP 项目的合作和政策背景不同，风险分配方式也各不相同（Chung et al.，2010；Sastoque et al.，2016）。

PPP 项目风险分配的实证研究通常采用案例分析、调查问卷和建模等方法（杜亚灵和尹航，2015）。案例分析方法是一种定性分析法，可以有效体现已建 PPP 项目管理过程的优点和弊端，为待建项目提供直观的借鉴依据，如香港国际会展中心（Liu and Wilkinson，2014）等。调查问卷和建模方法都属于定量分析法，Chan 等（2011）将视角聚焦中国 PPP 项目风险分担机制，通过 Mann-Whitney

U 检验发现政府部门和私人投资者对于风险感知无显著差异，且学术界和实务界对风险感知的差异也不显著；实证分析发现政府部门更倾向于承担系统风险，特别是政治、法律和社会风险，而投资者更愿意承担项目具体的风险（如建设和运营风险），剩余风险（如不可抗力风险）则由双方共担。目前，PPP 项目风险分配实证研究建模分析方法包括多元线性回归和人工神经网络建模，相比之下，人工神经网络建模方法更适合于 PPP 项目的风险分配（Jin and Zhang，2011）。在 PPP 实践中，应根据具体项目情况协商风险的分配机制（Roumboutsos and Anagnostopoulos，2008）。

　　PPP 项目风险分担的理论研究主要通过实物期权理论和博弈论的方法实现。通过 PPP 项目中实物期权对投资者投资的激励，政府部门可通过政府担保向投资者转移部分可观的价值（Alonso-Conde et al.，2007）。在设计政府部门和投资者的风险分担机制时，同时考虑双方的互惠偏好和风险偏好等因素，有助于实现风险转移，提高双方的合作效率（何涛和赵国杰，2011；Wang et al.，2018）。此外，考虑 PPP 项目中项目参与方地位的非对称情况，构建参与方之间的讨价还价博弈模型对于风险分担也至关重要（李林等，2013）。由此观之，PPP 项目领域对客观风险的研究已日渐成熟，风险管理的构成要素和标准程序已基本明确。

　　综上分析，现有对 PPP 项目风险的分析与管理，究其本质，这些风险都属于客观因素风险，如建设风险和运营风险等，但对于 PPP 项目中的主观风险研究很少。事实上，由于 PPP 项目中的诸多风险和不确定性，投资者可能收到有关项目的负反馈信息（如进度严重滞后、成本严重超支等），投资者时常会选择继续项目而表现为主观的承诺升级行为。本书以 PPP 项目投资者主观的承诺升级行为为切入点，以控制投资者承诺升级行为发生后果为目的，旨在研究投资者承诺升级时的契约设计及控制路径，以期扩展和补充 PPP 领域的研究内容，丰富 PPP 理论相关研究成果。

1.2　承诺升级理论与研究

1.2.1　承诺升级基本含义

　　承诺升级最早由 Staw（1976）提出，是决策情景下一种常见但非完全理性的行为，是指决策者面临负反馈信息后，仍然向失利项目继续投资（Arkes and Blumer，1985；Whyte，1986；Pan et al.，2006；Behrens and Ernst，2014；Morer et al.，2018；Sleesman et al.，2018）。因此，承诺升级是投资者再次决策时的一种表现，是投资者经常面对的一种决策困境（Staw and Ross，1987a；Brockner，1992；唐洋和李伟，2010）。

现实生活中，承诺升级现象普遍存在，各领域都可能发生。例如，恶性增资这种常见的投资陷阱是一种承诺升级行为，是指当项目预期净现值小于零后仍继续投入资源（刘志远和刘超，2004；唐洋和刘志远，2008）；在充满不确定性的创业项目、R&D（research and development，研究与开发）领域和 IT（internet technology，互联网技术）领域也普遍存在承诺升级现象（任旭林和王重鸣，2006；Jani，2008；牛芳等，2012；Liang et al.，2014；Staats et al.，2018）。

PPP 项目实施过程中，存在各种各样的不确定性和风险，如建设风险、市场风险、利率风险、外汇风险等（Song et al.，2015；Xiong et al.，2015），可能造成 PPP 项目短期内现金流低于预期效果，财务分析结果显示投资者应提前终止 PPP 项目（Liu et al.，2017a）。具体而言，PPP 项目中投资者可能面临的承诺升级情景包括管理失误（Martins et al.，2011）、合同方违约（Iossa et al.，2007）、政府部门的工作过失（Dahdal，2010）、同类项目竞争（Liu et al.，2014b）、市场变化导致项目需求量远低预期（Ke et al.，2010）、工期延误（宋金波等，2014）、资本成本增加导致投资规模加大（Schaufelberger and Wipadapisut，2003）和不可抗力（Dahdal，2010）等，这些均可能导致项目濒临失败。当投资者接收到有关 PPP 项目失利的负向反馈信息表明项目可能失败时，选择继续项目即承诺升级。

因此，本书界定承诺升级的含义：当投资者面对 PPP 项目负反馈信息（如项目实际需求远低于预期水平、进度严重滞后、运营绩效差等）表明继续项目很可能会失败时，投资者做出维持原预算或追加投资等继续 PPP 项目的行为，即表现为承诺升级。PPP 项目中投资者承诺升级情景具备的特征要素如下。

（1）PPP 项目投资者先前已经投入了大量的人力、财力、时间和精力（甚至是自我认同感）等，即存在沉没成本（Keil et al.，1995；Feldman and Wong，2018）。

（2）负面结果反馈可能出现在 PPP 项目的建设期或运营期（宋金波等，2014），现阶段的负面反馈信息表明项目进展未达预期效果、进展失利，但无法根据现有信息清楚判断项目未来的进展结果（陈伟娜等，2009）。

（3）投资者拥有再选择的机会，需要再次决策是继续项目还是终止项目而从项目中撤出（Staw，1981；Brockner and Rubin，1985；Brockner，1992）。

（4）投资者面对的是一系列相关决策，属于进展型决策，需要对整个项目进行再三考虑后做出决策（Moon，2001a）。

投资者的承诺升级强调决策前后是处于同一个 PPP 项目，是投资者非完全理性（即有限理性）做出的再决策，更强调其结果存在大概率的负面性。

1.2.2 承诺升级理论解释

随着对承诺升级行为的关注日益密切，目前已有诸多相对成熟的理论分别从个人和组织两个视角对承诺升级行为进行解释和剖析，主要包括自我辩护理论（self-justification theory）、委托代理理论（principal-agent theory）、前景理论（prospect theory）、心理预算理论（mental budgeting theory）、实物期权理论和期望理论等。

1. 自我辩护理论

承诺升级理论解释可追溯到 Festinger（1957）的认知失调理论和 Kiesler（1971）的心理承诺理论，是指投资者在进行决策时，通常都会伴随产生一定的积极期望，并会对初始决策产生一种原生性认知（generative cognition）。随着项目的不断进行，当后续的反馈信息与原生性认知不一致时（如成本严重透支导致项目难以继续开展，应该放弃项目），认知失调随之就会产生。这时，为了减轻甚至消除认知失调带来的不舒适感，投资者就会对项目重新进行价值评估：当原生性认知的感觉强于失调认知时，投资者会继续接受原生性认知，即继续项目，承诺升级发生；相反，若投资者接受失调认知，则会放弃或终止项目。

源于认知失调理论和心理承诺理论，Staw（1976）提出了自我辩护理论。自我辩护理论将承诺升级看作一个循环周期，当投资者收到负反馈时，通常选择继续投资来证明前面决策的正确性（Brockner，1992）。自我辩护分为内部辩护和外部辩护，分别从内在动力和对外辩护的角度解释了承诺升级行为的合理性（Bobocel and Meyer，1994）。

PPP 项目实践中，投资者通常都会面临绩效考核（徐飞和宋波，2010）。不论投资者是民企还是国企甚至是央企，出于内部辩护，都不愿意承认自己决策的失误；出于外部辩护，鉴于决策者的任期制，为了维持自身形象、行业地位以获得政府部门的认可，也倾向于选择继续项目获得成功的机会。因此，在 PPP 项目中，无论投资者是出于内部辩护还是外部辩护的需要，都会导致承诺升级的发生。

2. 委托代理理论

委托代理理论由 Jensen 和 Meckling（1976）提出，是在非对称信息博弈的基础上发展而来的，强调经济人假设。委托代理关系本质为一种契约关系，是指某（些）个人（委托方）基于自身的利益诉求，委托其他人（代理方）执行并给予代理方一定权利（Eisenhardt，1989）。PPP 模式下，经政府部门授权，投资者负责投资、建设和运维,由此双方之间构成明显的委托代理关系,其中政府部门为委托方,投资者为代理方(Cui et al.,2018;Paez-Perez and Sanchez-Silva,2016)。根据这一理论,由于双方之间的信息不对称及投资者追求自身利益最大化,投资者有动机和条件隐藏关于先前 PPP 项目决策结果的负面信息,从而做出继续之前行为的决定,则投资者承诺升级发生(Salter and Sharp,2001)。

3. 前景理论

通常情况下,投资者都具备一定的风险偏好程度,或为风险规避型,或为风险喜好型,PPP 项目投资者也不例外(Tobin,1958)。前景理论考虑了投资者认知偏差等非理性心理因素,阐述了不确定情景下投资者的决策机制及过程。当投资者在损失情况下,偏向于风险决策;在获利情况下,偏向于风险回避(Kahneman and Tversky,1979)。当投资者面临两种情况选择时,若两种选择都可能失败,则容易表现出风险偏好;相反,若两种选择都可能成功,则容易表现出风险厌恶(Whyte,1986)。当投资者收到 PPP 项目负反馈信息时,如果投资者直接放弃,就意味着要接受 PPP 项目确定的损失;相反,如果选择继续投资,尽管可能会失败而遭受更大损失,但仍然有挽回损失的可能。

在这种损失情景下,投资者会陷入损失框架。因而,为了避免 PPP 项目确定的损失,投资者有追加风险投资的倾向;根据边际递减效应,投资者会低估追加投入资金的价值,即使失败了,感知上也只是多损失了一点而已,则承诺升级发生。前景理论框架下分析的是投资者对收益或损失的主观感知,而非其绝对值大小。通常 PPP 项目决策者投资某个项目时,心理会预判该项目的收益率(即参考点),此后更加关注的是相对于这个期望产出的变动情况,而非最终利益的平均值。

4. 心理预算理论

心理预算理论的提出与前景理论中参考点的设置相似,是指投资者在心理上会对各项支出预先设定一定额度的约束(可正可负),并且会对各项支出的开支情况进行不断追踪(Heath,1995)。不同于其他研究认为沉没成本会导致投资者增加投资(Moon,2001a;Morer et al.,2018;Zeng et al.,2013),心理预算理论假定投资者会在心中设置一个预算(称为心理预算)。当总支出超过心理预算时,决策者会减少投资,即此时沉没成本效应会减弱投资者的承诺升级行为(Stilley et al.,2010a,2010b)。

心理预算理论下,PPP 项目投资者做决策以心理预算值为基础,通过判断PPP 项目总成本与总利益间的均衡状态来决定是否坚持。如果投资总额超过了获利,即使计划仍然运作良好,决策者也有可能放弃继续投资,即承诺下降。根据损失敏感理论，相对于极大化利润的目标，PPP 项目投资者在追求极小化损失时更容易受到先前结果的影响；换言之，相比极大化利润的目标，极小化损失的目标更容易引发投资者的承诺升级行为（Romanus et al., 1997；钱明辉和李蔚菱，2014）。

5. 实物期权理论

实物期权理论综合考察了投资的不可逆性和柔性及市场的不确定性（Myers，1977）。根据定义，实物期权是赋予期权享有者的一种权利，而非必须履行的义务。随着内外部环境的变化，投资者享有的实物期权存在于有机会而非有义务去调整的项目中，承诺升级更容易发生（Tiwana et al., 2006）。该理论的核心思想强调任何未来的不确定性都有价值，投资者可以在继续项目的过程中，充分规避和利用风险和不确定性，从而获得这部分期权价值。若投资者忽略了这部分价值，则会造成项目实际价值的降低，甚至可能因项目被提前终止而承担损失（Garvin and Cheah，2004；Chulkov and Desai，2008；Liu and Cheah，2009）。

通常情况下，投资者考虑到自身掌握着 PPP 项目的关键技术和工艺，也清楚每个 PPP 项目都会面临风险与收益。即使遇到项目进展不利的情况，投资者也会倾向于继续坚持高风险、高收益的决策原则，否则可能因放弃项目而丧失这种核心技术优势，从而无法获得期权价值而最终导致项目收益降低（Chulkov and Desai，2008）。另外，PPP 模式的长周期性，导致项目实施过程中存在很多不确定性，政府部门为降低投资者风险，提高其参与的积极性，通常会提供政府担保（Carbonara et al., 2014b；Carbonara and Pellegrino，2018；Song et al., 2018b）。当 PPP 项目运营绩效极差，投资者难以继续运营项目时，投资者有权要求政府部门提前回购 PPP 项目，即投资者享有 PPP 项目提前终止的放弃期权（Liu et al., 2017a）。实物期权理论从认知角度出发，强调投资者对 PPP 项目未来期权价值的考虑。

6. 期望理论

期望理论认为目标可以激发一个人的动机，而激发力量的大小，取决于目标价值和概率两个因素（Vroom，1964）。根据这一理论，PPP 项目中投资者不仅会估计进一步投入资源达成目标的可能性，而且还会基于先前目标的完成度来权衡进一步升级承诺的有效性。因此，如果投资者认为 PPP 项目早期绩效较差只是暂时的，属于正常波动范围的不稳定表现，则会认为将来目标达成的概率更高，也就可能更多地投入额外的资源。研究发现，当投资者认为项目进展更接近于目标时，则承诺升级现象更容易发生（Rubin and Brockner，1975）。

7. 其他相关理论

除上述理论对承诺升级进行解释外，有学者根据其他理论对此展开了相关研究。例如，决策困境理论（Bowen，1987）、调节聚焦理论（Higgins，1997）、自我表现理论（Goffman，1959）及模型塑造理论（Hestenes，1987）等。

1.2.3 承诺升级影响因素

结合上述相关理论可知，影响投资者承诺升级的因素众多，Ross 和 Staw（1993）从组织视角提出了承诺升级的四阶段模型；Biyalogorsky 等（2006）总结并提出了基于信念更新模型（belief-updating model）的承诺升级路径模型。截至目前，Ross 和 Staw（1993）的四阶段模型得到了广泛认可。在四阶段模型下，可根据因素的性质和表现不同，将影响因素分为四类，即项目因素、心理因素、社会因素和组织因素，承诺升级的影响因素也随着项目所处的阶段不同而有所差异（Sabherwal et al.，2003），如图 1-1 所示。

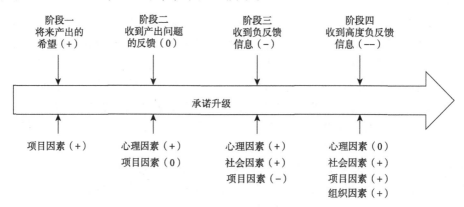

图 1-1 承诺升级过程机理

"+"表示该因素支持投资者承诺升级；"0"表示该因素对投资者承诺升级的作用不确定；"–"表示该因素不支持投资者承诺升级；"—"表示该因素非常不支持投资者承诺升级

资料来源：Ross 和 Staw（1993）

阶段一，项目因素居主导地位，支持投资者进行承诺升级。即投资者根据先前的理性评估、项目高成功概率及结果价值的积极预期，对行动做出了较高的承诺。阶段二，投资者察觉到项目的运营和发展不如预期，并感觉到项目出现了问题；此时，项目因素中各项变量的影响相互抵消（如长期投资会增强决策者对行动的承诺，但项目成功概率预期的降低会抑制投资者承诺升级），对承诺升级的影响十分微弱；而此时心理因素（如自我申辩等因素）的影响开始逐渐发挥作用，使得投资者对行动仍能保持相对较高的承诺，进而做出继续坚持先前行为的决策。阶段三，投资者开始接收有关项目的相对明显的负面信息，此时项目因素对承诺升级的影响由之前的正向支持变为负向抑制作用，自我申辩等心理因素的影响作用依然存在，再加上投资者形象、竞争和规范等社会因素发挥正向影响（陈炳和高猛，2010；项保华，2011；Bonney et al.，2014；Hsieh et al.，2015），投资者决定继续下去；但此时项目因素、心理因素和社会因素综合作用的结果为不支持投资者继续进行承诺升级。阶段四，项目出现高度负面反馈，运营状况极差，项目目标的实现基本无望，各类因素综合表明非常不支持投资者继续投资项目。但出于获得项目剩余价值的目的，以及受项目高沉没成本等因素的综合考虑，投资者依旧会将项目坚持到底。Ross 和 Staw（1993）以 Shoreham 核电站项目为例，论证了该承诺升级过程的合理性。

　　基于上述 Ross 和 Staw（1993）的研究，本书将影响投资者承诺升级的因素按照不同的表现形式和性质要素，重新划分为四类，各因素对承诺升级行为的影响方式如下所述。

1. 项目因素

　　项目因素是指项目的客观特征，反映项目沉没成本、完成度和预期收益等因素。当面对巨大的沉没成本时，投资者通常会表现出显著的继续投资的倾向（Arkes and Blumer，1985）。项目前期大量的沉没成本（包括投入资金、时间、精力和自我认同等）使投资者感知到损失，为挽回损失并倾向于风险偏好，因而表现为承诺升级倾向（Staw and Ross，1987a；Chung and Cheng，2018；Staats et al.，2018），但沉没成本效应并非独立存在，还受到项目完成度的影响（Garland and Conlon，1998）。当投资者收到项目负反馈信息时，项目所处的完成阶段不同，则决策风险、决策目标成功概率等皆不相同，项目完成阶段对决策风险和承诺升级具备调节作用（He and Mittal，2007）。目标替代效应显示，当项目按计划接近完成时，完成项目计划本身已逐渐成为投资者新的目标，且完成这一目标的信念驱动能超越项目利润最大化目标，此时投资者已不受沉没成本的影响（Conlon and Garland，1993）。之后，Rutten 等（2014）通过调研 154 家公司的 25 个协同创新项目后发现，承诺升级与沉没成本无关。

　　此外，决策目标也会影响投资者的决策：当决策目标是收益最大化时，决策者倾向于升级承诺（Karlsson et al.，2002）。承诺升级还受到项目本身风险程度（He and Mittal，2007）、对项目预期收益及其评估的模糊性（Brockner et al.，1981；Bowen，1987；Karlsson et al.，2005）、机会成本（Sleesman et al.，2012）等因素的影响。但委托人和代理人之间的信息不对称是导致投资者有动机隐藏先前决策结果负面信息，进而发生承诺升级行为的关键原因（Salter and Sharp，2001；Berg et al.，2009）。

2. 心理因素

决策者的心理因素与承诺升级的关系一直备受关注。现有文献表明，承诺升级与投资者的自尊水平（Schaumberg and Wiltermuth，2014）、自我效能（Whyte et al.，1997；Jani，2008）、性格（Schaubroeck and Williams，1993）、神经质（Wong et al.，2006）、理性思维风格（Wong et al.，2008）、责任感（Moon，2001b）、预期后悔（Wong and Kwong，2007；Sarangee et al.，2019）和自我损耗（Lee et al.，2018）等因素密不可分。总体而言，这些心理因素可分为情感因素、认知风格和性格因素三类。

通常情况下，当面对负反馈信息时，投资者总是试图回避令自己不舒适的情绪，从而导致承诺升级意愿降低（Wong et al.，2006）。但负面情绪对于承诺升级的作用机制也各不相同，如投资者承诺升级与焦虑呈正相关关系，但与抑郁呈负相关关系（Moon et al.，2003a）；而高自尊水平的投资者不会受到焦虑和损失感的影响，均会表现出较高的承诺升级（Whyte et al.，1997）。此外，容易生气的投资者认为风险较低并倾向于提高承诺，因此愤怒比恐惧更容易导致承诺升级（Tsai and Young，2010）。然而，在财务决策背景下，并非所有这些负面情绪都会加强这种承诺升级（Tsai and Young，2010）。之后，Wong 和 Kwong（2007）指出承诺升级情景下，投资者通常期望降低预期后悔，若放弃项目而产生的预期后悔较高，则投资者更愿意进行承诺升级。与上述研究结果不同，Ku（2008）则认为承诺升级与后悔程度（包括预期后悔和事后后悔）呈负相关关系。Sleesman（2019）研究了悖论心态对承诺升级的影响机制。

在思维方式和认知方面，投资者的理性思维风格可划分为理性能力和理性投入两个维度（Wong et al.，2008），在 Pacini 和 Epstein（1999）开发量表中的得分越高，承诺升级的程度越强，但承诺升级只与理性能力的正相关关系显著，不受理性投入的影响。首先，理性思维风格有助于增强投资者对先前决策的信心，从而增加承诺（Wong et al.，2008）。其次，认知偏差（如过度自信）的存在，对项目发展前景过于乐观，导致投资者低估未来的不确定性和风险，在一定程度上阻碍了投资者进行理性决策（Griffin and Tversky，1992；Odean，1998；Heaton，2002；Ronay et al.，2017）。Keil 等（2007）通过构建承诺升级决策模型，分析了两种认知偏差（包括选择性感知和控制幻觉）对承诺升级的作用机制，结果发现这两种认知偏差对承诺升级呈现明显的反向作用。方案的描述方式直接决定了对项目的风险感知和机会威胁认知情况，导致投资者表现出不同的风险偏好和决策（张文慧和王晓田，2008）。风险偏好可通过影响风险感知和预期结果而进一步影响承诺升级（Wong，2005）。

此外，分析投资者不同的性格特征对承诺升级的影响也至关重要（Rao and

Monk，1999）。责任感越强，越有可能承诺升级（Higgins，1997）。由于前任和继任投资者在观点采择、共同特质和人际观念模式等方面存在相似性，继任投资者也可能会选择承诺升级（Gunia et al.，2009）。当投资者具有较高的责任感时，神经质对承诺升级呈负向作用（Wong et al.，2006），但 Moon 等（2003a）则认为神经质包括两个成分，当神经质作为整体概念时，其对承诺升级的作用机制并不显著。Moon（2001b）从人格特征的另一个维度尽责性出发，将其分为职责和追求成就两个维度，研究发现职责与承诺升级呈负相关关系，但追求成就与承诺升级呈正相关关系。

3. 组织因素

实践经验表明，组织也可能表现出一定程度的承诺升级现象（Drummond，2014）。通常情况下，组织内部的代理问题是导致决策者承诺升级的重要原因（Sleesman et al.，2012）。当需要对初始决策负责时，投资者更容易表现为承诺升级（Conlon and Parks，1987；Moon，2001a）。与之不同的是，Leatherwood 和 Conlon（1988）认为投资者的承诺升级行为与初始决策责任无关。在中国文化背景下，决策责任是通过影响决策者原生性认知而间接影响其投资选择的（唐洋和刘志远，2008）。对于存在实物期权环境下的项目，不仅没必要更换新的投资决策者，反而应让现有投资者继续负责该项目，即使现有投资者存在承诺升级倾向，其继续管理的效果也比替换决策者的方式效果更佳（Boulding et al.，2016）。

若组织文化重视一致性（如坚忍不拔、锲而不舍、善始善终等），或使投资者个体不愿意承认失败，可在一定程度上主宰投资者个体的行为，投资者更容易出现承诺升级（Brockner et al.，1981；Staw，1981；Staw and Ross，1987a；Teger，1979）；但若投资者认为自身得不到组织的尊重时，则不太可能采用该组织或社会制度的规范（Anicich and Hirsh，2017）；而 Sabherwal 等（2003）认为投资者个人承诺升级与否不受组织支持等的影响。组织内部严格的招聘和选拔程序及清晰的组织价值体系都有助于提高投资者的承诺（Conlon and Parks，1987；Whyte，1993）。一方面，当项目实施过程中得到最高管理层的强有力支持时，承诺升级就容易发生（Ross and Staw，1986；Staw and Ross，1987b）；另一方面，组织惰性同样容易诱发承诺升级（Ross and Staw，1986）。

决策方式的不同是组织区别于个人的重要特征，个体决策和集体决策方式都可能导致承诺升级发生（Wieber et al.，2015）。Whyte（1993）经过实验验证了集体决策比个体决策更容易引发承诺升级，与之相反，Neale 等（1986）则认为集体决策有助于减少承诺升级。不同于以往研究，Moon 等（2003b）提出，决策方式对承诺升级的影响方式取决于项目完成度，并进一步将集体决策方式进行细化后发现，先个体后集体的决策方式终止濒临失败项目的难度较大，而直接集体决策要比个体决策更果断地放弃项目。相反，刘志远和刘青（2007）通过角色模拟实验分析后得到，先个体后集体的决策方式可以对承诺升级进行有效控制，从而较好地规避前景理论效应。

4. 社会因素

社会因素反映项目所处的社会、政治、经济、文化等方面的因素，不同的文化背景可能导致最终不同的投资决策（Smith et al.，1994；Harrison et al.，1999；Keil et al.，2000；Drummond，2014）。通过对比研究发现，投资者在芬兰、荷兰和新加坡文化背景下的承诺升级表现各不相同（Keil et al.，2000）；尽管沉没成本和风险感知对决策者承诺升级的影响依然存在，且风险感知与风险倾向呈负相关关系，但新加坡文化背景下的负相关关系显著高于其他两个国家（Keil et al.，2000），这与新加坡的低不确定性规避文化相一致。当面对项目的负反馈结果时，来自墨西哥的投资者比美国的投资者对自身决策更有信心，承诺升级倾向更为明显；但当需要对初始决策负责时，美国投资者追加项目投资额又普遍明显高于墨西哥投资者（Greer and Stephens，2001）。

社会群体同样也是影响承诺升级的重要因素之一，如投资者的社会认同受其行为的限制，与外在的情景特性联系在一起，即外在约束会影响投资者承诺升级的行为选择（Fox and Staw，1979）。此外，投资者会以他人的行为或社会规范来指导自身的行为方向，或完全模仿他人的行为而引起从众效应等，都会导致承诺升级行为的发生（Ross and Staw，1993；Bobocel and Meyer，1994）。当投资者面对负反馈信息再次决策时，若有政治势力或利益团体的支持，同样会使已经出现负面反馈的项目继续下去（Ross and Staw，1993）。

如上所述，可能由于各种心理、社会和组织方面的因素，投资者会对先前失利的项目维持承诺。鉴于承诺升级这种非完全理性的行为，一旦后续项目失败可能会造成巨大的资源浪费，于投资者和政府部门甚至整个社会来说都是一种损失。因此，承诺升级的控制方案和途径成为专家学者研究的重要着力点，承诺升级控制措施汇总如表 1-1 所示。

表 1-1　承诺升级控制措施汇总

序号	承诺升级控制途径	控制措施具体描述	文献来源
1	提高负面反馈信息的准确性	投资者面对负反馈信息仍然倾向于升级承诺的主要原因之一是该负反馈信息不能清晰、准确地表明项目一定会失败。因此，为减少承诺升级的发生，必须建立项目信息反馈机制，提高负反馈信息的及时性和准确性	Ghosh（1997）；Karlsson 等（2005）；Arbuthnott 和 Dolter（2013）

续表

序号	承诺升级控制途径	控制措施具体描述	文献来源
2	完善项目监督机制，并定期评估	出现承诺升级的项目，或多或少存在监管缺失的问题。完善项目监督机制，定期审查，不定期抽查，并对项目做出阶段性进展评估报告，可有效减少承诺升级行为，降低项目失败率	Keil 和 Robey（1999）
3	项目外部的激励	当投资者负有决策责任时，结果导向的奖励机制不是有效的激励措施；相反，过程导向的奖励机制对控制承诺升级行为更为有效	Contractor 等（2012）
4	政府行动或干预	政府部门的有效干预可降低投资者的承诺升级	Hutchinson 等（2018）
5	利益相关者的出现	在大型项目中，通常会涉及多方利益相关者，组织外利益相关者的出现可有效防止承诺不断续扩	Ross 和 Staw（1993）
6	减少对投资者决策的追责	项目进展失利并非总是投资者的决策失误，可能与政策发展、不可抗力等因素不可分。因此，降低对投资者初始决策行为的追责，减轻投资者心理负担，可有效避免投资者盲目进行承诺升级	Keil 和 Robey（1999）；Wong 等（2006）
7	是否变更投资者	目前对是否变更投资者的研究结论不一：Keil（1995）及 Ross 和 Staw（1993）认为对初始决策负责的投资者可能因为心理和组织等压力而维持对项目先前的承诺，因此建议更换投资者；但 Boulding 等（2016）认为对于实物期权环境下的项目，不仅没必要更换新的投资者，反而应让现有投资者继续负责该项目，其效果更佳	Ross 和 Staw（1993）；Keil（1995）；Boulding 等（2016）
8	项目最低绩效标准的合理设定	投资者无法判断项目的成功与否是继续项目的原因之一：若项目最低绩效标准设置相对较低，投资者会认为已轻松达到目标，因此在很大程度上会减少对陷入决策困境项目的承诺	Ghosh（1997）；Keil 和 Robey（1999）
9	降低失败项目产生的惩罚	管理决策是在组织背景中产生的，决策过程与组织结构环境密切相关，减少组织内部对决策者失败项目的惩罚和威胁，可有效减少投资者的承诺升级行为	Simonson 和 Staw（1992）；Arbuthnott 和 Dolter（2013）
10	确定合理的组织决策方式	Whyte（1993）经过实验验证集体决策比个体决策更易引发承诺升级；刘志远和刘青（2007）则通过实验发现先个体后集体的决策方式可以对承诺升级进行有效控制，可较好地规避前景理论效应。目前，尽管对于决策方式的研究存在分歧，但合理确定组织决策方式可有效抑制承诺升级	Whyte（1993）；刘志远和刘青（2007）；Wieber 等（2015）
11	设立可替代项目	投资者自身资源的有限性意味着承诺升级行为存在一定的机会成本，当这种机会成本较高，即存在高收益的可替代项目供投资者决策选择时，投资者受利益驱动更倾向于选择替代项目，因而承诺升级水平降低	McCain（1986）；Neale 等（1986）；Sleesman 等（2012）
12	聘请外部顾问	聘请公司外部顾问，并对决策相关的会计信息形成心理表征，可有效防止投资者承诺升级行为的发生	Kadous 和 Sedor（2004）
13	明令禁止承诺升级	通过公开声明，明令禁止升级承诺是一种有效的控制途径	Simonson 和 Staw（1992）；Keil 和 Robey（1999）
14	合理的期权设计	合理的期权设计可有效减少投资者的承诺升级	Kwong 和 Wong（2014）

从国内外研究现状来看，PPP 项目中客观风险构成要素及其分担机制的相关研究已基本成熟，现有研究成果（特别是风险分担机制的研究思路）为全面把控

PPP 项目风险奠定了坚实的基础。同时，日益完善的承诺升级的相关研究成果，为探析 PPP 项目中投资者的承诺升级这一主观行为发生后果的契约设计及控制提供了极大的便利条件。

　　但目前鲜有研究聚焦在 PPP 项目中长达二三十年特许经营期内投资者的承诺升级行为，有关 PPP 项目中投资者承诺升级的研究尚处于起步阶段：①PPP 项目投资者作为连接政府部门、金融机构和众多分包产业的关键节点，其自身的经营决策将直接关系到整个 PPP 项目的运营绩效和成败。PPP 项目风险管理更多面对的是投资者主观行为的不可预见性和变动性，但现有关于风险分配的研究仅停在基本原则和客观因素层面，忽略了项目投资者这一最灵活决策者的承诺升级等主观风险，更忽略了投资者承诺升级决策时的风险倾向及其行为动机的影响。②缺乏从项目治理角度对 PPP 项目投资者承诺升级的契约设计和监管方式进行研究，投资者承诺升级终止时的阈值模型和退出定价机制的文献较为少见。③研究所涉及影响投资者承诺升级行为的因素较为零散，PPP 项目中投资者承诺升级行为影响因素指标体系尚未构建，各影响因素的结构尚未研究。④缺乏关于有效控制 PPP 项目投资者承诺升级途径的研究。因此，本书主要采用委托代理理论和实物期权理论，从控制 PPP 项目投资者承诺升级行为发生后果的视角出发，探析 PPP 项目中投资者承诺升级的契约安排及控制途径。

第2章　PPP项目投资者承诺升级的影响因素

2.1　引　　言

　　承诺升级可能出现在众多领域,目前有关承诺升级理论的研究主要聚焦于信息系统开发领域(Keil,1995；Zhang et al.,2016；Mähring and Keil,2008；Mobekk et al.,2018)、R&D领域(Biyalogorsky et al.,2006；Behrens and Ernst,2014)和会计领域(刘志远和刘超,2004；唐洋和刘志远,2008；牛芳等,2012；Lin et al.,2014；Devigne et al.,2016；Chung and Cheng,2018)等,很少研究分析工程项目管理领域的承诺升级行为。目前,以解决社会公众对基建设施和公共服务需求为目的的PPP项目的大型化、复杂化、长期化等发展趋势日益突出,投资者作为PPP项目中连接政府部门、金融机构和众多分包产业的关键节点,也是最灵活的决策者,其自身的经营决策直接关系着PPP项目的成功与否,长远来看,甚至严重影响着PPP模式能否可持续发展(Hueskes et al.,2017；Feldman and Wong,2018；South et al.,2018)。若投资者在PPP项目中表现出承诺升级行为,一旦项目失败,将可能造成PPP项目极大的资源浪费,与最初实现物有所值的目标背道而驰。

　　从国内外研究现状来看,相比PPP项目传统风险研究,PPP项目投资者承诺升级研究尚处于起步阶段,投资者承诺升级行为影响因素指标体系尚未构建。文献研究表明,在PPP项目中,投资者是否承诺升级不仅与项目本身特征要素有关,还受到政府部门的影响。但目前鲜有文献系统研究PPP项目中投资者承诺升级的影响因素,更忽略了对影响因素的结构化分析。

　　因此,本章将在文献识别的基础上,通过专家访谈予以修正,构建PPP项目投资者承诺升级的影响因素指标体系。PPP项目中投资者承诺升级影响因素指标体系的构建，是有效控制投资者承诺升级，减少恶性增资进而减少决策失误损失的关键。最后通过因子分析和熵权法对影响因素进行分类和关键因素的识别，为有效控制 PPP 项目投资者的承诺升级行为提供参考和依据，助力 PPP 项目治理体系的构建与完善。

2.2　投资者承诺升级影响因素识别

通常情况下影响因素的识别方法包括文献分析法（Ghosh and Jintanapakanont，2004；Doloi et al.，2012）、案例分析方法（Thomas，2011；Mok et al.，2017）、专家访谈法（T. Liu et al.，2016；焦媛媛等，2016）、问卷调查法（Fu and Juan，2017；Jia et al.，2018）和回归分析法（黄健青等，2017）等。由于回归分析大多基于现有数据分析影响因素的作用机制，而目前我国尚未形成有关 PPP 项目建设和运营绩效的记录平台，无法采用回归分析法识别影响投资者承诺升级的因素。因此，本章拟通过文献研究进行初步识别，通过专家访谈进行补充、修正，从而通过问卷最终得到 PPP 项目投资者承诺升级影响因素。

2.2.1　文献研究识别影响因素

文献研究来源是实际，可真实反映现实生活中的问题，是识别 PPP 项目投资者承诺升级影响因素的首选。本章识别承诺升级影响因素的期刊主要包括 *The Academy of Management Review*（AMR）、*Decision Sciences*（DS）、*IEEE Transactions on Engineering Management*（IEEE TEM）、*International Journal of Project Management*（IJPM）、*Journal of Applied Psychology*（JAP）、*MIS Quarterly*（MISQ）、*Organizational Behavior and Human Decision Processes*（OBHDP）等。根据 1.2.2 节对承诺升级的不同理论解释，可将这些理论解释分别从内在驱动、外部动机和认知三个方面进行描述，如表 2-1 所示。

表 2-1　不同理论视角下的承诺升级相关解释

理论名称	承诺升级原因解释	侧重点
自我辩护理论	为了证明前期决策的正确性而继续投资	内在驱动
委托代理理论	投资者以追求自身利益最大化为根本目的，且有动机和条件隐藏先前决策结果的负面信息而选择承诺升级	外部动机
前景理论	描述投资者对收益或损失的主观感知情况：当面对损失时，投资者偏向于风险决策；在获利情况下，偏向于风险回避	认知

续表

理论名称	承诺升级原因解释	侧重点
心理预算理论	投资者在心理上会对各项支出预先设定一定额度的约束，若当前损失小于心理设定的损失，则投资者选择承诺升级	认知
实物期权理论	任何不确定性都有价值，为获得不确定性的期权价值而继续项目	认知
期望理论	主观认为项目成功的可能性或成功后的价值较大	认知
决策困境理论	绩效信息模糊，为了获得成功而继续投资	认知
调节聚焦理论	注重自我目标导向和自身价值的实现，或因强烈的责任感而继续项目	内在驱动
自我表现理论	为了表现出符合组织规范的行为而继续投资	外部动机
模型塑造理论	再次决策时因缺乏具体标准、模仿个体成功者而继续投资	外部动机

　　基于上述不同理论视角对承诺升级的解释，结合其他文献对承诺升级单个影响因素的分析，初步识别并归纳、汇总得到 PPP 项目投资者承诺升级影响因素如表 2-2 所示。

表 2-2　基于文献分析的 PPP 项目投资者承诺升级影响因素初识表

因素	文献来源
沉没成本	Arkes 和 Blumer（1985）；Staw 和 Ross（1987a）；Garland 和 Conlon（1998）；Garland 和 Newport（1991）；Ku 等（2005）；Rutten 等（2014）；Chung 和 Cheng（2018）
项目进度	Rubin 和 Brockner（1975）；Garland 和 Conlon（1998）；Moon 等（2003b）；Sabherwal 等（2003）；任旭林和王重鸣（2006）；He 和 Mittal（2007）；牛芳等（2012）
项目预期收益	Kahneman 和 Tversky（1979）；Brockner 等（1981）；Bowen（1987）；Sabherwal 等（2003）；Karlsson 等（2005）
项目低投入/低成本	牛芳等（2012）
机会成本	Harvey 和 Victoravich（2009）；Sleesman 等（2012）
评估预期收益的准确性	Brockner 等（1981）；Bowen（1987）；Karlsson 等（2005）；Wong（2005）
目标实现概率	Vroom（1964）；Karlsson 等（2005）；He 和 Mittal（2007）；牛芳等（2012）
项目的可替代性	Conlon 和 Garland（1993）；Keil 等（1994）；牛芳等（2012）
决策目标	Karlsson 等（2002）
项目控制权	张喆等（2009a，2009b）；张喆和贾明（2012）；孙慧和叶秀贤（2013）；王守清等（2017）；常雅楠和王松江（2018）
政府担保措施	Carbonara 等（2014a，2014b）；Liu 等（2014b）；Feng 等（2015）；Song 等（2018b）；Wang 等（2018）
责任感	Higgins（1997）；Rao 和 Monk（1999）；Moon（2001b）；Gunia 等（2009）
过度自信	Griffin 和 Tversky（1992）；Whyte 等（1997）；Odean（1998）；Heaton（2002）；Keil 等（2007）；Jani（2008）；Ronay 等（2017）
风险偏好	Brockner（1992）；Wong（2005）；Jani（2008）；张文慧和王晓田（2008）

续表

因素	文献来源
对负面信息的承受度	Festinger（1957）；Kiesler（1971）
心理预算	Stilley 等（2010a，2010b）
自尊水平	Whyte 等（1997）；Schaumberg 和 Wiltermuth（2014）
理性思维风格	Wong 等（2008）
负面情绪	Moon 等（2003a）；Wong 等（2006）；Wong 和 Kwong（2007）；Ku（2008）；Tsai 和 Young（2010）
决策方式	Neale 等（1986）；Whyte（1993）；刘志远和刘青（2007）；Wieber 等（2015）
组织社会形象	Staw（1976）；Brockner（1992）；Schmidt 和 Calantone（2002）；任旭林和王重鸣（2006）；Sleesman 等（2012）；Tamada 和 Tsai（2014）
组织文化	Brockner 等（1981）；Staw（1981）；Staw 和 Ross（1987a）；Teger（2017）
组织惰性	Ross 和 Staw（1986）
责任分担	Heng 等（2003）
负有决策责任	Caldwell 和 O'Reilly（1982）；Conlon 和 Parks（1987）；Moon（2001a）；唐洋和刘志远（2008）；Schulz-Hardt 等（2009）
信息不对称	Salter 和 Sharp（2001）；Berg 等（2009）
项目高层的支持	Ross 和 Staw（1986）；Staw 和 Ross（1987b）
社会舆论	王守清和柯永建（2008）
从众效应	Brockner 等（1981）；Ross 和 Staw（1993）；Bobocel 和 Meyer（1994）
社会榜样与行动一致性	Ross 和 Staw（1993）；Bobocel 和 Meyer（1994）
社会文化和环境	Rubin 等（1980）；Tse 等（1988）；Smith 等（1994）；Harrison 等（1999）；Keil 等（2000）；Greer 和 Stephens（2001）；于窈和李纾（2006）；项保华（2011）；Devigne 等（2016）
社会认同	Fox 和 Staw（1979）；Brockner 等（1981）；Tse 等（1988）；项保华（2011）；Bauer 和 Smeets（2015）
专家意见	Schultze 和 Schulz-Hardt（2015）

　　上述文献研究识别 PPP 项目投资者承诺升级的影响因素，是进行专家访谈予以修正的基础，对于构建 PPP 项目投资者承诺升级影响因素指标体系至关重要，可使结果更具信服力。

2.2.2　专家访谈修正影响因素

　　专家访谈法是指通过与受访人面对面交谈来获取相关资料或信息的一种常用方法。根据访谈进程的标准化程度，专家访谈法可分为结构性访谈和非结构性访谈。相比结构性访谈，非结构性访谈的提问方式更为开放和灵活。以 2.2.1 节识别的影响因素为基础，采用非结构性访谈法对影响 PPP 项目投资者承诺升级的因素予以修正和完善，进而生成初始测量项目。

本次专家访谈的对象共计 12 人，均对 PPP 项目实操具有丰富的经验且从事不同领域的 PPP 投资，包括 2 位上市央企高管、2 位非上市央企下属公司高管、3 位地方非上市国企高管、2 位上市民企高管和 3 位非上市民企高管。访谈方式包括现场访谈和电话访谈。访谈内容包括两项：封闭式部分即通过文献识别得到的《PPP 项目投资者承诺升级影响因素（征求意见稿）》，旨在对现有重复性因素予以合并或删除；开放式部分则旨在对现有因素进行补充和完善。通过整理、汇总专访访谈记录和结果得到，12 位访谈对象普遍具备较高的学历，工作经验为 6~16 年不等，参与投资的 PPP 项目合计 4~10 个不等，且或多或少经历过项目再决策。每次访谈时间控制在 40~60 分钟，保证访谈的有效性和可靠性。访谈对象的具体信息汇总如表 2-3 所示。

表 2-3   PPP 项目投资者承诺升级影响因素专家访谈信息汇总

专家编号	专家身份	学历/职称	投资决策工作时间	参与决策的 PPP 项目数量	访谈时间
1	上市央企高管	博士/教授级高工	16 年	10 个	45 分钟
2	上市央企高管	本科/教授级高工	12 年	8 个	55 分钟
3	非上市央企下属公司高管	硕士/教授级高工	10 年	6 个	40 分钟
4	非上市央企下属公司高管	硕士/教授级高工	8 年	8 个	45 分钟
5	地方非上市国企高管	EMBA/教授级高工	7 年	5 个	45 分钟
6	地方非上市国企高管	本科/教授级高工	10 年	6 个	55 分钟
7	地方非上市国企高管	硕士/教授级高工	6 年	4 个	60 分钟
8	上市民企高管	硕士/教授级高工	9 年	6 个	50 分钟
9	上市民企高管	EMBA/教授级高工	10 年	5 个	40 分钟
10	非上市民企高管	EMBA/高工	7 年	4 个	50 分钟
11	非上市民企高管	本科/高工	6 年	5 个	45 分钟
12	非上市民企高管	硕士/高工	6 年	6 个	55 分钟

注：EMBA：executive master of business administration，高级管理人员工商管理硕士

汇总上述 12 位专家意见和建议，共提取到三个影响 PPP 项目投资者承诺升级的因素，如下所述。

（1）PPP 项目所在地政府财政状况。上述 12 位专家不约而同认为，PPP 项目所在地政府的财政状况是影响投资者是否继续项目的重要因素。目前，PPP 项目

大多为准公益性项目，通常需要政府补贴以满足投资者对合理利润率的追求，同时还会对最低使用量进行担保（高颖等，2014；吴孝灵等，2016；王秀芹等，2018）；但我国地方政府每年度对 PPP 项目的支出不应超过 10%[①]，且国际通行惯例的红线比例更低（通常仅为 6%~7%[②]），若地方财政状况较好，即使项目运营收益较差，也可通过政府补贴获得收益而继续项目；相反，若地方政府财政状况较差，且政府支出责任可能即将触碰 10% 的红线要求，则投资者可能面临巨大的风险，由此可能倾向于选择终止项目。因此，项目所在地政府的财政状况可能成为影响投资者决策的重要因素。

（2）PPP 项目所在地政府信用状况。绝大多数的专家表示，PPP 项目所在地政府信用状况也是影响投资者进行再次决策的重要因素。如果项目所在地政府信用良好，可按合同约定提供担保等，投资者也可能会在项目失利时表现出一定的承诺升级。

（3）组织对投资者的业绩考核。约 83% 的专家提到，PPP 模式操作相对复杂，需要综合型投资决策和管理人才，但由于有远见的 PPP 项目投资者稀缺，并拥有经济红利，而组织对决策管理人员的评价只能通过对其决策和后果的考察间接实现。因此，管理人员的决策实际上反映了组织内的一种绩效考核指标，即向他人证实自己决策的正确性以维护自己的价值，体现自己的业务能力。

（4）组织内部的问责机制。约一半的专家提到，PPP 项目失败后投资决策者可能会受到一定的处罚。参考欧洲的养老项目可知，不同养老政策下的问责机制不同，问责机制的惩罚力度直接影响投资者的再次决策，而问责效果将直接影响PPP 项目的可持续性（Sorsa，2016）。

2.3　投资者承诺升级影响因素清单

2.3.1　影响因素初步清单

在文献初识的基础上，通过专家访谈修正的方式，初步得到 PPP 项目投资者承诺升级影响因素初步清单，如表 2-4 所示。

[①] 《政府和社会资本合作项目财政承受能力论证指引》（财金〔2015〕21 号）。
[②] 《财政部对十二届全国人大五次会议第 2587 号建议的答复》（财金函〔2017〕85 号）。

表 2-4　PPP 项目投资者承诺升级影响因素初步清单

编号	因素	含义
N_1	沉没成本	面对已投入 PPP 项目的巨大资金量，投资者试图挽回损失而继续项目
N_2	项目进度	PPP 项目的工程进度不同，对于项目信息需要和项目完成需要不同，因而承诺升级的表现不同
N_3	项目预期收益	预计未来 PPP 项目可获得的收益越大，投资者受利益驱动越可能进行承诺升级
N_4	项目低投入/低成本	剩余 PPP 项目对资金的需求量越小，根据边际效应递减，投资者追加投入的意愿越强，承诺升级越明显
N_5	机会成本	若将 PPP 项目剩余资金需求量进行其他投资活动可获得的最高收益越大，则投资者越可能终止该失利项目而转投其他项目
N_6	评估预期收益的准确性	对未来 PPP 项目预期收益评估的准确性越低，投资者越倾向于承诺升级
N_7	目标实现概率	预计 PPP 项目未来能够实现既定目标的概率越高，承诺升级程度越高
N_8	剩余特许期	项目剩余特许期长，有助于投资者增加收益、挽回损失
N_9	项目的可替代性	再次决策时政府可能继续采用 PPP 模式或改用传统政府投资模式，若改用传统政府投资模式，则项目终止；若继续采用 PPP 模式，则投资者可能承诺升级
N_{10}	决策目标	现阶段项目目标是获得利润还是减少损失，也会影响承诺升级，当决策目标是收益最大化时，决策者倾向于升级承诺
N_{11}	项目控制权	对 PPP 项目可供支配和利用资源的实际控制权越高，认为越容易对项目资源进行调配、控制和管理，越倾向于选择承诺升级而获得项目成功
N_{12}	投资者的综合实力	投资者自身较高的专业能力、管理水平和雄厚的资金实力都有助于投资者升级承诺
N_{13}	政府担保措施	政府担保的存在会有助于投资者止损而获得最低收益，政府担保措施的执行度越高，则投资者越会表现为承诺升级
N_{14}	政府财政状况	地方政府财政状况良好，财政能力足以支付相应的政府补贴时，投资者可能继续项目
N_{15}	政府信用状况	良好的政府信用降低了政府违约的风险，投资者可能会继续项目
N_{16}	新增利好政策	新增的利好政策（如政策支持、税收优惠、特许期延长等）都可能诱发投资者继续项目
N_{17}	责任感	对自己决策行为或对他人的责任感越强，越会选择坚持而继续项目
N_{18}	风险分担机制	良好的风险分担机制有助于促进项目成功；若投资者在项目中承担的风险较少，则可能会选择继续项目
N_{19}	过度自信	充分相信自己的能力，认为自己一定能完成项目，过度自信程度越强，投资者越会承诺升级
N_{20}	风险偏好	对待风险的态度不同，再次决策的选择不同。当投资者倾向于把失利的项目看作一种外在的挑战和机遇时，会选择继续项目
N_{21}	对负面信息的承受度	投资者通常对负面信息表现出一定的容忍度和承受度，继续项目，承诺升级发生
N_{22}	心理预算	投资者通常会设置心理预算，当总支出超过心理预算时，会减少投资；相反，若支出未超过心理预算，可容忍部分损失，则表现为承诺升级
N_{23}	自尊水平	高自尊的投资决策者更容易进行更高的承诺升级
N_{24}	理性思维风格	理性思维风格有助于增强投资者对先前决策的信心，并最终增加承诺
N_{25}	负面情绪	决策时投资者的负面情绪（如不舒适感、愤怒、郁闷、焦虑、神经质、预期后悔等）

编号	因素	含义
N_{26}	决策方式	直接集体决策方式或先个体后集体决策方式
N_{27}	组织社会形象	为了企业或项目整体的社会形象
N_{28}	业绩考核	组织对决策者的业绩考核机制有可能导致投资者升级承诺
N_{29}	组织文化	若组织文化重视一致性（如坚忍不拔、锲而不舍、善始善终等）或使投资者个体不愿意承认失败，可在一定程度上主宰投资者个体的行为，使投资者做出承诺升级行为
N_{30}	组织惰性	组织惰性容易导致承诺升级发生
N_{31}	责任分担	低沉没成本条件下，上级主管和同事的责任分担和信任可有效降低承诺升级水平；但在高沉没成本条件下，不论上下级或同事之间的责任分担还是信任都不能降低承诺升级水平
N_{32}	负有决策责任	决策者需要对最初的决策负责任时，个体更容易承诺升级
N_{33}	问责机制	组织内部设置的问责机制可能导致投资者为避免处罚而选择继续项目
N_{34}	信息不对称	与政府部门相比，投资者作为代理人，自身掌握的信息量越大，越容易承诺升级
N_{35}	社会舆论	社会舆论会给政府施压，而政府会把压力转给项目，对于投资者决策产生负面影响，极易产生承诺升级
N_{36}	从众效应	完全模仿他人的行为而发生从众效应等，都会导致投资者升级承诺
N_{37}	社会榜样与行动一致性	投资者会以他人的行为或社会规范来指导自身的行为方向
N_{38}	社会文化和环境	不同国家或民族之间的文化和环境差异，导致投资者对项目决策不同。特别是在存在竞争的社会环境中，来自于竞争对手的压力会激发较高的承诺升级倾向
N_{39}	权威人士介入或其他政治性因素	当项目的实施得到权威人士强有力的支持，或项目担负特殊使命时，承诺升级就容易发生
N_{40}	社会认同	很看重自己在他人心目中的形象及外界对自己的看法和评价等，失败的行动会让个体觉得他人对自己的印象变差，从而为挽回错误而继续项目

2.3.2　问卷设计与形成

问卷调查的目标旨在通过利用被访者提供正确、有用的信息以分析 PPP 项目投资者承诺升级影响因素，因此问卷的质量直接决定了结果的准确度和可信性。要设计出一份清晰、完善的调查问卷，须遵循一定的设计原则。①系统性原则：问卷调查的目的是建立 PPP 项目投资者承诺升级影响因素指标体系，并通过熵权计算识别关键因素。上述 2.2 节中，通过文献研究识别、案例分析补充和专家访谈修正的思路，系统性构建了投资者承诺升级影响因素指标体系，为下文的分析奠定了基础。②定量准确原则：为方便被访者能准确对每个影响因素的重要性打分，采用李克特 7 级量表，1 代表非常不重要，7 代表非常重要，从 1 到 7 表示影响因素的重要性程度越来越高。③相关简洁原则：除了解被访者的基本信息外，其余的题目均为 PPP 项目投资者承诺升级影响因素，且每个影响因素的含义具体而不含糊。④科学性原则：大多 PPP 项目投资者承诺升级影响因素的题项来源于文献，经过 12 位 PPP 领域的专家予以修正，问卷所有题项均不具备引导性。

　　调查问卷的结构包括三个部分：前言、正文和结束语。前言也称说明语，旨在向被调查对象简要说明调查的宗旨、目的和对问题回答的要求等内容，解除被访者回答问题的顾虑。正文部分则是问卷的主体部分，第一部分为被调查者的基本信息，包括被调查者所在单位性质及参与 PPP 项目数量等；第二部分为 PPP 项目投资者承诺升级影响因素各指标的重要性情况。同时，为了使调查研究更加全面，题项后还设置了开放性问题，请被调查者自由填写问卷之外的影响因素及重要程度。问卷最后显示结束语，简短地向被调查者再次表达谢意。至此，初步问卷已形成。

2.3.3　预调查与问卷修正

　　为保证问卷质量，提高调查结果的可靠性和可信性，首先要进行预调查。预调查共发放纸质问卷 60 份，回收有效问卷共计 37 份，有效回收率为 61.67%。预调查对象均为直接参与 PPP 项目的投资者，具备丰富的 PPP 工作经验。因此，预调查的结果具有代表性和客观性。本节中同质信度的分析结果如表 2-5 所示，各题项的 CITC（corrected item-total correlation，修正的项目总相关）系数均大于0.4，认为此量表同质信度良好（卢纹岱，2002）。

表 2-5　PPP 项目投资者承诺升级影响因素项总计统计量

编号	题项	项已删除的刻度均值	项已删除的刻度方差	校正的项总相关性	项已删除的 Cronbach's α 值
N_1	沉没成本	192.62	1 524.186	0.837	0.977
N_2	项目进度	193.16	1 533.529	0.764	0.978
N_3	项目预期收益	192.30	1 540.215	0.756	0.978
N_4	项目低投入/低成本	192.70	1 520.048	0.812	0.978
N_5	机会成本	192.81	1 546.435	0.582	0.978
N_6	评估预期收益的准确性	193.30	1 542.826	0.716	0.978
N_7	目标实现概率	193.14	1 545.565	0.569	0.978
N_8	剩余特许期	193.27	1 527.314	0.804	0.978
N_9	项目的可替代性	192.81	1 509.380	0.848	0.977
N_{10}	决策目标	192.62	1 524.797	0.784	0.978
N_{11}	项目控制权	192.46	1 543.755	0.666	0.978
N_{12}	投资者的综合实力	193.00	1 517.611	0.783	0.978
N_{13}	政府担保措施	193.03	1 519.027	0.770	0.978

续表

编号	题项	项已删除的刻度均值	项已删除的刻度方差	校正的项总计相关性	项已删除的Cronbach's α 值
N_{14}	政府财政状况	192.51	1 525.757	0.800	0.978
N_{15}	政府信用状况	193.27	1 527.314	0.804	0.978
N_{16}	新增利好政策	192.81	1 521.435	0.774	0.978
N_{17}	责任感	192.30	1 549.659	0.646	0.978
N_{18}	风险分担机制	193.00	1 517.611	0.783	0.978
N_{19}	过度自信	192.95	1 536.664	0.779	0.978
N_{20}	风险偏好	192.97	1 531.360	0.722	0.978
N_{21}	对负面信息的承受度	192.65	1 530.234	0.824	0.977
N_{22}	心理预算	192.43	1 549.808	0.659	0.978
N_{23}	自尊水平	192.51	1 521.257	0.868	0.977
N_{24}	理性思维风格	192.32	1 564.225	0.578	0.978
N_{25}	负面情绪	192.86	1 522.231	0.772	0.978
N_{26}	决策方式	192.16	1 552.362	0.647	0.978
N_{27}	组织社会形象	192.41	1 532.137	0.737	0.978
N_{28}	业绩考核	192.78	1 536.896	0.814	0.978
N_{29}	组织文化	192.68	1 530.392	0.790	0.978
N_{30}	组织惰性	192.46	1 532.200	0.676	0.978
N_{31}	责任分担	192.49	1 531.201	0.819	0.978
N_{32}	负有决策责任	192.43	1 542.363	0.798	0.978
N_{33}	问责机制	192.19	1 554.102	0.595	0.978
N_{34}	信息不对称	192.16	1 571.084	0.479	0.979
N_{35}	社会舆论	192.11	1 569.877	0.444	0.979
N_{36}	从众效应	192.49	1 563.923	0.540	0.978
N_{37}	社会榜样与行动一致性	192.97	1 571.471	0.479	0.979
N_{38}	社会文化和环境	192.68	1 525.336	0.780	0.978
N_{39}	权威人士介入或其他政治性因素	192.76	1 534.245	0.762	0.978
N_{40}	社会认同	192.68	1 537.059	0.737	0.978

此外，运用 SPSS 软件进一步用 Cronbach's α 系数检验问卷的信度，如表 2-6 所示，Cronbach's α 系数为 0.978，大于 0.8，即该量表信度良好（吴明隆，2000），可以进行正式问卷的发放与收集。正式问卷详见附录。

表 2-6　PPP 项目投资者承诺升级影响因素问卷可靠性统计量

项目		N	占比	Cronbach's α	项数
案例	有效	37	100.0%	0.978	40
	已排除	0	0%		
	总计	37	100.0%		

2.4　投资者承诺升级影响因素分析

2.4.1　信度检验与效度检验

正式问卷调查通过线上和线下两种方式进行，共发放问卷 600 份，收回问卷 382 份，有效问卷共计 344 份，有效回收率为 57.33%。样本量为问卷题项的 8.6 倍，符合样本量要求（吴明隆，2000）。为保证问卷的可靠性和可信性，首先要对问卷进行信度检验和效度检验。

经 SPSS 统计分析可得，该问卷的可靠性统计量 Cronbach's α 系数为 0.954，大于 0.900，该量表信度良好，可靠性高（吴明隆，2000）。效度分析即测量的正确性，是指检测或其他测量工具能够测量它想要测量的某种心理特征的效果和程度。测量的效度越高表示问卷的质量越高，其测量的结果越能反映其真实特性。本章主要分析问卷的结构效度，即分析测量结果体现出的某种理论结构和特质的程度，借助因子分析法进行。核心思想为，从量表中提取一些公因子，这些公因子反映了量表大部分的信息，代表了量表的基本结构。共同度是评价问卷效度的核心指标，分析结果见表 2-7。共同度反映了由公因子解释原变量的有效程度，初步共同估计值均为 1，提取主成分后的共同度越高，表示该变量与其他变量可测量的共同特征越多。由表 2-7 可知，所有题项提取因子后的共同度均大于 0.5（剩余特许期为 0.499），表明量表效度良好。

表 2-7　PPP 项目投资者承诺升级影响因素共同度分析

编号	指标	初始	提取	编号	指标	初始	提取
N_1	沉没成本	1.000	0.687	N_5	机会成本	1.000	0.533
N_2	项目进度	1.000	0.620	N_6	评估预期收益的准确性	1.000	0.670
N_3	项目预期收益	1.000	0.552	N_7	目标实现概率	1.000	0.635
N_4	项目低投入/低成本	1.000	0.650	N_8	剩余特许期	1.000	0.499

续表

编号	指标	初始	提取	编号	指标	初始	提取
N_9	项目的可替代性	1.000	0.633	N_{25}	负面情绪	1.000	0.661
N_{10}	决策目标	1.000	0.636	N_{26}	决策方式	1.000	0.603
N_{11}	项目控制权	1.000	0.634	N_{27}	组织社会形象	1.000	0.604
N_{12}	投资者的综合实力	1.000	0.630	N_{28}	业绩考核	1.000	0.542
N_{13}	政府担保措施	1.000	0.712	N_{29}	组织文化	1.000	0.682
N_{14}	政府财政状况	1.000	0.585	N_{30}	组织惰性	1.000	0.592
N_{15}	政府信用状况	1.000	0.729	N_{31}	责任分担	1.000	0.594
N_{16}	新增利好政策	1.000	0.624	N_{32}	负有决策责任	1.000	0.608
N_{17}	责任感	1.000	0.646	N_{33}	问责机制	1.000	0.695
N_{18}	风险分担机制	1.000	0.570	N_{34}	信息不对称	1.000	0.541
N_{19}	过度自信	1.000	0.682	N_{35}	社会舆论	1.000	0.585
N_{20}	风险偏好	1.000	0.694	N_{36}	从众效应	1.000	0.597
N_{21}	对负面信息的承受度	1.000	0.729	N_{37}	社会榜样与行动一致性	1.000	0.717
N_{22}	心理预算	1.000	0.599	N_{38}	社会文化和环境	1.000	0.662
N_{23}	自尊水平	1.000	0.737	N_{39}	权威人士介入或其他政治性因素	1.000	0.703
N_{24}	理性思维风格	1.000	0.687	N_{40}	社会认同	1.000	0.623

注：提取方法为主成分分析

2.4.2　描述性统计

在回收的344份有效问卷中，约77.03%的PPP项目投资者来自国企/央企，剩余22.97%的投资者来自民企（图2-1）。根据明树数据统计，截至2019年4月底，地方国企和央企参与 PPP 成交数量占比约为56.23%，成交金额占比共计 74.23%；民企参与 PPP 项目成交数量为 40.09%，但成交金额仅占比22.72%。这说明PPP实践中，多数大体量PPP项目均由国企和央企承担，综合从PPP项目市场规模来看，国企和央企的投资者占比较高。本项目的被调查投资者中国企和央企投资者与民企投资者的比例分布与PPP实践相符，即样本结果可靠。

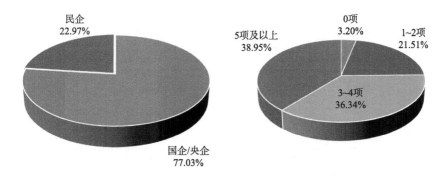

（a）工作单位统计　　　　　　　　（b）主持或参与 PPP 项目数量统计

图 2-1　被调查投资者基本信息统计

投资者主持或参与 PPP 项目的数量将影响承诺升级各指标重要性的打分情况。投资者参与 PPP 项目的数量越多，表示其经验越丰富，对 PPP 模式的理解和认识越深刻和全面，则提供的信息越可靠。根据被调查投资者参与 PPP 项目数量统计结果，约 96.80% 的被调查投资者都参与过 PPP 项目（图 2-1），其结果可信度较高。

影响 PPP 项目投资者承诺升级各因素的描述性统计结果显示，指标权威人士介入或其他政治性因素的均值最大，达到 6.15；而指标政府担保措施的均值最低，仅为 4.67（表 2-8）。尽管各指标的均值均大于 4，但并不代表所有因素都重要。因此本节将在因子分析对这 40 个指标降维的基础上，采用熵权法客观对各指标赋权，进一步识别关键影响因素（李刚等，2014）。

表 2-8　PPP 项目投资者承诺升级影响因素描述性统计分析

编号	题项	N	极小值	极大值	均值	标准差
N_1	沉没成本	344	1	7	5.68	1.466
N_2	项目进度	344	1	7	5.47	1.245
N_3	项目预期收益	344	2	7	5.94	1.186
N_4	项目低投入/低成本	344	1	7	5.82	1.174
N_5	机会成本	344	1	7	5.49	1.368
N_6	评估预期收益的准确性	344	1	7	5.88	1.212
N_7	目标实现概率	344	1	7	6.10	1.145
N_8	剩余特许期	344	1	7	5.66	1.230
N_9	项目的可替代性	344	1	7	5.18	1.422
N_{10}	决策目标	344	1	7	5.51	1.250
N_{11}	项目控制权	344	2	7	5.46	1.175
N_{12}	投资者的综合实力	344	2	7	5.63	1.250

续表

编号	题项	N	极小值	极大值	均值	标准差
N_{13}	政府担保措施	344	1	7	4.67	1.523
N_{14}	政府财政状况	344	1	7	5.33	1.265
N_{15}	政府信用状况	344	1	7	4.69	1.424
N_{16}	新增利好政策	344	1	7	5.20	1.411
N_{17}	责任感	344	1	7	5.45	1.354
N_{18}	风险分担机制	344	1	7	4.90	1.481
N_{19}	过度自信	344	1	7	5.35	1.311
N_{20}	风险偏好	344	1	7	5.26	1.369
N_{21}	对负面信息的承受度	344	1	7	5.52	1.282
N_{22}	心理预算	344	2	7	5.72	1.259
N_{23}	自尊水平	344	1	7	5.71	1.335
N_{24}	理性思维风格	344	1	7	5.76	1.202
N_{25}	负面情绪	344	1	7	5.28	1.426
N_{26}	决策方式	344	1	7	5.59	1.359
N_{27}	组织社会形象	344	1	7	5.48	1.318
N_{28}	业绩考核	344	1	7	5.24	1.329
N_{29}	组织文化	344	1	7	5.27	1.221
N_{30}	组织惰性	344	2	7	5.70	1.232
N_{31}	责任分担	344	1	7	5.46	1.240
N_{32}	负有决策责任	344	2	7	5.55	1.160
N_{33}	问责机制	344	2	7	5.89	1.178
N_{34}	信息不对称	344	2	7	5.80	1.212
N_{35}	社会舆论	344	2	7	5.91	1.180
N_{36}	从众效应	344	1	7	5.83	1.177
N_{37}	社会榜样与行动一致性	344	2	7	6.14	1.076
N_{38}	社会文化和环境	344	1	7	6.04	1.182
N_{39}	权威人士介入或其他政治性因素	344	2	7	6.15	1.202
N_{40}	社会认同	344	1	7	5.50	1.289

2.4.3　因子分析

1. 判断原始变量是否适合进行因子分析

由表2-9可知，KMO（Kaiser-Meyer-Olkin）值为 0.937>0.800，表示变量适合进行因子分析（Kaiser，1974）。此外，Bartlett 球形检验显著性概率 P 为

0.000<0.1，达到显著性水平，进一步说明 PPP 项目投资者承诺升级影响因素适合进行因子分析。

表 2-9 PPP 项目投资者承诺升级影响因素 KMO 和 Bartlett 球形检验

取样足够度的 KMO 度量		0.937
Bartlett 球形检验	近似卡方	7 706.021
	df	780
	Sig.	0.000

2. 因子分析的总方差解释

表 2-10 是因子分析的总方差解释。由表 2-10 可知，前 8 个因子的累积方差贡献率为 63.449%，且只有前 8 个因子的特征值大于 1，选取前 8 个因子为主因子即可。

表 2-10 PPP 项目投资者承诺升级影响因素因子分析的总方差解释

成分	初始特征值			提取平方和载入			旋转平方和载入		
	合计	方差的百分比	累积百分比	合计	方差的百分比	累积百分比	合计	方差的百分比	累积百分比
1	14.787	36.967%	36.967%	14.787	36.967%	36.967%	5.595	13.989%	13.989%
2	2.857	7.142%	44.109%	2.857	7.142%	44.109%	5.329	13.322%	27.311%
3	1.713	4.282%	48.391%	1.713	4.282%	48.391%	3.498	8.746%	36.057%
4	1.456	3.640%	52.031%	1.456	3.640%	52.031%	2.929	7.322%	43.379%
5	1.278	3.195%	55.226%	1.278	3.195%	55.226%	2.561	6.401%	49.780%
6	1.162	2.906%	58.132%	1.162	2.906%	58.132%	2.429	6.071%	55.851%
7	1.118	2.796%	60.928%	1.118	2.796%	60.928%	1.695	4.237%	60.088%
8	1.009	2.522%	63.450%	1.009	2.522%	63.450%	1.344	3.361%	63.449%

3. 旋转后的因子载荷矩阵

表 2-11 显示 PPP 项目投资者承诺升级影响因素共包括 8 个公因子。

表 2-11 PPP 项目投资者承诺升级影响因素旋转后的因子载荷矩阵

题项	成分							
	1	2	3	4	5	6	7	8
理性思维风格	0.769							
自尊水平	0.757							
对负面信息的承受度	0.742							

续表

题项	成分							
	1	2	3	4	5	6	7	8
风险偏好	0.669							
过度自信	0.652							
社会认同	0.594							
负面情绪	0.572							
心理预算	0.487							
责任感	0.486							
组织文化		0.710						
责任分担		0.644						
问责机制		0.622						
决策目标		0.618						
业绩考核		0.604						
组织社会形象		0.585						
负有决策责任		0.574						
决策方式		0.549						
组织惰性		0.521						
信息不对称		0.449						
政府信用状况			0.784					
政府担保措施			0.781					
政府财政状况			0.639					
新增利好政策			0.537					
项目的可替代性			0.531					
风险分担机制			0.484					
评估预期收益的准确性				0.742				
项目低投入/低成本				0.656				
项目预期收益				0.651				
机会成本				0.536				
目标实现概率				0.535				
权威人士介入或其他政治性因素					0.775			
社会文化和环境					0.700			
社会榜样与行动一致性					0.549			
社会舆论					0.487			
投资者的综合实力						0.700		
从众效应						0.538		
剩余特许期						0.521		

续表

题项	成分							
	1	2	3	4	5	6	7	8
沉没成本							0.730	
项目进度							0.657	
项目控制权								0.586

注：提取方法：主成分分析；旋转法：具有 Kaiser 标准化的正交旋转法，旋转在 9 次迭代后收敛；公因子：共提取 8 个公因子

2.5　投资者承诺升级影响因素结构分析

2.5.1　关键影响因素分析

在信息论中，熵是对不确定性的一种度量（张俊光等，2017）。不同于以往很多主观赋权方法，熵权法强调客观赋权。在识别 PPP 项目投资者承诺升级关键影响因素时，如果指标的信息熵越小，表示权重越高。因此，综合考虑各影响因素评价值之间的差异，采用熵权法可客观、合理分配各因素的权重，避免主观因素的影响，为有效控制投资者在 PPP 项目中的承诺升级行为提供理论依据。

1. 构建初始评分矩阵

如上所述，影响 PPP 项目投资者承诺升级的因素共计 40 个，有效问卷 344 份，则可构建初始评分矩阵，如式（2-1）所示：

$$\boldsymbol{\Omega} = \begin{bmatrix} \Omega_{11} & \Omega_{12} & \cdots & \Omega_{1s} \\ \Omega_{21} & \Omega_{22} & \cdots & \Omega_{2s} \\ \vdots & \vdots & & \vdots \\ \Omega_{v1} & \Omega_{v2} & \cdots & \Omega_{vs} \end{bmatrix} \qquad (2\text{-}1)$$

其中，Ω_{ij} 表示第 i 个被访者对第 j 个承诺升级影响因素变量的打分值，$i = 1,2,\cdots,v$，$j = 1,2,\cdots,s$，$v = 344$，$s = 40$，即 $\boldsymbol{\Omega}$ 为 344×40 的矩阵。初始评分矩阵部分示例（截取 10 个样本对 7 个变量的评分，下同）如表 2-12 所示。

表 2-12　PPP 项目投资者承诺升级影响因素初始评分矩阵部分示例

序号	沉没成本	机会成本	项目预期收益	评估预期收益的准确性	项目进度	目标实现概率	投资者的综合实力
1	7	6	2	6	6	7	7
2	3	7	2	7	5	6	7

续表

序号	沉没成本	机会成本	项目预期收益	评估预期收益的准确性	项目进度	目标实现概率	投资者的综合实力
3	6	6	5	5	6	7	7
4	6	7	5	5	7	6	5
5	6	6	5	5	6	7	6
6	7	6	6	6	6	7	6
7	7	6	5	6	7	7	6
8	7	7	7	6	5	7	6
9	7	4	6	5	5	5	6
10	7	5	6	6	5	6	6

2. 数据标准化处理

评价指标的影响机制不同，则数据标准化处理方式不同。在 PPP 项目投资者承诺升级影响因素权重确定过程中，由于李克特 7 级量表规定，1 表示非常不重要，7 表示非常重要，即说明指标得分越高，则该指标对投资者承诺升级的影响越大。因此，本节采用最大化处理方式（张洁梅等，2019），如式（2-2）所示：

$$\Xi_{ij} = \frac{\Omega_{ij} - \min_i \Omega_{ij}}{\max_i \Omega_{ij} - \min_i \Omega_{ij}} \tag{2-2}$$

其中，$\min_i \Omega_{ij}$ 表示第 j 项因素评分的最小值；$\max_i \Omega_{ij}$ 表示第 j 项因素评分的最大值，则标准化处理后的评分矩阵 Ξ 为

$$\Xi = \begin{bmatrix} \Xi_{11} & \Xi_{12} & \cdots & \Xi_{1s} \\ \Xi_{21} & \Xi_{22} & \cdots & \Xi_{2s} \\ \vdots & \vdots & & \vdots \\ \Xi_{v1} & \Xi_{v2} & \cdots & \Xi_{vs} \end{bmatrix} \tag{2-3}$$

则上述表 2-12 对应的标准化评分矩阵部分示例如表 2-13 所示。

表 2-13　PPP 项目投资者承诺升级影响因素标准化评分矩阵部分示例

序号	沉没成本	机会成本	项目预期收益	评估预期收益的准确性	项目进度	目标实现概率	投资者的综合实力
1	1.000	0.833	0.000	0.833	0.833	1.000	1.000
2	0.333	1.000	0.000	1.000	0.667	0.833	1.000
3	0.833	0.833	0.600	0.667	0.833	1.000	1.000
4	0.833	1.000	0.600	0.667	1.000	0.833	0.600
5	0.833	0.833	0.600	0.667	0.833	1.000	0.800
6	1.000	0.833	0.800	0.833	0.833	1.000	0.800
7	1.000	0.833	0.600	0.833	1.000	1.000	0.800

续表

序号	沉没成本	机会成本	项目预期收益	评估预期收益的准确性	项目进度	目标实现概率	投资者的综合实力
8	1.000	1.000	1.000	0.833	0.667	1.000	0.800
9	1.000	0.500	0.800	0.667	0.667	0.667	0.800
10	1.000	0.667	0.800	0.833	0.667	0.833	0.800

3. 数据改进分析

根据上述式（2-3）的标准化处理结果，一定会出现极端值，即标准化处理后为 0 的情况，导致无法进一步计算熵值。因此，结合朱喜安和魏国栋（2015）提出的功效熵值法对数据进行处理，如式（2-4）所示：

$$\varXi_{ij}' = \varXi_{ij} \times \vartheta + (1 - \vartheta) \tag{2-4}$$

当系数 ϑ 取值为 1 时，即上述极值法。当 $\vartheta < 1$ 时，系数值越大，则 $\varXi_{ij}'$ 与 $\varXi_{ij}$ 越为接近。本节采用逐步试探的方法，分别计算当 $\vartheta = 0.99$、$\vartheta = 0.999$ 和 $\vartheta = 0.9999$ 时的 $\varXi_{ij}'$ 值，如表 2-14 所示，直到各因素的权重稳定且不再发生变化。此时，计算权重时将按系数 $\vartheta = 0.9999$ 进行计算。

表 2-14　PPP 项目投资者承诺升级影响因素数据改进部分示例

系数取值	序号	沉没成本	机会成本	项目预期收益	评估预期收益的准确性	项目进度	目标实现概率	投资者的综合实力
$\vartheta = 0.99$	1	1.000	0.835	0.010	0.835	0.835	1.000	1.000
	2	0.340	1.000	0.010	1.000	0.670	0.835	1.000
	3	0.835	0.835	0.604	0.670	0.835	1.000	1.000
	4	0.835	1.000	0.604	0.670	1.000	0.835	0.604
	5	0.835	0.835	0.604	0.670	0.835	1.000	0.802
	6	1.000	0.835	0.802	0.835	0.835	1.000	0.802
	7	1.000	0.835	0.604	0.835	1.000	1.000	0.802
	8	1.000	1.000	1.000	0.835	0.670	1.000	0.802
	9	1.000	0.505	0.802	0.670	0.670	0.670	0.802
	10	1.000	0.670	0.802	0.835	0.670	0.835	0.802
$\vartheta = 0.999$	1	1.000	0.834	0.001	0.834	0.834	1.000	1.000
	2	0.334	1.000	0.001	1.000	0.667	0.834	1.000
	3	0.834	0.834	0.600	0.667	0.834	1.000	1.000
	4	0.834	1.000	0.600	0.667	1.000	0.834	0.600

续表

系数取值	序号	沉没成本	机会成本	项目预期收益	评估预期收益的准确性	项目进度	目标实现概率	投资者的综合实力
$\vartheta=0.999$	5	0.834	0.834	0.600	0.667	0.834	1.000	0.800
	6	1.000	0.834	0.800	0.834	0.834	1.000	0.800
	7	1.000	0.834	0.600	0.834	1.000	1.000	0.800
	8	1.000	1.000	1.000	0.834	0.667	1.000	0.800
	9	1.000	0.501	0.800	0.667	0.667	0.667	0.800
	10	1.000	0.667	0.800	0.834	0.667	0.834	0.800
$\vartheta=0.9999$	1	1.000	0.833	0.000	0.833	0.833	1.000	1.000
	2	0.333	1.000	0.000	1.000	0.667	0.833	1.000
	3	0.833	0.833	0.600	0.667	0.833	1.000	1.000
	4	0.833	1.000	0.600	0.667	1.000	0.833	0.600
	5	0.833	0.833	0.600	0.667	0.833	1.000	0.800
	6	1.000	0.833	0.800	0.833	0.833	1.000	0.800
	7	1.000	0.833	0.600	0.833	1.000	1.000	0.800
	8	1.000	1.000	1.000	0.833	0.667	1.000	0.800
	9	1.000	0.500	0.800	0.667	0.667	0.667	0.800
	10	1.000	0.667	0.800	0.833	0.667	0.833	0.800

4. 计算被访者 i 在 j 个因素上的贡献度

第 i 个被访者对 PPP 项目中投资者承诺升级的第 j 个影响因素的比重计算如式（2-5）所示：

$$\varXi_{ij}'' = \frac{\varXi_{ij}'}{\sum_{i=1}^{m} \varXi_{ij}'} \qquad (2-5)$$

PPP 项目投资者承诺升级影响因素数据贡献度 $\varXi_{ij}''$ 部分示例如表 2-15 所示。

表 2-15　PPP 项目投资者承诺升级影响因素数据贡献度 $\varXi_{ij}''$ 部分示例

系数取值	序号	沉没成本	机会成本	项目预期收益	评估预期收益的准确性	项目进度	目标实现概率	投资者的综合实力
$\vartheta=0.99$	1	0.003 72	0.003 23	0.000 04	0.002 98	0.003 25	0.003 41	0.003 99
	2	0.001 26	0.003 87	0.000 04	0.003 57	0.002 61	0.002 85	0.003 99
	3	0.003 10	0.003 23	0.002 22	0.002 39	0.003 25	0.003 41	0.003 99
	4	0.003 10	0.003 87	0.002 22	0.002 39	0.003 89	0.002 85	0.002 41

续表

系数取值	序号	沉没成本	机会成本	项目预期收益	评估预期收益的准确性	项目进度	目标实现概率	投资者的综合实力
$\vartheta =0.99$	5	0.003 10	0.003 23	0.002 22	0.002 39	0.003 25	0.003 41	0.003 20
	6	0.003 72	0.003 23	0.002 95	0.002 98	0.003 25	0.003 41	0.003 20
	7	0.003 72	0.003 23	0.002 22	0.002 98	0.003 89	0.003 41	0.003 20
	8	0.003 72	0.003 87	0.003 68	0.002 98	0.002 61	0.003 41	0.003 20
	9	0.003 72	0.001 95	0.002 95	0.002 39	0.002 61	0.002 29	0.003 20
	10	0.003 72	0.002 59	0.002 95	0.002 98	0.002 61	0.002 85	0.003 20
$\vartheta =0.999$	1	0.003 73	0.003 24	0.000 00	0.002 98	0.003 25	0.003 42	0.004 00
	2	0.001 24	0.003 88	0.000 00	0.003 57	0.002 60	0.002 85	0.004 00
	3	0.003 11	0.003 24	0.002 22	0.002 38	0.003 25	0.003 42	0.004 00
	4	0.003 11	0.003 88	0.002 22	0.002 38	0.003 90	0.002 85	0.002 40
	5	0.003 11	0.003 24	0.002 22	0.002 38	0.003 25	0.003 42	0.003 20
	6	0.003 73	0.003 24	0.002 95	0.002 98	0.003 25	0.003 42	0.003 20
	7	0.003 73	0.003 24	0.002 95	0.002 98	0.003 90	0.003 42	0.003 20
	8	0.003 73	0.003 88	0.003 69	0.002 98	0.002 60	0.003 42	0.003 20
	9	0.003 73	0.001 94	0.002 95	0.002 38	0.002 60	0.002 28	0.003 20
	10	0.003 73	0.002 59	0.002 95	0.002 98	0.002 60	0.002 85	0.003 20
$\vartheta =0.999\ 9$	1	0.003 73	0.003 24	0.000 00	0.002 98	0.003 26	0.003 42	0.004 00
	2	0.001 24	0.003 88	0.000 00	0.003 57	0.002 60	0.002 85	0.004 00
	3	0.003 11	0.003 24	0.002 22	0.002 38	0.003 26	0.003 42	0.004 00
	4	0.003 11	0.003 88	0.002 22	0.002 38	0.003 91	0.002 85	0.002 40
	5	0.003 11	0.003 24	0.002 22	0.002 38	0.003 26	0.003 42	0.003 20
	6	0.003 73	0.003 24	0.002 95	0.002 98	0.003 26	0.003 42	0.003 20
	7	0.003 73	0.003 24	0.002 95	0.002 98	0.003 91	0.003 42	0.003 20
	8	0.003 73	0.003 88	0.003 69	0.002 98	0.002 60	0.003 42	0.003 20
	9	0.003 73	0.001 94	0.002 95	0.002 38	0.002 60	0.002 28	0.003 20
	10	0.003 73	0.002 59	0.002 95	0.002 98	0.002 60	0.002 85	0.003 20

5. 各因素信息熵 μ_j 计算

第 j 个因素的熵值 μ_j 计算如式（2-6）所示：

$$\mu_j = -\iota \times \sum_{i=1}^{v} \varXi_{ij}'' \times \ln \varXi_{ij}'' \tag{2-6}$$

其中，$\iota = \dfrac{1}{\ln v}$。PPP 项目投资者承诺升级影响因素信息熵 μ_j 和差异化系数 μ_j' 部分示例如表 2-16 所示。

表 2-16   PPP 项目投资者承诺升级影响因素信息熵 μ_j 和差异化系数 μ'_j 部分示例

系数取值	系数	沉没成本	机会成本	项目预期收益	评估预期收益的准确性	项目进度	目标实现概率	投资者的综合实力
$\vartheta=0.99$	μ_j	0.988 83	0.990 15	0.989 97	0.993 66	0.992 37	0.994 45	0.986 79
	μ'_j	0.011 17	0.009 85	0.010 03	0.006 34	0.007 63	0.005 55	0.013 21
$\vartheta=0.999$	μ_j	0.988 88	0.990 18	0.990 02	0.993 68	0.992 40	0.994 47	0.986 85
	μ'_j	0.011 12	0.009 82	0.009 98	0.006 32	0.007 60	0.005 53	0.013 15
$\vartheta=0.999\,9$	μ_j	0.989 28	0.990 51	0.990 37	0.993 87	0.992 61	0.994 65	0.987 38
	μ'_j	0.010 72	0.009 49	0.009 63	0.006 13	0.007 39	0.005 35	0.012 62

6. 差异化系数 μ'_j 计算

承诺升级影响因素 j 的信息熵 μ_j 越小，该指标提供的信息量越大，即指标 j 的差异化系数 μ'_j 越大，如式（2-7）所示，则在影响投资者承诺升级中所起作用越大，权重越高。PPP 项目投资者承诺升级影响因素差异化系数 μ'_j 部分示例见表 2-16。

$$\mu'_j = 1 - \mu_j \tag{2-7}$$

7. 因素权重 W_j 计算

综上所述，投资者承诺升级影响因素 j 的权重 W_j 的计算公式如式（2-8）所示：

$$W_j = \frac{\mu'_j}{\sum\limits_{j=1}^{s} \mu'_j} \tag{2-8}$$

因此，当 ϑ 分别取值为 0.99、0.999 和 0.999 9 时，各因素的权重如表 2-17 所示。取 $\vartheta=0.999\,9$ 计算所得的权重为最终 PPP 项目投资者承诺升级影响因素的权重，并将这些影响因素的权重依次按从大到小排列，前 20 个影响因素的权重之和为 60.70%。综合考虑因素权重之和所占比例，将权重前 20 位的因素界定为关键因素，包括：政府担保措施（N_{13}）、风险分担机制（N_{18}）、政府信用状况（N_{15}）、投资者的综合实力（N_{12}）、负面情绪（N_{25}）、项目的可替代性（N_9）、心理预算（N_{22}）、新增利好政策（N_{16}）、项目控制权（N_{11}）、信息不对称（N_{34}）、组织惰性（N_{30}）、负有决策责任（N_{32}）、沉没成本（N_1）、问责机制（N_{33}）、风险偏好（N_{20}）、社会舆论（N_{35}）、项目预期收益（N_3）、权威人士介入或其他政治性因素（N_{39}）、业绩考核（N_{28}）和机会成本（N_5）。因此，要控制投资者在 PPP 项目中的承诺升级行为，必须有效处理这些关键影响因素。

表 2-17　PPP 项目投资者承诺升级影响因素权重排序汇总

编号	因素	权重 W_j			权重排序
		$\vartheta =0.99$	$\vartheta =0.999$	$\vartheta =0.999\,9$	
N_{13}	政府担保措施	4.37%	4.39%	4.39%	1
N_{18}	风险分担机制	3.83%	3.84%	3.84%	2
N_{15}	政府信用状况	3.75%	3.76%	3.76%	3
N_{12}	投资者的综合实力	3.38%	3.39%	3.39%	4
N_{25}	负面情绪	3.13%	3.15%	3.15%	5
N_9	项目的可替代性	3.08%	3.08%	3.08%	6
N_{22}	心理预算	3.05%	3.04%	3.04%	7
N_{16}	新增利好政策	3.00%	3.01%	3.01%	8
N_{11}	项目控制权	3.00%	3.00%	3.00%	9
N_{34}	信息不对称	2.97%	2.98%	2.98%	10
N_{30}	组织惰性	2.97%	2.97%	2.97%	11
N_{32}	负有决策责任	2.88%	2.88%	2.88%	12
N_1	沉没成本	2.86%	2.87%	2.87%	13
N_{33}	问责机制	2.75%	2.76%	2.76%	14
N_{20}	风险偏好	2.74%	2.74%	2.74%	15
N_{35}	社会舆论	2.62%	2.62%	2.63%	16
N_3	项目预期收益	2.57%	2.57%	2.57%	17
N_{39}	权威人士介入或其他政治性因素	2.56%	2.57%	2.57%	18
N_{28}	业绩考核	2.54%	2.54%	2.54%	19
N_5	机会成本	2.53%	2.53%	2.53%	20
N_{17}	责任感	2.48%	2.48%	2.48%	21
N_{19}	过度自信	2.42%	2.42%	2.42%	22
N_{26}	决策方式	2.40%	2.40%	2.40%	23
N_{27}	组织社会形象	2.27%	2.26%	2.26%	24
N_{14}	政府财政状况	2.24%	2.24%	2.24%	25
N_{40}	社会认同	2.20%	2.20%	2.20%	26
N_{21}	对负面信息的承受度	2.16%	2.16%	2.16%	27
N_{23}	自尊水平	2.16%	2.16%	2.15%	28

编号	因素	权重 W_j			权重排序
		ϑ =0.99	ϑ =0.999	ϑ =0.999 9	
N_{29}	组织文化	2.06%	2.05%	2.05%	29
N_{10}	决策目标	2.02%	2.01%	2.01%	30
N_2	项目进度	1.97%	1.96%	1.96%	31
N_{31}	责任分担	1.96%	1.95%	1.95%	32
N_{37}	社会榜样与行动一致性	1.92%	1.92%	1.92%	33
N_8	剩余特许期	1.76%	1.75%	1.75%	34
N_{24}	理性思维风格	1.72%	1.71%	1.71%	35
N_6	评估预期收益的准确性	1.64%	1.63%	1.63%	36
N_4	项目低投入/低成本	1.57%	1.56%	1.56%	37
N_{36}	从众效应	1.54%	1.53%	1.53%	38
N_{38}	社会文化和环境	1.50%	1.49%	1.49%	39
N_7	目标实现概率	1.43%	1.43%	1.43%	40
	合计	100.00%	100.00%	100.00%	

2.5.2　影响因素分类分析

表 2-11 显示，将 PPP 项目投资者承诺升级影响因素降维后，可提取 8 个公因子。第一个公因子反映的是投资者的理性思维风格、自尊水平、对负面信息的承受度、风险偏好、过度自信、社会认同、负面情绪、心理预算和责任感的变动情况，主要是投资者自身的心理特征，因此将其命名为心理特征因子，记作 Fac_1。相比其他客观因素来讲，心理特征因子是投资者较为稳定的属性。

第二个公因子在组织文化、责任分担、问责机制、决策目标、业绩考核、组织社会形象、负有决策责任、决策方式、组织惰性和信息不对称 10 个变量上的载荷系数较大，代表这 10 个变量的承诺升级影响因素，可以将其命名为组织因素因子，记作 Fac_2。

第三个公因子是变量政府信用状况、政府担保措施、政府财政状况、新增利好政策、项目的可替代性和风险分担机制综合作用的结果，将其命名为政府因素因子，记作 Fac_3。PPP 项目中，政府部门作为核心利益相关方，直接影响投资者承诺升级系列决策。

第四个公因子在评估预期收益的准确性、项目低投入/低成本、项目预期收益、机会成本和目标实现概率 5 个变量上的载荷系数较大，这些变量均反映了继续 PPP 项目时的一些拟投入成本或未来收益，反映了 PPP 项目的前景状况，因此将第四个公因子命名为项目前景因素因子，记作 Fac_4。

第五个公因子综合反映了 4 个变量，即权威人士介入或其他政治性因素、社会文化和环境、社会榜样与行动一致性及社会舆论的作用效果，均体现了社会环境因素对投资者承诺升级的影响，则将该公因子命名为社会环境因素因子，记作 Fac_5。

第六个公因子是投资者的综合实力、从众效应和剩余特许期 3 个变量综合作用的效果，是 PPP 项目投资者出于对自身综合实力的判断。因此，将该公因子命名为外界诱导因素因子，记作 Fac_6。

第七个公因子反映了项目沉没成本和项目进度这两个指标，可以命名为沉没成本效应因子，记作 Fac_6。

第八个公因子只反映了项目控制权这一变量，将其命名为项目控制权因子，记作 Fac_8。PPP 项目中，投资者掌握的项目实际控制权也可能影响其是否承诺升级。

根据表 2-17 对 PPP 项目投资者承诺升级影响因素的指标权重计算，按照倒推的方式可求得各公因子的权重，如表 2-18 所示。

表 2-18　PPP 项目投资者承诺升级影响因素结构化分析

编号	三级指标		二级指标		一级指标
	题项	权重	公因子	权重	
N_{24}	理性思维风格	1.71%	心理特征因子 Fac_1	22.05%	PPP 项目投资者承诺升级影响因素
N_{23}	自尊水平	2.15%			
N_{21}	对负面信息的承受度	2.16%			
N_{20}	风险偏好	2.74%			
N_{19}	过度自信	2.42%			
N_{40}	社会认同	2.20%			
N_{25}	负面情绪	3.15%			
N_{22}	心理预算	3.04%			
N_{17}	责任感	2.48%			
N_{29}	组织文化	2.05%	组织因素因子 Fac_2	24.80%	
N_{31}	责任分担	1.95%			
N_{33}	问责机制	2.76%			
N_{10}	决策目标	2.01%			
N_{28}	业绩考核	2.54%			

续表

编号	三级指标		二级指标		一级指标
	题项	权重	公因子	权重	
N_{27}	组织社会形象	2.26%	组织因素因子 Fac_2	24.80%	
N_{32}	负有决策责任	2.88%			
N_{26}	决策方式	2.40%			
N_{30}	组织惰性	2.97%			
N_{34}	信息不对称	2.98%			
N_{15}	政府信用状况	3.76%	政府因素因子 Fac_3	20.32%	
N_{13}	政府担保措施	4.39%			
N_{14}	政府财政状况	2.24%			
N_{16}	新增利好政策	3.01%			
N_9	项目的可替代性	3.08%			
N_{18}	风险分担机制	3.84%			PPP 项目投资者承诺升级影响因素
N_6	评估预期收益的准确性	1.63%	项目前景因素因子 Fac_4	9.72%	
N_4	项目低投入/低成本	1.56%			
N_3	项目预期收益	2.57%			
N_5	机会成本	2.53%			
N_7	目标实现概率	1.43%			
N_{39}	权威人士介入或其他政治性因素	2.57%	社会环境因素因子 Fac_5	8.61%	
N_{38}	社会文化和环境	1.49%			
N_{37}	社会榜样与行动一致性	1.92%			
N_{35}	社会舆论	2.63%			
N_{12}	投资者的综合实力	3.39%	外界诱导因素因子 Fac_6	6.67%	
N_{36}	从众效应	1.53%			
N_8	剩余特许期	1.75%			
N_1	沉没成本	2.87%	沉没成本效应因子 Fac_7	4.83%	
N_2	项目进度	1.96%			
N_{11}	项目控制权	3.00%	项目控制权因子 Fac_8	3.00%	

综上所述，PPP 项目投资者承诺升级影响因素的综合表达式如式（2-9）所示：

$$Fac_{all} = 22.05\%Fac_1 + 24.80\%Fac_2 + 20.32\%Fac_3 + 9.72\%Fac_4 + 8.61\%Fac_5$$
$$+ 6.67\%Fac_6 + 4.83\%Fac_7 + 3.00\%Fac_8$$

（2-9）

第 3 章 PPP 项目投资者承诺升级的契约设计

3.1 引　　言

统计数据显示，全球范围内约 90%的重大项目都出现成本超支现象，超支程度多达 50%~100%，超支 100%以上也并不罕见（Flyvbjerg et al.，2009）。PPP 项目的总规模越大，包含的不确定性因素越多，由此带来的技术复杂性、组织复杂性和环境复杂性越高。因而，投资者对于项目实施情况的管控能力便会降低，增加了成本超支、进度滞后等事件发生的概率。尽管如此，投资者通常都具备承诺升级意愿（Berg et al.，2009；Chang，2013；Bonney et al.，2014；Boulding et al.，2016；Devigne et al.，2016；Sarangee et al.，2019）。然而，在 PPP 项目实施过程中诸如此类的负面反馈信息层出不穷，无疑加大了投资者的风险，对此，投资者通常会与政府部门启动再谈判程序，以进一步明确承诺升级情景时的契约安排。以往文献大多研究 PPP 项目中的客观因素，忽略了投资者承诺升级情景下契约安排的设计；对于承诺升级的研究，主要体现在其理论解释、影响因素和控制途径三个方面，鲜有研究分析如何控制 PPP 项目中投资者的承诺升级行为。PPP 模式是指政府部门和投资者之间构成的一种契约关系，其本质为委托代理关系，其中政府部门为委托方，投资者为代理方（Y. Wang et al.，2019）。因此，本章拟基于委托代理理论，研究契约视角投资者承诺升级行为的机制，以明确政府部门和投资者在面对 PPP 项目负反馈信息时的最优策略。

目前，PPP 项目契约设计的研究主要包括政府补贴（Song et al.，2015）、风险分担（Ho and Liu，2002；J. Liu et al.，2016；Wang et al.，2018）、特许期延长（高颖等，2014）、项目收益分配（Nurmi and Ahtiainen，2018）和收益上限设置（Wang and Liu，2015）等。PPP 合同中政府补贴机制的不同将在很大程度

上影响 PPP 项目的融资，Ho 和 Liu（2004）通过动态博弈模型分析了 PPP 项目中政府救济的强度和影响因素，并构建了政府补贴机制和给予投资者转移支付的范围。针对目前过度的私人投资行为，吴孝灵等（2016）引入了单期补偿契约，基于均值-方差描述投资者的过度自信倾向，运用主从博弈分析方法探讨了政府最优补偿契约的设计。聚焦 PPP 项目中的需求量风险，王秀芹等（2018）和 Y. Wang 等（2019）分别基于实物期权理论和委托代理理论制定了最低收入担保机制。徐飞和宋波（2010）从动态角度出发，设计了双方两阶段合作的契约安排，提出了 PPP 项目建设过程中权变激励的方向。高颖等（2014）以使用者付费机制的 PPP 项目为研究对象，以实现投资者收益和消费者剩余的帕累托改进为目标，探索了需求量下降时的政府部门补偿机制。研究指出，政府部门并不需要对所有需求量下降的情景进行补偿，某些特殊情景下投资者可通过自行降价实现其自身收益和消费者剩余的帕累托改进。不同于以往从资金补偿的角度出发，研究以时间补偿为突破口，通过延长私人部门的运营期补贴投资者，既不涉及政府财政问题，同时还能实现投资者和消费者利益的帕累托改进，从而实现共赢。

梳理文献发现，以往有关 PPP 项目契约设计的研究主要基于项目客观风险，忽略了对投资者承诺升级这一主观风险的研究，且这些研究大多假设代理人（即投资者）为风险规避型（Rwelamila et al.，2014；Wang and Liu，2015；J. Liu et al.，2016；Wang et al.，2018），也未考虑投资者的风险倾向和行为动机对契约安排的影响等。然而，这种假设存在一定的局限性，在实际经济活动中代理人可能为风险中性（Xu et al.，2010b；马可-斯达德勒和佩雷斯-卡斯特里罗，2004），也可能表现为风险喜好型（田厚平等，2007；Xu et al.，2010b），如投资者的"赌徒"心态就是典型的风险喜好心理，即更关注 PPP 项目中可能出现的"高盈利"机会（王磊等，2012；叶建华，2016）。

通常情况下，具备不同风险偏好的投资者表现为不同模式的承诺升级行为，即风险规避型投资者通常是被动选择承诺升级，而风险喜好型或风险中性型投资者更倾向于主动选择承诺升级。同时，政府部门在 PPP 项目中投资者承诺升级决策时的角色（包括投资者承担承诺升级全部后果情景、政府部门参与承诺升级结果分担情景和政府部门对承诺升级提供担保情景）不同，相应的政策不同，则投资者承诺升级情景下的决策也各不相同，直接影响契约的各项条款安排。对此，本章基于委托代理理论，在识别 PPP 项目投资者承诺升级的不同情景下，研究具备不同风险偏好的投资者的契约关系治理，为政府部门和投资者的科学决策提供依据。

3.2　政府部门和投资者委托代理关系分析

PPP 模式下，通常由政府部门根据经济和城市发展及公众需求发起项目，并通过 PPP 合同授权投资者负责投资、建设、运营和维护（Wang et al.，2018）。由此，政府部门和投资者之间构成明显的委托代理关系（J. Liu et al.，2016；Y. Wang et al.，2019），其中政府部门为委托人，投资者为代理人，双方签订的特许经营合同实质是一种委托代理合同（Paez-Perez and Sanchez-Silva，2016；Cui et al.，2018），如下所述（图 3-1）。

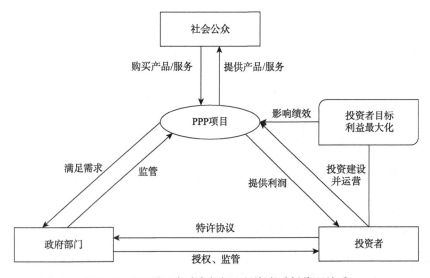

图 3-1　PPP 项目中政府部门和投资者委托代理关系

1. PPP 项目所有权和运营权分离

PPP 项目为社会公众提供公共产品和服务，通常情况下政府部门通过 PPP 协议授权，由投资者负责项目投资、建设、维护和运营，并获取合理的利润率，运营期结束后无偿移交政府部门（Liu et al.，2017a）。在此过程中，投资者只享有 PPP 项目的运营权和由此产生的收益权，但 PPP 资产所有权最终归政府公共部门所有，社会公众是投资者提供公共供给的最终使用者、消费者和受益者（J. Liu et al.，2016，2017b；郑传斌等，2017；Y. Wang et al.，2019）。

2. 投资者和政府部门的利益诉求不同

PPP 项目中政府部门的目的是实现社会效益最大化，而投资者本质都是自利的，要实现自身利益最大化（J. Liu et al.，2016；Gao and Liu，2019）。因此，要求 PPP 项目本身具有一定的营利性，保证投资者获得合理的收益率，是吸引投资者参与 PPP 项目的动力源泉，也是项目得以顺利推进的经济基础（Engel et al.，2018）。

3. 政府部门和投资者之间的信息不对称

PPP 项目中政府部门为委托人，投资者为代理人，双方之间存在严重的信息不对称（Iossa and Martimort，2016）。这种信息不对称体现在 PPP 项目的多个维度，以时间维度进行划分：在 PPP 项目采购阶段，一种是由于信息不对称，政府部门难以完全掌握投资者的各种信息（如资质、项目经验、运营水平等），容易导致一些资质较差或者能力较低的投资者为追求自身利益，通过隐瞒或歪曲自身能力的真实状况，甚至对自身能力进行伪装，以及恶意低价等途径中标，严重者可能造成 PPP 市场中出现劣币驱逐良币的现象，即逆向选择发生（王维国和刘德海，2008；殷红和王先甲，2008；Paez-Perez and Sanchez-Silva，2016）；另一种是当双方签订合同之后，信息不对称导致政府部门无法清楚判断投资者努力水平的高低程度。同时，由于投资者的逐利性，中标后的投资者可能采取违约行为，导致运营绩效差、服务效率低下、产品质量不合格等，即道德风险发生（Iossa and Legros，2004；Shrestha et al.，2017）。

4. 投资者的行为选择存在不确定性

PPP模式下，投资者作为代理方，其努力水平直接决定了PPP项目的产出（J. Liu et al.，2016），但由于 PPP 模式的长周期性和多风险性，投资者的产出对社会环境因素十分敏感。另外，PPP 合同通常为不完全契约，意味着投资者面临的不确定性和风险增加（Krüger，2012；Marques，2017，2018）。投资者为挽回先前的损失并从中攫取利益，可能会冒险进行承诺升级。因此，投资者在 PPP 项目中的行为选择存在很大的不确定性。

3.3　投资者承诺升级情景分析

投资者面对上述 PPP 项目情景，将与政府部门启动重新谈判以明确双方在承诺升级情景中利益分配机制，并确定自身的最优策略选择。

PPP 项目中，投资者（记作 I）的承诺升级行为是一种主观非完全理性的行为，可以看作投资者自身的一种独立决策，政府部门（记作 G）不参与投资者承诺升级的任何决策，不论承诺升级后项目产生收益或损失，皆由投资者自己承担，如图 3-2 所示。

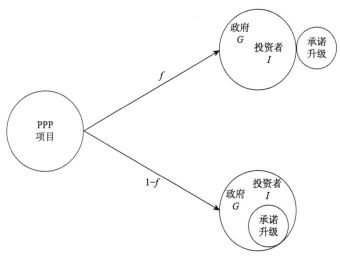

图 3-2　政府部门不参与 PPP 项目投资者承诺升级情景示意图

f 表示投资者根据负反馈信息，预估承诺升级后 PPP 项目成功的概率，$f \in (0,1)$

由于社会公众需求的紧迫性，政府部门可能迫切希望完成 PPP 项目建设后投产，或尽可能保证项目运营的可持续。为此，政府部门可能会承担 PPP 项目中投资者承诺升级的部分风险，甚至提供一定程度的政府担保（Carbonara et al., 2014b；Feng et al., 2015；Song et al., 2015；王秀芹等，2018）。这就要求政府部门制定合理的风险分担机制，这也是 PPP 模式区别于其他模式的核心特征之一（Ke et al., 2010；Wang et al., 2018）。因此，当政府部门分担投资者 PPP 项目中承诺升级风险时，按照风险分担形式的不同，又可以划分为两种不同的情景。政府部门可能按照权责相机、收益共享、风险共担的方式与投资者共同承担承诺升级的风险，即以一定比例为限参与承诺升级损失的分摊或收益的分配（图 3-3）。

PPP 项目中政府部门分担投资者承诺升级风险的另一种形式即提供担保，当投资者承诺升级后项目产生收益时，全部由投资者享有；相反，若投资者承诺升级后项目仍然失利产生损失，政府部门承诺当损失达到一定水平时，将由政府部门提供担保，以确保投资者的最低收入。担保期权的价值由双方共同享有（Wang and Liu, 2015；Wang et al., 2018），如图 3-4 所示。

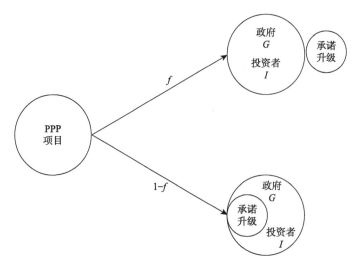

图 3-3　政府部门参与 PPP 项目投资者承诺升级收益分配和损失分担情景示意图
f 表示投资者根据负反馈信息，预估承诺升级后 PPP 项目成功的概率，$f \in (0,1)$

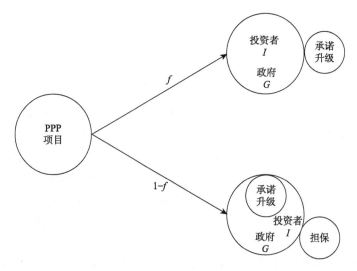

图 3-4　政府部门对 PPP 项目投资者承诺升级提供担保的情景示意图
f 表示投资者根据负反馈信息，预估承诺升级后 PPP 项目成功的概率，$f \in (0,1)$

因此，归纳 PPP 项目中投资者发生承诺升级的不同情景如下。

（1）情景一：政府部门不参与有关承诺升级的任何决策，承诺升级的后果（损失或收益）全部由投资者自己承担或独享，即承诺升级风险由投资者自身全部承担。

（2）情景二：政府部门按一定比例参与投资者承诺升级后项目的收益分配或损失分担，即政府部门与投资者共同分担承诺升级的风险。

（3）情景三：政府部门为投资者的承诺升级行为提供担保。

考虑 PPP 实践中投资者通常具备不同的风险偏好，可将投资者的承诺升级行为分为主动式承诺升级和被动式承诺升级。主动式承诺升级主要源自项目投资者的心理因素和政府担保等，投资者或将项目暂时的失利看作一种机遇和挑战，因而风险喜好型投资者表现为主动选择继续项目（王磊等，2012）；或出于对 PPP 项目未来成功概率、收益等客观且理性的判断，风险中性型投资者也可能会表现为主动式承诺升级。投资者被动式承诺升级通常是指风险规避型投资者不得不升级承诺，并非出于主观意愿和判断，在某种程度上是对现实情景的一种屈服，如基于 PPP 项目建设的特殊背景和使命。在不同模式的承诺升级情景下，政府部门的最优策略不同，投资者相应的最佳行为选择也不同。综上所述，本章通过委托代理理论，分别探讨 PPP 项目中三种不同的承诺升级情景下，针对不同投资者的承诺升级（即不同的风险偏好），设计不同的契约安排，为政府部门和投资者之间的再谈判和科学决策提供参考和依据。

3.4　投资者承担承诺升级全部后果时的契约设计

3.4.1　模型假设与构建

信息不对称是委托代理理论的基础。在 PPP 项目中，政府部门（委托方）期望通过合理的契约设计激励投资者（代理方）提高其正常的生产性努力水平，尽可能挖掘 PPP 项目的巨大潜力；同时，通过模型计算分析其最优的承诺升级水平（可能为 0，可能为正），避免投资者无限制对 PPP 项目承诺升级。在此过程中，由政府部门先行制定策略，投资者基于政府部门的策略而确定自身的行为选择；政府部门和项目投资者的行为策略过程，本质是一种动态博弈，假设如下。

假设 3-1：当投资者接收到 PPP 项目负反馈信息时，政府部门和投资者的净收益分别为 R_{G0} 和 R_{I0}（可能为正，可能为负，也可能等于 0）。之后，投资者在 PPP 项目中的投入可细化为两类：投资者可以进行对政府部门和 PPP 项目整体有益的投入——生产性努力水平 h，也可以进行对自身有益但可能损害政府部门和 PPP 项目收益的自利性投入——承诺升级行为 e（张喆等，2009a，2009b）。因此，PPP 项目的总产出包括两部分：生产性努力水平（h）产生的生产性产出 R 和承诺升级行为（e）的产出 R_{EOC}。生产性产出 R 包括经济效益和社会效益两部分，其产出大小取决于投资者自身的投入资源 I 和生产性努力水平 h。PPP 项目承诺升级情景下，I 表示投资者承诺升级前后投入的资源总和，即 $I = I_0 + \Delta I$；I_0 为投资者的沉没成本，I_0 越大，表示前期投入的成本越多；ΔI 表示投资者承诺升级后的新增投资，ΔI 越大表示投资者追加的投资越多；若 $\Delta I = 0$，表示投资者承诺升级后没有追加投资，只是维持原预算而继续项目。投资者承诺升级前投入的沉没成本 I_0 和承诺升级后追加的投资 ΔI，都有助于形成 PPP 资产，从而进一步产生收益。为简化表示，统一用 I 表示（下同）。I 越大，表示投资者在 PPP 项目中所投入的资源总和越多；h 越大，表示投资者在 PPP 项目中的生产性努力水平越高。正常产出 R 可表示为（Tirole，1994）

$$R = \alpha I h + \xi \tag{3-1}$$

其中，α 是 PPP 项目投资者生产性努力水平的产出效益系数，$\alpha \in [0, +\infty)$；ξ 是均值为 0、方差为 σ^2 的正态分布随机变量，即 $\xi \sim \mathrm{N}(0, \sigma^2)$。

假设 3-2：由于 PPP 项目中政府部门（委托方）和投资者（代理方）之间存在的信息不对称及双方利益目标的不一致性，投资者通常都具备自利性的承诺升级意愿（Arkes and Blumer，1985；J. Liu et al.，2016；Chung and Cheng，2018；Staats et al.，2018；Gao and Liu，2019）。投资者的承诺升级意愿是投资者自身具备的一种稳定特质，不因环境的改变而改变，假定投资者承诺升级的意愿为 $\varepsilon \in [0,1]$；ε 越大，表示投资者面对负反馈信息时承诺升级的意愿越强，则越有可能实施承诺升级行为；当 $\varepsilon = 0$ 时，表示投资者不存在承诺升级意愿，则不论负向反馈结果传递何种信息，投资者均不会对 PPP 项目升级承诺（$e = 0$）。

在 PPP 项目中，当其他情况一定时，投资者承诺升级行为 e，不仅与自身的承诺升级意愿 ε 呈正相关关系，还与项目投入资源 I 正相关，即投资者承诺升级的意愿越强，沉没成本和追加投资后导致的投入总资源越高，则面对负反馈结果时升级承诺的水平将越高，但投资者承诺升级的结果分为两种：或为收益、或为损失（包含损失为零的情况）。当投资者接收 PPP 项目负反馈信息时，会根据项目现阶段反馈的负向结果，重新对继续项目获得收益的概率分布进行评估。通常情况下，投资者对 PPP 项目的投入（包括生产性努力水平 h 和自利的承诺升级行为 e）不同，项目承诺升级后获得收益的概率不同，但同时还会受到外界环境因素（如不可抗力等）的影响，最终表现为 PPP 项目中的负反馈信息，且负反馈信息越多，表明投资者承诺升级后获得成功的概率越小。因此，投资者预估 PPP 项目承诺升级后产生收益的概率 f 为负向反馈信息量（k）的函数，记作 $f = \Phi(k)$，且 $\Phi(k) \in (0,1)$（Hogarth and Einhorn，1992）。例如，投资者接收第一条负反馈信息时，未来承诺升级后 PPP 项目获得收益的概率为 $\Phi(1)$。为简化表示，假定投资者收到 PPP 项目负反馈信息时，经研判得出升级承诺后获得收益 R_{EOC_1} 的概率为 f，则有 $(1-f)$ 的概率造成 PPP 项目损失 R_{EOC_2}（$R_{\mathrm{EOC}_2} \geqslant 0$，$R_{\mathrm{EOC}_2}$ 只表示损失值大小）。R_{EOC_1} 和 R_{EOC_2} 的表达式分别如下：

$$R_{EOC_1} = \varepsilon\left(\alpha_1 Ie + \xi_1\right) \tag{3-2}$$

$$R_{EOC_2} = \varepsilon\left(\alpha_2 Ie + \xi_2\right) \tag{3-3}$$

其中，α_1 是投资者承诺升级后项目产生收益时的效益系数，$\alpha_1 \in [0, +\infty)$；$\xi_1$ 是均值为 0、方差为 σ_1^2 且服从正态分布的随机变量，即 $\xi_1 \sim N\left(0, \sigma_1^2\right)$；$\alpha_2$ 是承诺升级结果为损失时的损失系数，$\alpha_2 \in [0, +\infty)$；$\xi_2$ 是均值为 0、方差为 σ_2^2 且服从正态分布的随机变量，即 $\xi_2 \sim N\left(0, \sigma_2^2\right)$；$\xi$、$\xi_1$ 和 ξ_2 相互独立。

假设 3-3：PPP 项目中投资者的生产性努力成本为 $C(h)$，努力成本系数为 b（$b>0$），b 越大，表示投资者在同等生产性努力水平下的努力成本越高。根据 H-M 理论模型（Holmstrom and Milgrom，1987），投资者的生产性努力成本函数表示为

$$C(h) = \frac{1}{2}bh^2 \tag{3-4}$$

假设 3-4：PPP 项目中投资者承诺升级行为的成本为 $C(e)$，其成本系数为 $d(d>0)$，d 越大，表示投资者在同等承诺升级水平下所需付出的成本越高。投资者承诺升级的成本函数表示为（J. Liu et al.，2016）

$$C(e) = \frac{1}{2}de^2 \tag{3-5}$$

假设 3-5：投资者享有 PPP 项目生产性产出（R）的分配比例为 $\beta \in [0,1]$，则政府部门享有生产性产出（R）的分配比例为 $1-\beta$。当投资者对 PPP 项目承诺升级后产生收益时，投资者可获得的总收益为 $\psi_{I_{11}} = R_{I_0} + R\beta + R_{EOC_1} = R_{I_0} + \beta\left(\alpha Ih + \xi\right) + \varepsilon\left(\alpha_1 Ie + \xi_1\right)$；相反，若投资者承诺升级后 PPP 项目失败导致项目损失时，投资者可获得的项目总收益为 $\psi_{I_{12}} = R_{I_0} + R\beta - R_{EOC_2} = R_{I_0} + \beta\left(\alpha Ih + \xi\right) - \varepsilon\left(\alpha_2 Ie + \xi_2\right)$。考虑承诺升级行为后产生不同结果的情况下，投资者在 PPP 项目中可获得的净收益分别为

$$\pi_{I_{11}} = \psi_{I_{11}} - C(h) - C(e) - I = R_{I_0} + \beta\left(\alpha Ih + \xi\right) + \varepsilon\left(\alpha_1 Ie + \xi_1\right) - \frac{1}{2}bh^2 - \frac{1}{2}de^2 - I \tag{3-6}$$

$$\pi_{I_{12}} = \psi_{I_{12}} - C(h) - C(e) - I = R_{I_0} + \beta\left(\alpha Ih + \xi\right) - \varepsilon\left(\alpha_2 Ie + \xi_2\right) - \frac{1}{2}bh^2 - \frac{1}{2}de^2 - I \tag{3-7}$$

考虑承诺升级后不同结果发生概率分布时，投资者在 PPP 项目中可获得的期望综合净收益为

$$\pi_{I_1} = f\pi_{I_{11}} + (1-f)\pi_{I_{12}}$$

$$= R_{I_0} + \beta(\alpha Ih + \xi) + f\varepsilon(\alpha_1 Ie + \xi_1) - (1-f)\varepsilon(\alpha_2 Ie + \xi_2) - \frac{1}{2}bh^2 - \frac{1}{2}de^2 - I$$

$$（3\text{-}8）$$

因此，在 PPP 项目承诺升级情况下，投资者的期望综合净收益为

$$E(\pi_{I_1}) = R_{I_0} + \beta\alpha Ih + f\varepsilon\alpha_1 Ie - (1-f)\varepsilon\alpha_2 Ie - \frac{1}{2}bh^2 - \frac{1}{2}de^2 - I \quad （3\text{-}9）$$

政府部门不参与承诺升级收益的分配和损失的分担，因此不论承诺升级后结果如何，政府部门在 PPP 项目中的收益只与投资者生产性努力的生产性产出 R 和分配比例 $(1-\beta)$ 相关，即

$$\pi_{G_{11}} = \pi_{G_{12}} = R_{G_0} + R(1-\beta) = R_{G0} + (\alpha Ih + \xi)(1-\beta) \quad （3\text{-}10）$$

其中，$\pi_{G_{11}}$ 表示投资者承诺升级后 PPP 项目产生收益时的政府收益；$\pi_{G_{12}}$ 表示承诺升级导致损失时的政府收益。考虑投资者承诺升级发生后果的概率分布后，政府部门在 PPP 项目中的综合净收益 π_{G_1} 为

$$\pi_{G_1} = f\pi_{G_{11}} + (1-f)\pi_{G_{12}} = R_{G_0} + (\alpha Ih + \xi)(1-\beta) \quad （3\text{-}11）$$

因此，考虑投资者承诺升级情况下，政府部门在 PPP 项目中的期望综合净收益 $E(\pi_{G_1})$ 为

$$E(\pi_{G_1}) = E\big[(\alpha Ih + \xi)(1-\beta)\big] = R_{G_0} + \alpha Ih(1-\beta) \quad （3\text{-}12）$$

假设 3-6：政府部门在 PPP 项目中不存在承诺升级行为，且为风险中性。此时，政府部门的期望效用 U_{G_1} 即等于期望综合净收益，即

$$U_{G_1} = E(\pi_{G_1}) = R_{G_0} + \alpha Ih(1-\beta) \quad （3\text{-}13）$$

假设 3-7：投资者的保留效用（即机会成本）为 U_0。

事实上，当政府部门不参与投资者对 PPP 项目承诺升级的风险分担，即承诺升级的风险全部由投资者承担时，对投资者而言风险最大。从理论上分析，当投资者承诺升级行为的后果将全部由自己承担时，其最优的承诺升级行为为 e，不仅与自身的承诺升级意愿 ε 和投入资源 I 相关，还受到项目负反馈信息等的影响。由投资者对负反馈信息研判之后自行决定，与政府部门的政策无关。若结果显示最优的承诺升级水平为正，表示投资者应尝试进行一定程度的承诺升级；若结果显示最优的承诺升级水平为 0 甚至为负，投资者应立即终止项目，从 PPP 项目中退出。下文将基于委托代理理论，针对 PPP 项目中具备不同风险偏好的投资者被动或主动承诺升级的情景，分别研究政府部门的最优效益分配比例（β）制定，以及相应地确定投资者最优的承诺升级行为（e）和生产性努力水平（h），旨在提供投资者正常的生产性努力，避免其无限制升级承诺。

3.4.2　投资者被动式承诺升级的契约设计

基于上述分析，风险规避型投资者在 PPP 项目中通常表现为被动式承诺升级。假定投资者的风险规避系数为 ρ，$\rho > 0$（Medda，2007；王晓明等，2011）。此时，投资者综合净收益的方差 $\mathrm{Var}\left(\pi_{I_1}\right)$ 为

$$\mathrm{Var}\left(\pi_{I_1}\right) = \left[\pi_{I_1} - E\left(\pi_{I_1}\right)\right]^2 = \sigma^2 \beta^2 + f^2 \varepsilon^2 \sigma_1^2 + (1-f)^2 \varepsilon^2 \sigma_2^2 \qquad (3\text{-}14)$$

在 PPP 项目中，考虑承诺升级这种不确定性行为后，投资者的确定性效用如下：

$$\begin{aligned}
U_{I_{11}} &= E\left(\pi_{I_1}\right) - \frac{1}{2}\rho \mathrm{Var}\left(\pi_{I_1}\right) \\
&= R_{I_0} + \alpha I h \beta + f \varepsilon \alpha_1 Ie - (1-f)\varepsilon \alpha_2 Ie - \frac{1}{2}bh^2 - \frac{1}{2}de^2 - I \qquad (3\text{-}15) \\
&\quad - \frac{\rho}{2}\left[\sigma^2 \beta^2 + f^2 \varepsilon^2 \sigma_1^2 + (1-f)^2 \varepsilon^2 \sigma_2^2\right]
\end{aligned}$$

在 PPP 项目中，由政府部门先行制定政策确定效益分配比例，进而投资者在这种政策下确定自身的最优策略，包括最优的生产性努力水平 h 和最优的承诺升级行为 e。按照动态博弈的逆向归纳法求解，即根据投资者效用最大化确定其最优的生产性努力水平 h^* 和承诺升级行为 e^*，进而以 PPP 项目总效用（即政府部门和投资者的效用之和）最大化为目标函数求解最优效益分配比例 β^*。因此，在 PPP 项目中投资者存在承诺升级意愿时的契约设计问题相当于求解以下的约束规划问题：

$$\operatorname*{Max}_{\beta}\ U_{G_1} = R_{G_0} + \alpha I h (1-\beta) \qquad (3\text{-}16)$$

$$\begin{aligned}
\text{s.t. } U_{I_{11}} &= R_{I_0} + \alpha I h \beta + f \varepsilon \alpha_1 Ie - (1-f)\varepsilon \alpha_2 Ie - \frac{1}{2}bh^2 - \frac{1}{2}de^2 - I \\
&\quad - \frac{\rho}{2}\left[\sigma^2 \beta^2 + f^2 \varepsilon^2 \sigma_1^2 + (1-f)^2 \varepsilon^2 \sigma_2^2\right] \geqslant U_0
\end{aligned} \qquad (3\text{-}17)$$

$$\begin{aligned}
\operatorname*{Max}_{h,e}\ U_{I_{11}} &= R_{I_0} + \alpha I h \beta + f \varepsilon \alpha_1 Ie - (1-f)\varepsilon \alpha_2 Ie - \frac{1}{2}bh^2 - \frac{1}{2}de^2 - I \\
&\quad - \frac{\rho}{2}\left[\sigma^2 \beta^2 + f^2 \varepsilon^2 \sigma_1^2 + (1-f)^2 \varepsilon^2 \sigma_2^2\right]
\end{aligned} \qquad (3\text{-}18)$$

根据式（3-16）~式（3-18）的最优化一阶解，求得契约视角下 PPP 项目情景一中，投资者最优的生产性努力水平 h_{11}^*、承诺升级行为 e_{11}^* 及效益分配比例 β_{11}^* 分别为

$$h_{11}^* = \frac{1}{b}\alpha I \beta_{11}^* \qquad\qquad (3\text{-}19)$$

$$e_{11}^* = \frac{f\alpha_1 - (1-f)\alpha_2}{d}\varepsilon I \qquad\qquad (3\text{-}20)$$

$$\beta_{11}^* = \frac{\alpha^2 I^2}{\alpha^2 I^2 + \rho b \sigma^2} \qquad\qquad (3\text{-}21)$$

分析上述结果可知，当投资者为风险规避型时，政府部门和投资者的最优策略选择均与第一阶段的收益（R_{G_0} 和 R_{I_0}）无关，表明在 PPP 项目中出现负反馈信息需要重新制定决策时，双方的最优策略应不受第一阶段收益的影响。但政府部门应给予投资者 PPP 项目产出的最优效益分配比例为 $\beta_{11}^* \in [0,1]$，与 PPP 项目投入资源 I（包括沉没成本和新增投资）、风险规避系数 ρ 和投资者生产性努力成本系数 b 等参数相关。最优效益分配比例 $\beta_{11}^* = \dfrac{1}{1 + \rho b \sigma^2 / \alpha^2 I^2}$ 随着投入资源 I 的增加而增大，但随着风险规避系数 ρ 和投资者生产性努力成本系数 b 的增加而减少。政府部门不参与承诺升级收益或损失的分配时，投资者获得收益的最优效益分配比例 β_{11}^* 与自身承诺升级意愿 ε 无关，而承诺升级意愿的强弱只能决定其自身的承诺升级行为 e_{11}^*。

由式（3-19）可知，PPP 项目中投资者的最优生产性努力水平 h_{11}^* 与自身获得的最优效益分配比例 β_{11}^* 成正比，即最优效益分配比例 β_{11}^* 越高，则投资者愿意付出的最优生产性努力水平 h_{11}^* 越高。将上述式（3-21）代入式（3-19）可求得投资者在 PPP 项目此情景中的最优生产性努力水平，即最大生产性努力水平 $h_{11}^* = \dfrac{\alpha^3 I^3}{b\left(\alpha^2 I^2 + \rho b \sigma^2\right)}$，且 $\dfrac{\partial h_{11}^*}{\partial I} = \dfrac{3\alpha^5 I^4 b + 3\alpha^3 I^2 b^2 \rho \sigma^2}{b^2\left(\alpha^2 I^2 + \rho b \sigma^2\right)^2} > 0$，由此说明投资者最优生产性努力水平 h_{11}^* 是关于投入资源 I 的增函数，同时还与生产性努力成本系数 b 和风险规避系数 ρ 成反比，即投资者投入 PPP 项目的资源越多、生产性努力成本系数 b 越低、投资者风险规避系数 ρ 越小时，投资者的生产性努力水平 h_{11}^* 越高。

式（3-20）表明，此种情形下，投资者在 PPP 项目中最优的承诺升级行为 e_{11}^* 与效益分配比例 β_{11}^* 无关。这是因为政府部门不参与投资者承诺升级结果的分配，即承诺升级的结果（收益或损失）均由投资者独立负责。由此，投资者承诺升级行为 e_{11}^* 只与自身承诺升级意愿 ε、获得收益的概率 f、承诺升级后的产出系数（α_1 和 α_2）、承诺升级的成本系数 d 和投入资源（沉没成本和新增投资之和）I 有关。若投资者不具备承诺升级意愿（$\varepsilon = 0$），投资者也不会在 PPP 项目表现失利时继续项目（$e_{11}^* = 0$），即投资者具备承诺升级意愿（$\varepsilon \neq 0$）是发生承诺升级行为（$e \neq 0$）的前提条件。当 $e \neq 0$ 时，只有满足条件 $f\alpha_1 - (1-f)\alpha_2 > 0$，投资者才会升级承诺，此时 PPP 项目中承诺升级获得成功的概率 f 须满足：

$$f > \frac{\alpha_2}{\alpha_1 + \alpha_2} \tag{3-22}$$

当投资者综合判断承诺升级 PPP 项目产生收益的概率 f 过小，即 $f \leqslant \dfrac{\alpha_2}{\alpha_1 + \alpha_2}$ 时，投资者也不会继续项目而选择终止（$e_{11}^* = 0$）。

3.4.3　投资者主动式承诺升级的契约设计

当投资者为风险中性型或风险喜好型时，出于期望理论对项目未来收益和实现概率的判断，或出于自身的乐观和对风险的喜好，习惯性将 PPP 项目中的失利看作一种挑战，在 PPP 项目中会进行主动式承诺升级。假定投资者的风险喜好系数 ϖ，$\varpi \geqslant 0$；当 $\varpi = 0$ 时，表示投资者为风险中性型，本节采用均值-方差法衡量其期望效用（H. S. Lau and A. H. L. Lau，1999），即投资者进行主动式承诺升级时的期望效用 $U_{I_{12}}$ 为

$$U_{I_{12}} = E(\pi_{I_1}) + \varpi \sqrt{\mathrm{Var}(\pi_{I_1})} \tag{3-23}$$

其中，$\sqrt{\mathrm{Var}(\pi_{I_1})}$ 是标准差。根据式（3-14）可知，标准差 $\sqrt{\mathrm{Var}(\pi_{I_1})}$ 为

$$\sqrt{\mathrm{Var}(\pi_{I_1})} = \sqrt{\left[\pi_{I_1} - E(\pi_{I_1})\right]^2} = \left|\sigma\beta + f\varepsilon\sigma_1 - (1-f)\varepsilon\sigma_2\right| \tag{3-24}$$

投资者在 PPP 项目中进行主动式承诺升级时，期望效用可 $U_{I_{12}}$ 表示为

$$U_{I_{12}} = R_{I_0} + \alpha Ih\beta + f\varepsilon\alpha_1 Ie - (1-f)\varepsilon\alpha_2 Ie - \frac{1}{2}bh^2 - \frac{1}{2}de^2 - I$$
$$+ \varpi\left|\sigma\beta + f\varepsilon\sigma_1 - (1-f)\varepsilon\sigma_2\right| \tag{3-25}$$

当 PPP 项目中投资者存在承诺升级意愿，表现为主动承诺升级时的契约设计问题，相当于求解以下的约束规划问题：

$$\max_{\beta} U_{G_1} = R_{G_0} + \alpha Ih(1-\beta) \tag{3-26}$$

$$\text{s.t. } U_{I_{12}} = R_{I_0} + \alpha Ih\beta + f\varepsilon\alpha_1 Ie - (1-f)\varepsilon\alpha_2 Ie - \frac{1}{2}bh^2 - \frac{1}{2}de^2 - I$$
$$+ \varpi\left|\sigma\beta + f\varepsilon\sigma_1 - (1-f)\varepsilon\sigma_2\right| \geqslant U_0 \tag{3-27}$$

$$\max_{h,e} U_{I_{12}} = R_{I_0} + \alpha Ih\beta + f\varepsilon\alpha_1 Ie - (1-f)\varepsilon\alpha_2 Ie - \frac{1}{2}bh^2 - \frac{1}{2}de^2 - I$$
$$+ \varpi\left|\sigma\beta + f\varepsilon\sigma_1 - (1-f)\varepsilon\sigma_2\right| \tag{3-28}$$

同理，按照动态博弈的逆向归纳法求解，求得在 PPP 项目中政府部门和投资者的契约关系下，投资者最优的生产性努力水平 h_{12}^*、承诺升级行为 e_{12}^* 及效益分配比例 β_{12}^* 分别为

$$h_{12}^* = \frac{1}{b}\alpha I \beta_{12}^* \tag{3-29}$$

$$e_{12}^* = \frac{f\alpha_1 - (1-f)\alpha_2}{d} \cdot \varepsilon I \tag{3-30}$$

$$\beta_{12}^* = \frac{\alpha^2 I^2 + \varpi\sigma b}{\alpha^2 I^2} \tag{3-31}$$

当投资者为风险喜好型，即 $\varpi > 0$ 时，通过上述模型求解得到投资者的最优效益分配比例 $\beta_{12}^* = \dfrac{\alpha^2 I^2 + \varpi\sigma b}{\alpha^2 I^2} > 1$，不符合实际效益分配比例的取值范围 $\beta \in [0,1]$。根据式（3-29）、式（3-30）和式（3-31），经计算可知，β_{12} 取 1 时满足上述条件的次优解，则政府部门应给予投资者的最优效益分配比例为 $\beta_{12}^{**} = 1$，表示应将全部的正常性产出 R 归投资者，与投资者的风险偏好程度（ϖ）无关。当 $\varpi = 0$ 时，表示 PPP 项目投资者为风险中性型，此时政府部门在 PPP 项目中的最优效益分配比例 $\beta_{12}^{**} = 1$，同样说明政府部门应不参与 PPP 项目的任何收益分配。

结合式（3-20）和式（3-30）分析可知，当政府部门不参与 PPP 项目承诺升级的后果分担，即由投资者独自承担承诺升级行为的全部结果时，契约视角机制下的最优承诺升级水平与投资者自身的风险偏好无关，记作 $e_1^* = \dfrac{\left[f\alpha_1 - (1-f)\alpha_2 \right]\varepsilon I}{d}$。同时，由于投资者承诺升级的结果由自己独立负责，则最优承诺升级水平也不受政府部门激励强度的影响，即 $e_1^* = \dfrac{\left[f\alpha_1 - (1-f)\alpha_2 \right]}{d}\varepsilon I$ 与 β 无关。对于投资者是否会选择承诺升级的条件如式（3-22）所述，此处不再赘述。

通过对比式（3-19）和式（3-29）可知，考虑 PPP 项目中投资者存在一定程度的承诺升级意愿 ε 时，主动式和被动式承诺升级情景下的最优生产性努力水平表达式相同，记作 $h_1^* = \dfrac{\alpha I \beta_1^*}{b}$，均与自身的效益分配比例 β 呈正相关关系。尽管如此，投资者的风险偏好不同时，投资者获得 PPP 项目的最优效益分配比例 β 不同：当投资者为风险规避型时，最优效益分配比例 $\beta_{11}^* = \dfrac{\alpha^2 I^2}{\alpha^2 I^2 + \rho b\sigma^2} \in [0,1]$，则最优生产性努力水平 $h_{11}^* = \dfrac{\alpha^3 I^3}{b(\alpha^2 I^2 + \rho b\sigma^2)}$，风险规避系数 ρ 越大，则投资者将投入的努

力水平越低。相比之下，针对风险中性型和风险喜好型投资者，其应享有全部生产性产出，即 $\beta_{12}^* = 1$，以期通过获得最大化生产性产出而减少承诺升级失败的风险；此时投资者的最优生产性努力水平为 $h_{12}^* = \dfrac{\alpha I}{b}$，也是投资者将在 PPP 项目中投入的最大生产性努力水平，与投资者的风险喜好程度（ϖ）无关。

3.5　政府部门参与承诺升级结果分担时的契约设计

3.5.1　模型假设与构建

当政府部门参与 PPP 项目承诺升级后结果分担时，意味着政府部门将和投资者按照一定的比例参与承诺升级收益的分配或损失的分担。与 3.4 节情景一中的假设条件相同，政府部门和投资者之间就 PPP 项目效益分配比例（β）的谈判过程实际为一种动态博弈，但双方最终的得益不同。

当 PPP 项目投资者具有承诺升级意愿 $\varepsilon \in (0,1]$，并将其转化为承诺升级行为（即 $e \neq 0$）后，基于承诺升级的不同结果，当产生收益时 PPP 项目总产出为 ϕ_{21}，相反则 PPP 项目总产出为 ϕ_{22}，分别如下：

$$\phi_{21} = R + R_{\text{EOC}_1} = (\alpha I h + \xi) + \varepsilon(\alpha_1 I e + \xi_1) \qquad (3\text{-}32)$$

$$\phi_{22} = R - R_{\text{EOC}_2} = (\alpha I h + \xi) - \varepsilon(\alpha_2 I e + \xi_2) \qquad (3\text{-}33)$$

根据假设 3-5，投资者在 PPP 项目中可获得生产性产出（R）的分配比例为 β，则政府部门享有生产性产出的分配比例为 $1-\beta$。同理，假定投资者和政府部门的承诺升级结果分摊比例分别为 β 和 $1-\beta$。基于投资者接收有关 PPP 项目负反馈信息时的收益 R_{I_0}，当投资者承诺升级后项目产生收益时，投资者可获得的项目总收益为 $\psi_{I_{21}} = R_{I_0} + \beta\phi_{21} = R_{I_0} + \beta\big[(\alpha I h + \xi) + \varepsilon(\alpha_1 I e + \xi_1)\big]$；相反，若投资者升级承诺后 PPP 项目仍然持续不断地反馈负面消息并导致失败产生损失时，投资者可获得 PPP 项目总收益为 $\psi_{I_{22}} = R_{I_0} + \beta\phi_{22} = R_{I_0} + \beta\big[(\alpha I h + \xi) - \varepsilon(\alpha_2 I e + \xi_2)\big]$。在 PPP 项目中承诺升级产生不同结果时，投资者可获得的净收益分别为

$$\pi_{I_{21}} = \psi_{I_{21}} - C(h) - C(e) - I = R_{I_0} + \beta\big[(\varepsilon I h + \xi) + \varepsilon(\alpha_1 I e + \xi_1)\big] - \frac{1}{2}bh^2 - \frac{1}{2}de^2 - I$$

$$(3\text{-}34)$$

$$\pi_{I_{22}} = \psi_{I_{22}} - C(h) - C(e) - I = R_{I_0} + \beta \left[(\alpha Ih + \xi) - \varepsilon(\alpha_2 Ie + \xi_2) \right] - \frac{1}{2}bh^2 - \frac{1}{2}de^2 - I$$

（3-35）

综合考虑 PPP 项目中承诺升级发生后不同结果的概率分布，则投资者可获得的期望综合净收益为

$$\pi_{I_2} = f\pi_{I_{21}} + (1-f)\pi_{I_{22}}$$

$$= R_{I_0} + \beta(\alpha Ih + \xi) + \varepsilon(\alpha_1 Ie + \xi_1)\beta f - \varepsilon(\alpha_2 Ie + \xi_2)\beta(1-f) - \frac{1}{2}bh^2 - \frac{1}{2}de^2 - I$$

（3-36）

考虑 PPP 项目中承诺升级不同结果的情况下，投资者的期望综合净收益为

$$E(\pi_{I_2}) = R_{I_0} + \alpha Ih\beta + \varepsilon\lambda\alpha_1 Ie\beta f - \varepsilon\alpha_2 Ie\beta(1-f) - \frac{1}{2}bh^2 - \frac{1}{2}de^2 - I$$

（3-37）

同理，当投资者选择继续 PPP 项目时，若 PPP 项目后续进展顺利产生收益，政府部门可获得的收益为 $\pi_{G_{21}} = R_{G_0} + \phi_{21}(1-\beta) = R_{G_0} + \left[(\alpha Ih + \xi) + \varepsilon(\alpha_1 Ie + \xi_1) \right]$ $(1-\beta)$；反之，若 PPP 项目运营状况不仅没有好转，却事与愿违而导致更进一步的损失时，政府部门的收益为 $\pi_{G_{22}} = R_{G_0} + \phi_{22}(1-\beta) = R_{G_0} + \left[(\alpha Ih + \xi) - \varepsilon(\alpha_2 Ie + \xi_2) \right]$ $(1-\beta)$。政府部门的期望综合净收益为

$$\pi_{G_2} = f\pi_{G_{21}} + (1-f)\pi_{G_{22}}$$

$$= R_{G_0} + (\alpha Ih + \xi)(1-\beta) + \varepsilon(\alpha_1 Ie + \xi_1)(1-\beta)f - \varepsilon(\alpha_2 Ie + \xi_2)(1-\beta)(1-f)$$

（3-38）

鉴于政府部门为风险中性型投资者，则政府部门期望效用 U_{G_2} 即等于期望综合净收益 $E(\pi_{G_2})$，即

$$U_{G_2} = E(\pi_{G_2}) = R_{G_0} + \alpha Ih(1-\beta) + \varepsilon\alpha_1 Ie(1-\beta)f - \varepsilon\alpha_2 Ie(1-\beta)(1-f)$$

（3-39）

3.5.2　投资者被动式承诺升级的契约设计

基于上述分析，当 PPP 项目投资者为风险规避型而进行被动式承诺升级时，需考虑投资者决策的风险成本，其中投资者在 PPP 项目中综合净收益的方差为

$$\mathrm{Var}(\pi_{I_2}) = \left[\pi_{I_2} - E(\pi_{I_2}) \right]^2 = \left[\sigma^2 + f^2\varepsilon^2\sigma_1^2 + (1-f)^2\varepsilon^2\sigma_2^2 \right]\beta^2 \quad （3-40）$$

若投资者的风险规避系数为 ρ，$\rho > 0$（Medda，2007；王晓明等，2011），

则在 PPP 项目中，考虑承诺升级这种不确定性行为后，投资者的确定性效用 $U_{I_{21}}$ 如下：

$$U_{I_{21}} = R_{I_0} + \alpha Ih\beta + \varepsilon\alpha_1 Ie\beta f - \varepsilon\alpha_2 Ie\beta(1-f) - \frac{1}{2}bh^2 - \frac{1}{2}de^2 - I \qquad (3\text{-}41)$$
$$-\frac{\rho}{2}\left[\sigma^2 + f^2\varepsilon^2\sigma_1^2 + (1-f)^2\varepsilon^2\sigma_2^2\right]\beta^2$$

因此，当政府部门参与 PPP 项目中投资者被动式承诺升级决策后果分担时，对投资者的契约设计问题相当于求解以下的约束规划问题：

$$\underset{\beta}{\text{Max}}\ U_{G_2} = R_{G_0} + \alpha Ih(1-\beta) + \varepsilon\alpha_1 Ie(1-\beta)f - \varepsilon\alpha_2 Ie(1-\beta)(1-f) \quad (3\text{-}42)$$

$$\text{s.t.}\ U_{I_{21}} = R_{I_0} + \alpha Ih\beta + \varepsilon\alpha_1 Ie\beta f - \varepsilon\alpha_2 Ie\beta(1-f) - \frac{1}{2}bh^2$$
$$\qquad\qquad\qquad\qquad\qquad\qquad\qquad\qquad\qquad\qquad (3\text{-}43)$$
$$-\frac{1}{2}de^2 - I - \frac{\rho}{2}\left[\sigma^2 + f^2\varepsilon^2\sigma_1^2 + (1-f)^2\varepsilon^2\sigma_2^2\right]\beta^2 \geqslant U_0$$

$$\underset{h,e}{\text{Max}}\ U_{I_{21}} = R_{I_0} + \alpha Ih\beta + \varepsilon\alpha_1 Ie\beta f - \varepsilon\alpha_2 Ie\beta(1-f) - \frac{1}{2}bh^2$$
$$\qquad\qquad\qquad\qquad\qquad\qquad\qquad\qquad\qquad\qquad (3\text{-}44)$$
$$-\frac{1}{2}de^2 - I - \frac{\rho}{2}\left[\sigma^2 + f^2\varepsilon^2\sigma_1^2 + (1-f)^2\varepsilon^2\sigma_2^2\right]\beta^2$$

按照动态博弈的逆向归求解思路，即根据式（3-42）、式（3-43）和式（3-44）的最优化一阶解，求得契约视角下投资者最优的生产性努力水平 h_{21}^*、承诺升级行为 e_{21}^* 及效益分配比例 β_{21}^* 分别为

$$h_{21}^* = \frac{1}{b}\alpha I\beta_{21}^* \qquad (3\text{-}45)$$

$$e_{21}^* = \frac{f\alpha_1 - (1-f)\alpha_2}{d}\varepsilon I\beta_{21}^* \qquad (3\text{-}46)$$

$$\beta_{21}^* = \frac{\alpha^2 I^2 d + \varepsilon^2 I^2 b\left[f\alpha_1 - (1-f)\alpha_2\right]^2}{\alpha^2 I^2 d + \varepsilon^2 I^2 b\left[f\alpha_1 - (1-f)\alpha_2\right]^2 + \rho bd\left[\sigma^2 + f^2\varepsilon^2\sigma_1^2 + (1-f)^2\varepsilon^2\sigma_2^2\right]}$$
$$\qquad\qquad\qquad\qquad\qquad\qquad\qquad\qquad\qquad\qquad (3\text{-}47)$$

当政府部门按照利益共享、责任共担的方式与投资者共同分担 PPP 项目承诺升级决策的风险时，双方的最优策略选择均与第一阶段的收益（R_{G_0} 和 R_{I_0}）无关。政府部门给予投资者的最优效益分配比例 $\beta_{21}^* \in [0,1]$，随着投资者风险规避系数 ρ 的增加而减小。由式（3-45）可知，投资者最优的生产性努力水平表达式仍然为 $h_{21}^* = \frac{\alpha I}{b}\beta_{21}^*$，即生产性努力水平 h_{21}^* 随着投资者可获得效益分配比例 β 的增加而增加，但随着生产性努力成本系数 b 的增加而降低。式（3-46）显示投资者对 PPP 项目的最优承诺升级行为 e_{21}^* 与效益分配比例 β 也呈正相关关系，但投资

者承诺升级的前提条件为 $f\alpha_1 -(1-f)\alpha_2 > 0$，要求承诺升级后 PPP 项目获得成功的概率 f 要足够大，即满足条件 $f > \dfrac{\alpha_2}{\alpha_1 + \alpha_2}$；当投资者获得效益分配比例取得最优值 β_{21}^* 时，最优的承诺升级行为为 e_{21}^*。同时，投资者的最优承诺升级行为 e_{21}^* 还与承诺升级意愿 ε 密切相关，当投资者承诺升级的意愿很小（按 $\varepsilon = 0$ 计）时，投资者的最优承诺升级行为 $e_{21}^* = 0$，表示投资者不应对 PPP 项目升级承诺。此时，投资者可获得的最优效益分配比例 $\beta_{21}^* = \dfrac{\alpha^2 I^2}{\alpha^2 I^2 + \rho b \sigma^2}$，而投资者将投入的最优生产性努力水平 $h_{21}^* = \dfrac{\alpha I}{b}\beta_{21}^* = \dfrac{\alpha^3 I^3}{b(\alpha^2 I^2 + \rho b \sigma^2)}$。综上分析，可得到如下结论。

（1）在考虑 PPP 项目投资者具有一定的承诺升级意愿（$\varepsilon \neq 0$）时，要使投资者愿意付出更多的生产性努力水平（h），政府部门就应该提高投资者在 PPP 项目产出的效益分配比例 β。不论投资者承诺升级意愿的强弱程度，只要提高其在 PPP 项目中的效益分配比例 β，投资者相应的最优生产性努力水平 h_{21}^* 也会随之提高（$\dfrac{\partial h_{21}^*}{\partial \beta_{21}^*} = \dfrac{\alpha I}{b} > 0$）。

（2）当满足 $f > \dfrac{\alpha_2}{\alpha_1 + \alpha_2}$ 且其他参数一定时，由于 $\dfrac{\partial e_{21}^*}{\partial \beta_{21}^*} = \dfrac{f\alpha_1 -(1-f)\alpha_2}{d}\varepsilon I > 0$，即投资者承诺升级水平 e 与效益分配比例 β 成正比，这意味着投资者可获得的效益分配比例 β 在一定程度上会促进投资者进行承诺升级（即 e 增大）。若投资者承诺升级后结果为损失，较大的效益分配比例意味着投资者可获得较大的生产性产出，从而弥补承诺升级造成的损失；若投资者承诺升级后项目进展良好而获得最终的成功，投资者享有的效益分配比例越高，则投资者可分享越多的承诺收益，但更高的承诺升级水平意味着投资者要面临 PPP 项目更大的风险，因此承诺升级水平并非越高越好。当 PPP 项目效益分配比例取得最优值 β_{21}^* 时，投资者升级承诺的最优水平为 e_{21}^*，即投资者的实际承诺升级行为不应超过 e_{21}^*。换言之，当项目承诺升级后失败的概率较大（f 较小）时，适当降低投资者的效益分配比例 β，可有效控制投资者的承诺升级行为 e，降低项目风险。

（3）当政府部门参与 PPP 项目承诺升级收益分配和损失分担，且投资者为风险规避型时，投资者享有项目收益（包括正常生产性产出和承诺升级产出）的最优效益分配比例为 $\dfrac{\alpha^2 I^2 d + \varepsilon^2 I^2 b \left[f\alpha_1 -(1-f)\alpha_2 \right]^2}{\alpha^2 I^2 d + \varepsilon^2 I^2 b \left[f\alpha_1 -(1-f)\alpha_2 \right]^2 + \rho b d \left[\sigma^2 + f^2 \varepsilon^2 \sigma_1^2 + (1-f)^2 \varepsilon^2 \sigma_2^2 \right]} \in [0,1]$，此时政府部门的效益分配比例为 $1 - \beta_{21}^*$。PPP 项目中，投资者获得产出的

最优效益分配比例 β_{21}^* 和承诺升级意愿（ε）的关系与其他参数（包括承诺升级后项目成功的概率 f、生产性努力成本系数 b、承诺升级成本系数 d、不同情况下的项目产出 α、α_1、α_2 及不同产出的波动情况 σ、σ_1 和 σ_2 等）密切相关。为具体分析投资者最优效益分配比例 β_{21}^* 与承诺升级意愿 ε 分别求偏导，可得如下的表达式：

$$\frac{\partial \beta_{21}^*}{\partial \varepsilon} = \frac{2\varepsilon\rho bd\left\{I^2 b\left[f\alpha_1 - (1-f)\alpha_2\right]^2 \sigma^2 - \alpha^2 I^2 d\left[f^2\sigma_1^2 + (1-f)^2 \sigma_2^2\right]\right\}}{\left\{\alpha^2 I^2 d + \varepsilon^2 I^2 b\left[f\alpha_1 - (1-f)\alpha_2\right]^2 + \rho bd\left[\sigma^2 + f^2\varepsilon^2\sigma_1^2 + (1-f)^2 \varepsilon^2\sigma_2^2\right]\right\}^2}$$

（3-48）

当各参数满足 $b\left[f\alpha_1 - (1-f)\alpha_2\right]^2 \sigma^2 = \alpha^2 d\left[f^2\sigma_1^2 + (1-f)^2 \sigma_2^2\right]$ 时，则有 $\frac{\partial \beta_{21}^*}{\partial \varepsilon} = 0$，表示投资者获得 PPP 项目产出的最优效益分配比例 β_{21}^* 与其自身具备承诺升级的意愿 ε 无关；当 $b\left[f\alpha_1 - (1-f)\alpha_2\right]^2 \sigma^2 < \alpha^2 d\left[f^2\sigma_1^2 + (1-f)^2 \sigma_2^2\right]$ 时，则 $\frac{\partial \beta_{21}^*}{\partial \varepsilon} < 0$，即项目产出的最优效益分配比例 β_{21}^* 随着投资者承诺升级意愿（ε）的增强而减小，表示投资者对 PPP 项目承诺升级意愿 ε 越强，政府部门给予投资者的效益分配比例 β_{21}^* 应越低，以此通过减少投资者的收益而抑制投资者对 PPP 项目的承诺升级行为；相反，当各参数满足条件 $b\left[f\alpha_1 - (1-f)\alpha_2\right]^2 \sigma^2 > \alpha^2 d\left[f^2\sigma_1^2 + (1-f)^2 \sigma_2^2\right]$ 时，则 $\frac{\partial \beta_{21}^*}{\partial \varepsilon} > 0$，表示投资者最优效益分配比例 β_{21}^* 与承诺升级意愿（ε）呈正相关关系，投资者承诺升级意愿（ε）越强，政府部门应给予投资者的项目产出最优效益分配比例 β_{21}^* 越高。此结论与通常的直觉相反，当 PPP 项目的失利表现为暂时性，未来对该领域 PPP 项目政策环境利好，且通过多方努力获得成功的概率较大时，若投资者具备的承诺升级意愿越高，政府部门反而应适当增加对投资者项目产出的分配比例以起到一定的促进作用（J. Liu et al.，2016）。因此，在项目早期谈判阶段，政府部门首先要分析并判断投资者承诺升级意愿，进而以此为基础决定项目效益分配比例。

（4）PPP 项目中，投资者获得产出效益分配比例 β 的增加，有助于增加项目的生产性产出 R。由于 PPP 项目的生产性产出 $R = \alpha Ih + \xi$，即 $\frac{\partial R}{\partial h} = \alpha I > 0$，表示项目生产性产出 R 与投资者生产性努力水平 h 呈正相关关系，而 h 随着 β 的增加而增加。因此，投资者获得 PPP 项目产出效益分配比例（β）的增加可间接促进 PPP 项目生产性产出 R 的增加，这对政府部门和投资者来说是一种共赢的举措。

3.5.3 投资者主动式承诺升级的契约设计

风险喜好型投资者喜欢将 PPP 项目现阶段的失利看成一种挑战，或风险中性型投资者出于对 PPP 项目效用和完成概率的估计而表现为主动式承诺升级，并将此部分风险所得计入其期望效用。设 ϖ 为投资者的风险偏好系数，$\varpi \geqslant 0$，其中当 $\varpi = 0$ 时表示投资者为风险中性型。根据均值-方差法计算投资者期望效用如下（H. S. Lau and A. H. L. Lau，1999）：

$$U_{I_{22}} = E\left(\pi_{I_2}\right) + \varpi\sqrt{\mathrm{Var}\left(\pi_{I_2}\right)} \tag{3-49}$$

其中，$\sqrt{\mathrm{Var}\left(\pi_{I_2}\right)}$ 为标准差，根据式（3-40），标准差 $\sqrt{\mathrm{Var}\left(\pi_{I_2}\right)}$ 为

$$\sqrt{\mathrm{Var}\left(\pi_{I_2}\right)} = \sqrt{\left[\pi_{I_2} - E\left(\pi_{I_2}\right)\right]^2} = \left|\sigma + f\varepsilon\sigma_1 - (1-f)\varepsilon\sigma_2\right|\beta \tag{3-50}$$

因此，PPP 项目投资者的期望效用 $U_{I_{22}}$ 为

$$
\begin{aligned}
U_{I_{22}} &= E\left(\pi_{I_2}\right) + \varpi\sqrt{\mathrm{Var}\left(\pi_{I_2}\right)} \\
&= R_{I_0} + \alpha Ih\beta + \varepsilon\alpha_1 Ie\beta f - \varepsilon\alpha_2 Ie\beta(1-f) - \frac{1}{2}bh^2 - \frac{1}{2}de^2 - I \\
&\quad + \left|\sigma + f\varepsilon\sigma_1 - (1-f)\varepsilon\sigma_2\right|\varpi\beta
\end{aligned} \tag{3-51}
$$

同理，PPP 项目中投资者主动承诺升级时，政府部门对分担一定风险时的契约设计问题，相当于求解以下的约束规划问题：

$$\underset{\beta}{\mathrm{Max}}\ U_{G_2} = R_{G_0} + \alpha Ih(1-\beta) + \varepsilon\alpha_1 Ie(1-\beta)f - \varepsilon\alpha_2 Ie(1-\beta)(1-f) \tag{3-52}$$

$$
\begin{aligned}
\mathrm{s.t.}\ U_{I_{22}} &= R_{I_0} + \alpha Ih\beta + \varepsilon\alpha_1 Ie\beta f - \varepsilon\alpha_2 Ie\beta(1-f) - \frac{1}{2}bh^2 - \frac{1}{2}de^2 - I \\
&\quad + \left|\sigma + f\varepsilon\sigma_1 - (1-f)\varepsilon\sigma_2\right|\varpi\beta \geqslant U_0
\end{aligned} \tag{3-53}
$$

$$
\begin{aligned}
\underset{h,e}{\mathrm{Max}}\ U_{I_{22}} &= R_{I_0} + \alpha Ih\beta + \varepsilon\alpha_1 Ie\beta f - \varepsilon\alpha_2 Ie\beta(1-f) - \frac{1}{2}bh^2 - \frac{1}{2}de^2 - I \\
&\quad + \left|\sigma + f\varepsilon\sigma_1 - (1-f)\varepsilon\sigma_2\right|\varpi\beta
\end{aligned} \tag{3-54}
$$

根据式（3-52）、式（3-53）和式（3-54）的最优化一阶解，可求得此时契约视角下，投资者在 PPP 项目中的最优生产性努力水平 h_{22}^*、最优承诺升级行为 e_{22}^* 和最优效益分配比例 β_{22}^* 分别为

$$h_{22}^* = \frac{1}{b}\alpha I\beta_{22}^* \tag{3-55}$$

$$e_{22}^* = \frac{f\alpha_1 - (1-f)\alpha_2}{d}\varepsilon I \cdot \beta_{22}^* \tag{3-56}$$

$$\beta_{22}^{*} = \frac{\alpha^2 I^2 d + \varepsilon^2 I^2 b \big[f\alpha_1 - (1-f)\alpha_2 \big]^2 + \varpi bd \big| \sigma + f\varepsilon\sigma_1 - (1-f)\varepsilon\sigma_2 \big|}{\alpha^2 I^2 d + \varepsilon^2 I^2 b \big[f\alpha_1 - (1-f)\alpha_2 \big]^2}$$

$$(3\text{-}57)$$

当 $\varpi = 0$ 时，政府应给予投资者的 PPP 项目产出（包括正常的生产性产出和承诺升级产出）效益分配比例 $\beta_{22}^{*} = 1$。当 $\varpi > 0$ 时，由于 $\big| \sigma + f\varepsilon\sigma_1 - (1-f)\varepsilon\sigma_2 \big| \geq 0$，即通过求解得到的式（3-57）中 $\beta_{22}^{*} \geq 1$，而实际中 PPP 项目产出效益分配比例满足 $\beta \in [0,1]$，因此 $\beta_{22}^{*} > 1$ 与实际情况不符。根据式（3-55）、式（3-56）和式（3-57），经测算分析可知，β 取 1 为满足条件的次优解，即当投资者为风险喜好型时，其获得 PPP 项目产出的最优效益分配比例 $\beta_{22}^{**} = 1$。此时投资者在 PPP 项目中的最优生产性努力水平 $h_{22}^{*} = \dfrac{\partial I}{b}$，最优承诺升级行为 $e_{22}^{*} = \dfrac{\big[f\alpha_1 - (1-f)\alpha_2 \big]}{d}\varepsilon I$。

PPP 项目中，投资者最优的承诺升级行为 e_{22}^{*} 与承诺升级意愿 ε 成正比，与承诺升级成本系数 d 呈负相关关系，即承诺升级行为 e_{22}^{*} 随着投资者承诺升级意愿 ε 的增强而增强，但随着承诺升级成本系数 d 的增加而减弱。当投资者承诺升级意愿 $\varepsilon \neq 0$ 时，投资者对 PPP 项目进行承诺升级的条件仍然为 $f\alpha_1 - (1-f)\alpha_2 > 0$，即要求投资者承诺升级 PPP 项目后成功的概率 f 要达到一定程度且满足条件 $f > \dfrac{\alpha_2}{\alpha_1 + \alpha_2}$。当 $f > \dfrac{\alpha_2}{\alpha_1 + \alpha_2}$ 时，投资者在 PPP 项目中承诺升级的最优水平为 $e_{22}^{*} = \dfrac{\big[f(\alpha_1 + \alpha_2) - \alpha_2 \big]}{d}\varepsilon I$，即 PPP 项目承诺升级后获得成功的可能性 f 越大，投资者越拥有越大概率改变 PPP 项目的失利局面，挽回先前损失，因此投资者升级承诺的程度越严重。为此，当预估承诺升级后 PPP 项目失败的概率 f 较大时，减少投资者承诺升级的成本系数 d 可有效激励投资者的承诺升级行为。

综上所述，当政府部门参与 PPP 项目投资者承诺升级行为的风险分担时，面对风险偏好不同的投资者，契约安排不同。当 PPP 项目中的投资者厌恶风险而表现为被动的承诺升级时，其最优项目效益（包括正常的生产性产出和承诺升级产出）分配比例 $\beta_{21}^{*} = \dfrac{\alpha^2 I^2 d + \varepsilon^2 I^2 b \big[f\alpha_1 - (1-f)\alpha_2 \big]^2}{\alpha^2 I^2 d + \varepsilon^2 I^2 b \big[f\alpha_1 - (1-f)\alpha_2 \big]^2 + \rho bd \big[\sigma^2 + f^2\varepsilon^2\sigma_1^2 + (1-f)^2\varepsilon^2\sigma_2^2 \big]} \in$

$[0,1]$；投资者相应地在 PPP 项目中的最优生产性努力水平 $h_{21}^{*} = \dfrac{\alpha I \beta_{21}^{*}}{b}$、最优承诺升级行为 $e_{21}^{*} = \dfrac{f\alpha_1 - (1-f)\alpha_2}{d}\varepsilon I \beta_{21}^{*}$，均与效益分配比例 β_{21}^{*} 呈正相关关系；效益分配比例 β 的增加有助于提高投资者生产性努力水平 h，从而提高 PPP 项目正常

的生产性产出 R；但同时会助长投资者承诺升级行为 e，从而增加 PPP 项目风险，尤其是在项目获得成功的概率 f 更低时，PPP 项目的风险将更加突出，项目收益的不确定性更大。当投资者为风险中性型或风险喜好型，即面对负反馈信息而主动选择承诺升级时，投资者应获得的 PPP 项目产出最优效益分配比例 $\beta_{22}^{**}=1$，即收益全部归投资者所有，损失全部由投资者承担；此时投资者在 PPP 项目中的最优生产性努力水平 $h_{22}^{*}=\dfrac{\alpha I}{b}$、最优承诺升级行为 $e_{22}^{*}=\dfrac{\left[f\alpha_1-(1-f)\alpha_2\right]}{d}\varepsilon I$，与情景一中政府部门不参与投资者任何承诺升级决策时的契约安排完全相同。

3.6 政府部门对承诺升级提供担保时的契约设计

3.6.1 模型假设与构建

通常情况下，由于 PPP 项目中的诸多不确定性和风险，政府部门都会提供一定形式的担保，如限制竞争（Liu et al.，2014b）、最低需求量担保（Y. Wang et al.，2019）等。在承诺升级情景下，投资者将面临更大的风险与挑战，因此，政府部门也可能会对承诺升级行为提供一定的担保，帮助投资者止损。同理，政府部门提供担保时的契约设计研究仍以委托代理理论为基础，政府部门作为委托人，优先制定政策确定相关效益分配比例 β（包括产出分配比例和期权价值的分配比例）；投资者作为代理人，基于政府部门颁布的项目产出效益分配比例政策，确定自身最优的生产性努力水平 h 和承诺升级行为 e，其仍为一个动态博弈过程，假设条件如下。

假设 3-8：截至投资者第一次接收 PPP 项目负反馈信息，且与政府部门再次谈判之前，投资者的收益为 R_{I_0}，政府部门的收益为 R_{G_0}，其中 R_{I_0} 和 R_{G_0} 可能为正，可能为负，也可能等于 0。之后，投资者在 PPP 项目中的投入可细分为两类：投资者可以投入对政府部门和 PPP 项目整体有益的生产性努力水平 h，也可以选择自利性的承诺升级努力 e（张喆等，2009a，2009b）。因此，当 PPP 项目出现负反馈信息后，项目总产出包括两部分：生产性努力产生的生产性产出 R（包括经济效益和社会效益两部分）和承诺升级行为的产出 R_{EOC}。生产性产出 R 的产出大小取决于投资者自身资源的投入 I 和生产性努力水平 h，其计算公式如下（Tirole，1994）：

$$R=\alpha Ih+\xi \tag{3-58}$$

其中，投资者自身资源总投入是 $I = I_0 + \Delta I$，I_0 表示沉没成本，ΔI 表示投资者的追加投资；当 $\Delta I = 0$ 时，表示投资者维持原预算而继续 PPP 项目，当 $\Delta I > 0$ 时则表示投资者选择追加投资而表现为承诺升级；α 是 PPP 项目投资者生产性努力的产出效益系数，$\alpha \in [0, +\infty)$；ζ 是均值为 0、方差为 σ^2 的正态分布随机变量，即 $\xi \sim \mathrm{N}\left(0, \sigma^2\right)$。

假设 3-9：由于 PPP 项目中政府部门（委托方）和投资者（代理方）之间存在严重的信息不对称，且双方利益诉求的不一致性，投资者在面对 PPP 项目负向反馈结果时，通常都有继续项目、升级承诺的意愿，且这种承诺升级的意愿是投资者的一种相对稳定的性格特征；但不同的投资者对同一 PPP 项目承诺升级的意愿可能不同（Arkes and Blumer，1985；Staw and Ross，1987a；Liu et al.，2017b；Chung and Cheng，2018；Staats et al.，2018；Gao and Liu，2019）。假定投资者对 PPP 项目承诺升级的意愿为 $\varepsilon \in [0,1]$，ε 越大表示投资者对 PPP 项目承诺升级的意愿越强；当 $\varepsilon = 0$ 时，表示投资者不存在承诺升级意愿，则不会升级承诺而继续 PPP 项目（$e = 0$）。投资者承诺升级后 PPP 项目的结果分为两种：或为收益、或为损失（包含损失为零的情况）。同假设 3-1 所述，投资者会基于负向反馈信息，预估继续 PPP 项目承诺升级后的收益概率分布状况，即此概率分布为负反馈信息量的函数；因此，假定投资者承诺升级后获得收益 R_{EOC_1} 的概率为 f；反之，则承诺升级后导致 PPP 项目进一步损失 R_{EOC_2}（$R_{\mathrm{EOC}_2} \geqslant 0$，只表示损失值大小）的概率为 $1 - f$。投资者承诺升级后，收益 R_{EOC_1} 和损失 R_{EOC_2} 各自的表达式分别如下：

$$R_{\mathrm{EOC}_1} = \varepsilon\left(\alpha_1 Ie + \xi_1\right) \tag{3-59}$$

$$R_{\mathrm{EOC}_2} = \varepsilon\left(\alpha_2 Ie + \xi_2\right) \tag{3-60}$$

其中，α_1 是投资者承诺升级后产生收益时的效益系数，$\alpha_1 \in [0, +\infty)$；$\xi_1$ 是服从正态分布的随机变量，$\xi_1 \sim \mathrm{N}\left(0, \sigma_1^2\right)$；$\alpha_2$ 是承诺升级后导致损失时的 PPP 项目损失系数，$\alpha_2 \in [0, +\infty)$；$\xi_2$ 是服从正态分布的随机变量，$\xi_2 \sim \mathrm{N}\left(0, \sigma_2^2\right)$；随机变量 ξ、ξ_1 和 ξ_2 相互独立。在政府提供担保时的 PPP 项目中，投资者承诺升级行为 e 不仅与自身的承诺升级意愿 ε 和投入资源 I（包括沉没成本和新增投资）呈正相关关系，还与政府担保情况和项目产出效益分配比例 β 呈正相关关系。

假设 3-10：政府部门对 PPP 项目投资者承诺升级行为的担保损失水平为 $\underline{R}$，其中 $\underline{R} > 0$ 且仅表示担保损失水平的大小。当投资者承诺升级后产生收益 R_{EOC_1} 时，不会触发政府部门的担保机制。只有承诺升级后 PPP 项目失败造成损失 R_{EOC_2} 且损失达到一定程度满足 $R_{\mathrm{EOC}_2} \geqslant \underline{R}$，即表示承诺升级造成投资者的损失达

到或超过 $\underline{R}$ 时，担保机制才会发生。此时，担保期权的价值为 $V_{RO} = R_{EOC_2} - \underline{R}$。按照 PPP 项目中的风险共担、利益共享原则，此部分期权价值由政府部门和投资者共享（Wang and Liu, 2015；Y. Wang et al., 2019），设投资者享有期权价值分配比例为 $\beta \in [0,1]$，则投资者拥有的担保期权价值为 $V_I = V_{RO}\beta$；政府部门享有期权价值的分配比例为 $1 - \beta \in [0,1]$，但需要支付投资者相应的担保期权的价值为 $R_{EOC_2} - \underline{R}$，即其净收益为 $V_G = V_{RO}(1-\beta) - (R_{EOC_2} - \underline{R})$。因此，PPP 项目承诺升级情景下，投资者可获得的期权价值 V_I 和政府部门因担保期权所获得的净收益 V_G 分别为

$$V_I = V_{RO}\beta = (R_{EOC_2} - \underline{R})\beta \tag{3-61}$$

$$V_G = V_{RO}(1-\beta) - (R_{EOC_2} - \underline{R}) = -(R_{EOC_2} - \underline{R})\beta \tag{3-62}$$

假设 3-11：PPP 项目中投资者的生产性努力成本为 $C(h)$，努力成本系数为 $b(b>0)$。同理，投资者承诺升级行为的成本为 $C(e)$，成本系数为 $d(d>0)$。根据 H-M 理论模型（Holmstrom and Milgrom, 1987），投资者的生产性努力成本函数 $C(h)$ 和承诺升级成本函数 $C(e)$ 分别如下所示：

$$C(h) = \frac{1}{2}bh^2 \tag{3-63}$$

$$C(e) = \frac{1}{2}de^2 \tag{3-64}$$

假设 3-12：投资者和政府部门对 PPP 项目生产性产出（R）的分配比例按照期权价值分配比例予以分配，即投资者分配占比为 β，政府部门分配占比为 $1-\beta$。当投资者承诺升级后 PPP 项目产生收益时，投资者收益包括三部分：第一阶段的收益 R_{I_0}、第二阶段的生产性产出收益（βR）和承诺升级收益 R_{EOC_1}，即投资者在 PPP 项目中的总收益 $\psi_{I_{31}} = R_{I_0} + R\beta + R_{EOC_1} = R_{I_0} + \beta(\alpha Ih + \xi) + \varepsilon(\alpha_1 Ie + \xi_1)$；相反，若投资者承诺升级后 PPP 项目失败导致更多的损失，且该行为造成的损失触发了政府担保机制时，根据实物期权理论，投资者可获得的 PPP 项目总收益包括四部分：第一阶段的收益 R_{I_0}、第二阶段的生产性产出收益（βR）和承诺升级行为导致的损失 R_{EOC_2} 及项目担保期权价值 V_I，即 $\psi_{I_{32}} = R_{I_0} + R\beta - R_{EOC_2} + V_I = R_{I_0} + \beta(\alpha Ih + \xi) - \varepsilon(\alpha_2 Ie + \xi_2)(1-\beta) - \beta\underline{R}$。考虑承诺升级结果不同的情况下，投资者可获得的净收益分别为

$$\pi_{I_{31}} = \psi_{I_{31}} - C(h) - C(e) - I = R_{I_0} + \beta(\alpha Ih + \xi) + \varepsilon(\alpha_1 Ie + \xi_1) - \frac{1}{2}bh^2 - \frac{1}{2}de^2 - I \tag{3-65}$$

$$\pi_{I_{32}} = \psi_{I_{32}} - C(h) - C(e) - I = R_{I_0} + \beta(\alpha Ih + \xi) - \varepsilon(\alpha_2 Ie + \xi_2)(1-\beta)$$

$$- \beta \underline{R} - \frac{1}{2}bh^2 - \frac{1}{2}de^2 - I$$

$$（3-66）$$

考虑 PPP 项目承诺升级结果的概率分布时，投资者可获得的期望综合净收益 π_{I_3} 为

$$\begin{aligned}
\pi_{I_3} &= f\pi_{I_{31}} + (1-f)\pi_{I_{32}} \\
&= R_{I_0} + \beta(\alpha Ih + \xi) + \varepsilon(\alpha_1 Ie + \xi_1)f - \varepsilon(\alpha_2 Ie + \xi_2)(1-\beta)(1-f) \\
&\quad - \beta \underline{R}(1-f) - \frac{1}{2}bh^2 - \frac{1}{2}de^2 - I
\end{aligned}$$

$$（3-67）$$

在 PPP 项目中承诺升级情况下，投资者的期望综合净收益为

$$E(\pi_{I_3}) = R_{I_0} + \beta\alpha Ih + \varepsilon\alpha_1 Ief - \varepsilon\alpha_2 Ie(1-\beta)(1-f) - \beta\underline{R}(1-f) - \frac{1}{2}bh^2 - \frac{1}{2}de^2 - I$$

$$（3-68）$$

当投资者承诺升级后 PPP 项目产生收益时，设政府部门的收益为 $\pi_{G_{31}}$；相反，若投资者承诺升级后 PPP 项目失败导致的损失触发担保机制时，设政府部门的收益为 $\pi_{G_{32}}$，则分别表示如下：

$$\pi_{G_{31}} = R_{G_0} + R(1-\beta) = R_{G0} + (\alpha Ih + \xi)(1-\beta) \qquad （3-69）$$

$$\pi_{G_{32}} = R_{G_0} + R(1-\beta) + V_G = R_{G_0} + (\alpha Ih + \xi)(1-\beta) - \left[\varepsilon(\alpha_2 Ie + \xi_2) - \underline{R}\right]\beta$$

$$（3-70）$$

在承诺升级结果不同概率下，政府部门的期望综合净收益 π_{G_3} 为

$$\begin{aligned}
\pi_{G_3} &= f\pi_{G_{31}} + (1-f)\pi_{G_{32}} \\
&= R_{G_0} + (\alpha Ih + \xi)(1-\beta) - \varepsilon(\alpha_2 Ie + \xi_2)\beta(1-f) + \beta\underline{R}(1-f)
\end{aligned} \qquad （3-71）$$

因此，基于 PPP 项目中投资者承诺升级结果不同的情况，政府部门的期望综合净收益 $E(\pi_{G_3})$ 为

$$E(\pi_{G_3}) = R_{G_0} + \alpha Ih(1-\beta) - \varepsilon\alpha_2 Ie\beta(1-f) + \beta\underline{R}(1-f) \qquad （3-72）$$

假设 3-13： 政府部门不存在承诺升级行为，且为风险中性型。此时，政府部门的期望效用 U_{G_3} 等于期望综合净收益，即

$$U_{G_3} = E(\pi_{G_3}) = R_{G_0} + \alpha Ih(1-\beta) - \varepsilon\alpha_2 Ie\beta(1-f) + \beta\underline{R}(1-f) \qquad （3-73）$$

假设 3-14： 投资者的保留效用（机会成本）为 U_0。

3.6.2　投资者被动式承诺升级的契约设计

当参与 PPP 项目的投资者为风险规避型而表现为被动式承诺升级时，政府部门制定契约设计时需考虑投资者的风险成本。在政府部门对承诺升级提供担保情况下，投资者综合净收益的方差 $\mathrm{Var}(\pi_{I_3})$ 为

$$\mathrm{Var}(\pi_{I_3}) = \left[\pi_{I_3} - E(\pi_{I_3})\right]^2 = \sigma^2\beta^2 + \varepsilon^2\sigma_1^2 f^2 + \varepsilon^2\sigma_2^2(1-f)^2(1-\beta)^2 \quad （3\text{-}74）$$

若投资者的风险规避系数为 $\rho(\rho > 0)$，则在 PPP 项目中考虑承诺升级这种不确定性行为后，投资者的确定性效用 $U_{I_{31}}$ 为（Medda，2007；王晓明等，2011）

$$
\begin{aligned}
U_{I_{31}} &= E(\pi_{I_3}) - \frac{1}{2}\rho\mathrm{Var}(\pi_{I_3})\\
&= R_{I_0} + \alpha Ih\beta + \varepsilon\alpha_1 Ief - \varepsilon\alpha_2 Ie(1-\beta)(1-f) - \beta\underline{R}(1-f)\\
&\quad -\frac{1}{2}bh^2 - \frac{1}{2}de^2 - I - \frac{1}{2}\rho\left[\sigma^2\beta^2 + \varepsilon^2\sigma_1^2 f^2 + \varepsilon^2\sigma_2^2(1-f)^2(1-\beta)^2\right]
\end{aligned}
$$

$$（3\text{-}75）$$

因此，当 PPP 项目中政府部门对投资者承诺升级行为提供担保时，对风险规避型投资者的契约设计问题，相当于求解以下的约束规划问题：

$$\underset{\beta}{\mathrm{Max}}\ U_{G_3} = R_{G_0} + \alpha Ih(1-\beta) - \varepsilon\alpha_2 Ie\beta(1-f) + \beta\underline{R}(1-f) \quad （3\text{-}76）$$

$$
\begin{aligned}
\text{s.t.}\ U_{I_{31}} &= R_{I_0} + \alpha Ih\beta + \varepsilon\alpha_1 Ief - \varepsilon\alpha_2 Ie(1-\beta)(1-f) - \beta\underline{R}(1-f)\\
&\quad -\frac{1}{2}bh^2 - \frac{1}{2}de^2 - I - \frac{1}{2}\rho\left[\sigma^2\beta^2 + \varepsilon^2\sigma_1^2 f^2 + \varepsilon^2\sigma_2^2(1-f)^2(1-\beta)^2\right] \geqslant U_0
\end{aligned}
$$

$$（3\text{-}77）$$

$$
\begin{aligned}
\underset{h,e}{\mathrm{Max}}\ U_{I_{31}} &= R_{I_0} + \alpha Ih\beta + \varepsilon\alpha_1 Ief - \varepsilon\alpha_2 Ie(1-\beta)(1-f) - \beta\underline{R}(1-f)\\
&\quad -\frac{1}{2}bh^2 - \frac{1}{2}de^2 - I - \frac{1}{2}\rho\left[\sigma^2\beta^2 + \varepsilon^2\sigma_1^2 f^2 + \varepsilon^2\sigma_2^2(1-f)^2(1-\beta)^2\right]
\end{aligned}
$$

$$（3\text{-}78）$$

按照动态博弈的逆向归纳法求解，即根据式（3-76）、式（3-77）和式（3-78）的最优化一阶解，求得契约视角下投资者最优的生产性努力水平 h_{31}^*、承诺升级行为 e_{31}^* 及效益分配比例（同期权价值分配比例）β_{31}^* 分别为

$$h_{31}^* = \frac{1}{b}\alpha I\beta_{31}^* \quad （3\text{-}79）$$

$$e_{31}^* = \frac{\alpha_1 f - \alpha_2(1-f)(1-\beta_{31}^*)}{d}\varepsilon I \quad （3\text{-}80）$$

$$\beta_{31}^{*} = \frac{\alpha^2 I^2 d + \rho b d \varepsilon^2 \sigma_2^2 (1-f)^2}{\alpha^2 I^2 d + \rho b d \varepsilon^2 \sigma_2^2 (1-f)^2 + \rho b d \sigma^2 + \varepsilon^2 \alpha_2^2 I^2 b (1-f)^2} \qquad (3\text{-}81)$$

由式（3-79）、式（3-80）和式（3-81）可知，当 PPP 项目中政府部门对投资者承诺升级行为提供担保时，双方的最优策略选择均与第一阶段的收益（R_{G_0} 和 R_{I_0}）无关。具体而言，投资者的最优生产性努力水平 $h_{31}^{*} = \frac{1}{b} \alpha I \beta_{31}^{*}$，与投资者的效益分配比例 β 成正比，此时式（3-81）中的效益分配比例 β 包含了生产性产出 R 和期权价值 V_{RO} 双重含义。式（3-80）显示，投资者在 PPP 项目中最优的承诺升级行为 $e_{31}^{*} = \frac{\alpha_1 f - \alpha_2 (1-f)(1-\beta_{31})}{d} \varepsilon I$，随着效益分配比例 β 的增加而增加，这是因为效益分配的增加可弥补承诺升级可能造成的损失。此外，投资者是否会采取承诺升级行为 e 受到承诺升级意愿 ε、投入资源（即沉没成本）I、承诺升级成本系数 d、承诺升级成功的概率 f 及不同情况下的效益产出 α_1 和 α_2 等因素的影响。若投资者不具备承诺升级意愿（即 $\varepsilon = 0$），则承诺升级行为 $e_{31}^{*} = 0$，表示投资者不愿冒险而升级承诺。

当其他参数一定时，若投资者享有的 PPP 项目产出效益分配比例 β 很小趋近于 0（按 $\beta_{31}^{*} = 0$ 计取），此时最优的承诺升级行为 $e_{31}^{*} = \frac{\alpha_1 f - \alpha_2 (1-f)}{d} \varepsilon I$，表示只有当 $\alpha_1 f - \alpha_2 (1-f) > 0$ 时，投资者才会承诺升级 $(e_{31}^{*} > 0)$；若 PPP 项目效益分配比例 β 很大趋近于 1（按 $\beta_{31}^{*} = 1$ 计取），此时承诺升级行为 $e_{31}^{*} = \frac{\alpha_1 f}{d} \varepsilon I$，表示只要承诺升级不是必然失败（即 $f \neq 0$），则投资者在政府提供担保的情况下必然会升级承诺（$e_{31}^{*} = \frac{\alpha_1 f \varepsilon I}{d} > 0$），且承诺升级获得成功的概率 f 越大，投资者承诺升级行为 e_{31}^{*} 越高（$\frac{\partial e_{31}^{*}}{\partial f} = \frac{\alpha_1 \varepsilon I}{d} > 0$）。若投资者可获得 PPP 项目产出的效益分配比例恰好取值为 $\frac{\alpha_2 - (\alpha_1 + \alpha_2) f}{\alpha_2 (1-f)}$ 时，则投资者承诺升级行为的最优水平 $e_{31}^{*} = 0$。由此说明，只有当投资者可获得项目产出和期权价值分配比例满足条件 $\beta_{31}^{*} > \frac{\alpha_2 - (\alpha_1 + \alpha_2) f}{\alpha_2 (1-f)}$ 时，承诺升级才会发生（$e_{31}^{*} > 0$）。因此，投资者承诺升级行为发生时，要求效益分配比例 β_{31}^{*} 满足以下条件：

$$\begin{cases} \beta_{31}^* = \dfrac{\alpha^2 I^2 d + \rho b d \varepsilon^2 \sigma_2^2 (1-f)^2}{\alpha^2 I^2 d + \rho b d \varepsilon^2 \sigma_2^2 (1-f)^2 + \rho b d \sigma^2 + \varepsilon^2 \alpha_2^2 I^2 b (1-f)^2} \\ \beta_{31}^* > \dfrac{\alpha_2 - (\alpha_1 + \alpha_2) f}{\alpha_2 (1-f)} \end{cases}$$

在 PPP 项目再谈判阶段，当政府部门按照最优化一阶解得到的产出效益分配

比例 $\beta_{31}^* = \dfrac{\alpha^2 I^2 d + \rho b d \varepsilon^2 \sigma_2^2 (1-f)^2}{\alpha^2 I^2 d + \rho b d \varepsilon^2 \sigma_2^2 (1-f)^2 + \rho b d \sigma^2 + \varepsilon^2 \alpha_2^2 I^2 b (1-f)^2}$ 设计契约给予投资

者利益分配时，投资者的最优生产性努力水平 $h_{31}^* = \dfrac{1}{b} \alpha I \beta_{31}^*$。若 β_{31}^* 满足条件

$\beta_{31}^* > \dfrac{\alpha_2 - (\alpha_1 + \alpha_2) f}{\alpha_2 (1-f)}$，此时投资者对 PPP 项目的最优承诺升级行为

$e_{31}^* = \dfrac{\alpha_1 f - \alpha_2 (1-f)(1-\beta_{31}^*)}{d} \varepsilon I$；相反，若 β_{31}^* 较小且 $\beta_{31}^* < \dfrac{\alpha_2 - (\alpha_1 + \alpha_2) f}{\alpha_2 (1-f)}$ 成立

时，则 $e_{31}^* = \dfrac{\alpha_1 f - \alpha_2 (1-f)(1-\beta_{31}^*)}{d} \varepsilon I < 0$，表明投资者即使存在承诺升级的意愿

ε，由于政府部门的产出分配强度不够，投资者仍然不会对 PPP 项目升级承诺。

3.6.3　投资者主动式承诺升级的契约设计

当政府部门对 PPP 项目投资者承诺升级提供担保时，对风险表现出一定喜好的投资者更倾向于主动进行承诺升级。设投资者的风险偏好系数为 ϖ，$\varpi \geqslant 0$，当 $\varpi = 0$ 时表示投资者为风险中性型。根据均值-方差法计算投资者期望效用如下（H. S. Lau and A. H. L. Lau，1999）：

$$U_{I_{32}} = E(\pi_{I_3}) + \varpi \sqrt{\mathrm{Var}(\pi_{I_3})} \tag{3-82}$$

其中，$\sqrt{\mathrm{Var}(\pi_{I_3})}$ 为标准差。根据式（3-74）可知，标准差 $\sqrt{\mathrm{Var}(\pi_{I_3})}$ 为

$$\begin{aligned} \sqrt{\mathrm{Var}(\pi_{I_3})} &= \sqrt{\left[\pi_{I_3} - E(\pi_{I_3})\right]^2} \\ &= \beta\sigma + \varepsilon\sigma_1 f - \varepsilon\sigma_2 (1-\beta)(1-f) \end{aligned} \tag{3-83}$$

因此，PPP 项目中投资者承诺升级后的期望效用 $U_{I_{32}}$ 为

$$U_{I_{32}} = E\left(\pi_{I_3}\right) + \varpi\sqrt{\mathrm{Var}\left(\pi_{I_3}\right)} = R_{I_0} + \alpha Ih\beta + \varepsilon\alpha_1 Ief - \varepsilon\alpha_2 Ie(1-\beta)(1-f)$$

$$- \beta\underline{R}(1-f) - \frac{1}{2}bh^2 - \frac{1}{2}de^2 - I$$

$$+ \varpi\left[\beta\sigma + \varepsilon\sigma_1 f - \varepsilon\sigma_2(1-\beta)(1-f)\right]$$

$$(3\text{-}84)$$

在 PPP 项目中投资者存在承诺升级意愿，且表现为主动式承诺升级时的契约设计问题，相当于求解以下的约束规划问题：

$$\underset{\beta}{\mathrm{Max}}\ U_{G_3} = R_{G_0} + \alpha Ih(1-\beta) - \varepsilon\alpha_2 Ie\beta(1-f) + \beta\underline{R}(1-f) \quad (3\text{-}85)$$

$$\mathrm{s.t.}\ U_{I_{32}} = R_{I_0} + \alpha Ih\beta + \varepsilon\alpha_1 Ief - \varepsilon\alpha_2 Ie(1-\beta)(1-f) - \beta\underline{R}(1-f)$$

$$- \frac{1}{2}bh^2 - \frac{1}{2}de^2 - I + \varpi\left[\beta\sigma + \varepsilon\sigma_1 f - \varepsilon\sigma_2(1-\beta)(1-f)\right] \geqslant U_0$$

$$(3\text{-}86)$$

$$\underset{h,e}{\mathrm{Max}}\ U_{I_{32}} = R_{I_0} + \alpha Ih\beta + \varepsilon\alpha_1 Ief - \varepsilon\alpha_2 Ie(1-\beta)(1-f) - \beta\underline{R}(1-f)$$

$$- \frac{1}{2}bh^2 - \frac{1}{2}de^2 - I + \varpi\left[\beta\sigma + \varepsilon\sigma_1 f - \varepsilon\sigma_2(1-\beta)(1-f)\right]$$

$$(3\text{-}87)$$

按照动态博弈的逆向归纳法求解思路，根据式（3-85）、式（3-86）和式（3-87）的最优化一阶解，求得契约视角下 PPP 项目投资者最优的生产性努力水平 h_{32}^*、承诺升级行为 e_{32}^* 及效益分配比例 β_{32}^* 分别为

$$h_{32}^* = \frac{1}{b}\alpha I\beta_{32}^* \quad (3\text{-}88)$$

$$e_{32}^* = \frac{\alpha_1 f - \alpha_2(1-f)\left(1-\beta_{32}^*\right)}{d}\varepsilon I \quad (3\text{-}89)$$

$$\beta_{32}^* = \frac{\alpha^2 I^2 d + \varpi bd\sigma + \varpi bd\varepsilon\sigma_2(1-f)}{\alpha^2 I^2 d + \varepsilon^2\alpha_2^2 I^2 b(1-f)^2} \quad (3\text{-}90)$$

当 $\varpi = 0$，即 PPP 项目投资者为风险中性型时，契约视角下 PPP 项目中投资者最优的效益分配比例 $\beta_{32}^* = \dfrac{\alpha^2 I^2 d}{\alpha^2 I^2 d + \varepsilon^2\alpha_2^2 I^2 b(1-f)^2} = \dfrac{\alpha^2 d}{\alpha^2 d + \varepsilon^2\alpha_2^2 b(1-f)^2}$，此时

β_{32}^* 与投入资源（I）无关，表示政府部门制定分配比例时不应考虑投资者的沉没成本，也不应该考虑未来追加的投资，否则可能影响政策的实施效果，进而影响投资者在 PPP 项目中的投入。若 $\varpi > 0$ 时，投资者为风险喜好型，β 表示项目产出和期权价值的分配比例，要求 β 的取值范围为 $\beta \in [0,1]$，当 $\varepsilon^2\alpha_2^2 I^2(1-f)^2 b \geqslant$

$\varpi bd\varepsilon\sigma_2\left(1-f\right)+\varpi bd\sigma$ 时，则 $\beta_{32}^{*}=\dfrac{\alpha^2I^2d+\varpi bd\sigma+\varpi bd\varepsilon\sigma_2\left(1-f\right)}{\alpha^2I^2d+\varepsilon^2\alpha_2^2I^2b\left(1-f\right)^2}\in\left[0,1\right]$，即政府部门应给予投资者的 PPP 项目正常性产出和期权价值的最优效益分配比例为 β_{32}^{*}，此时政府部门在 PPP 项目中享有的效益分配比例（包括正常性产出和期权价值）为 $1-\beta_{32}^{*}=\dfrac{\varepsilon^2\alpha_2^2I^2b\left(1-f\right)^2-\varpi bd\sigma-\varpi bd\varepsilon\sigma_2\left(1-f\right)}{\alpha^2I^2d+\varepsilon^2\alpha_2^2I^2b\left(1-f\right)^2}$；反之，若各参数满足条件 $\varepsilon^2\alpha_2^2I^2\left(1-f\right)^2b<\varpi bd\varepsilon\sigma_2\left(1-f\right)+\varpi bd\sigma$ 时，$\beta_{32}^{*}>1$，不符合实际效益分配比例的取值范围 $\beta\in\left[0,1\right]$。根据式（3-88）、式（3-89）和式（3-90），经分析测算可知，β 取 1 为满足条件的次优解，此时投资者的最优效益分配比例为 $\beta_{32}^{**}=1$。

由上述结果可知，在政府部门对 PPP 项目投资者承诺升级行为提供担保的契约关系下，投资者主动式承诺升级和被动式承诺升级的最优策略选择均与双方第一阶段的收益（R_{G_0} 和 R_{I_0}）无关。投资者的最优生产性努力水平和最优承诺升级行为的表达式相同，分别记作 $h^{*}=\dfrac{1}{b}\alpha I\beta^{*}$ 和 $e^{*}=\dfrac{\alpha_1f-\alpha_2\left(1-f\right)\left(1-\beta^{*}\right)}{d}\varepsilon I$，均与自身可获得的效益分配比例 β 呈正相关关系。但在不同模式承诺升级下，政府部门给予投资者的 PPP 项目产出和期权价值的最优效益分配比例不同，风险规避型投资者进行被动式承诺升级时的最优效益分配比例 $\beta_{31}^{*}=\dfrac{\alpha^2I^2d+\rho bd\varepsilon^2\sigma_2^2\left(1-f\right)^2}{\alpha^2I^2d+\rho bd\varepsilon^2\sigma_2^2\left(1-f\right)^2+\rho bd\sigma^2+\varepsilon^2\alpha_2^2I^2b\left(1-f\right)^2}$。当风险中性型投资者主动选择承诺升级时，契约视角下 PPP 项目中投资者应获得的最优项目效益分配比例 $\beta_{32}^{*}=\dfrac{\alpha^2I^2d}{\alpha^2I^2d+\varepsilon^2\alpha_2^2I^2b\left(1-f\right)^2}$。投资者为风险喜好型而主动对 PPP 项目升级承诺时，若各参数满足条件 $\varepsilon^2\alpha_2^2I^2\left(1-f\right)^2b-\varpi bd\varepsilon\sigma_2\left(1-f\right)-\varpi bd\sigma\geqslant 0$，则投资者在项目中最优的生产性产出和期权价值分配比例 $\beta_{32}^{*}=\dfrac{\alpha^2I^2d+\varpi bd\sigma+\varpi bd\varepsilon\sigma_2\left(1-f\right)}{\alpha^2I^2d+\varepsilon^2\alpha_2^2I^2b\left(1-f\right)^2}\in\left[0,1\right]$，且 $\dfrac{\alpha^2I^2d+\varpi bd\sigma+\varpi bd\varepsilon\sigma_2\left(1-f\right)}{\alpha^2I^2d+\varepsilon^2\alpha_2^2I^2b\left(1-f\right)^2}>\dfrac{\alpha^2I^2d}{\alpha^2I^2d+\varepsilon^2\alpha_2^2I^2b\left(1-f\right)^2}$；但如果参数满足的条件恰好相反，则最优效益分配比例 $\beta_{32}^{**}=1$，表示在风险喜好型投资者主动进行承诺升级情景下，最优的效益及期

权价值分配比例为 $\min\left\{\dfrac{\alpha^2 I^2 d + \varpi bd\sigma + \varpi bd\varepsilon\sigma_2(1-f)}{\alpha^2 I^2 d + \varepsilon^2 \alpha_2^2 I^2 b(1-f)^2},1\right\}$，一定大于风险中性型

投资者在PPP项目中可获得的最优效益分配比例 $\dfrac{\alpha^2 I^2 d}{\alpha^2 I^2 d + \varepsilon^2 \alpha_2^2 I^2 b(1-f)^2}$，但风险

中性型与风险规避型投资者可获得的最优效益分配比例的大小关系，受其他参数的影响：当各参数满足 $b\varepsilon^4 \sigma_2^2 \alpha_2^2 (1-f)^4 = \alpha^2 \sigma^2 d$ 时，则风险中性型投资者与风险规避型投资者可获得的最优效益分配比例相同；当 $b\varepsilon^4 \sigma_2^2 \alpha_2^2 (1-f)^4 < \alpha^2 \sigma^2 d$ 时，风险规避型投资者获得的最优效益分配比例最低，且风险规避系数越大，效益分配比例越低；当 $b\varepsilon^4 \sigma_2^2 \alpha_2^2 (1-f)^4 > \alpha^2 \sigma^2 d$ 时，政府部门分配给风险中性型投资者的产出比例反而最小。因此，在 PPP 项目呈现负面反馈信息启动再谈判程序时，准确识别投资者的风险偏好对于政府部门制定合理的契约安排至关重要。

3.7　不同情景下投资者承诺升级契约设计对比分析

根据政府部门在 PPP 项目中对投资者承诺升级行为风险分担形式的不同，划分三种不同的承诺升级情景，根据投资者风险偏好不同，将每种情景下投资者的承诺升级进一步细分为被动式承诺升级和主动式承诺升级，旨在探讨 PPP 项目中政府部门对不同风险偏好作用下投资者承诺升级的最优契约设计。通过纵向对比不同 PPP 项目中承诺升级情景时的结果可知，在不同模式承诺升级情景下，投资者的最优生产性努力水平 h^*、最优承诺升级行为 e^* 和可获得的最优效益分配比例 β^* 均与第一阶段的收益（R_{G_0} 和 R_{I_0}）无关，汇总如表 3-1 所示。

表 3-1　不同情景和投资者不同模式承诺升级下的契约设计

序号	情景	承诺升级模式	风险偏好	最优生产性努力水平 h^*	最优承诺升级行为 e^*	最优效益分配比例 β^*
1	承诺升级后果全部由投资者承担	被动式承诺升级	风险规避型投资者	$h_1^* = \dfrac{1}{b}\alpha I \beta_1^*$	$e_1^* = \dfrac{f\alpha_1 - (1-f)\alpha_2}{d}\varepsilon I$	$\beta_{11}^* = \beta_1$
1	承诺升级后果全部由投资者承担	主动式承诺升级	风险中性型投资者	$h_1^* = \dfrac{1}{b}\alpha I \beta_1^*$	$e_1^* = \dfrac{f\alpha_1 - (1-f)\alpha_2}{d}\varepsilon I$	$\beta_{12}^* = 1$
1	承诺升级后果全部由投资者承担	主动式承诺升级	风险喜好型投资者	$h_1^* = \dfrac{1}{b}\alpha I \beta_1^*$	$e_1^* = \dfrac{f\alpha_1 - (1-f)\alpha_2}{d}\varepsilon I$	$\beta_{12}^{**} = 1$
2	政府部门参与承诺升级结果分担	被动式承诺升级	风险规避型投资者	$h_2^* = \dfrac{1}{b}\alpha I \beta_2^*$	$e_2^* = \dfrac{f\alpha_1 - (1-f)\alpha_2}{d}\varepsilon I \beta_2^*$	$\beta_{21}^* = \beta_2$
2	政府部门参与承诺升级结果分担	主动式承诺升级	风险中性型投资者	$h_2^* = \dfrac{1}{b}\alpha I \beta_2^*$	$e_2^* = \dfrac{f\alpha_1 - (1-f)\alpha_2}{d}\varepsilon I \beta_2^*$	$\beta_{22}^* = 1$
2	政府部门参与承诺升级结果分担	主动式承诺升级	风险喜好型投资者	$h_2^* = \dfrac{1}{b}\alpha I \beta_2^*$	$e_2^* = \dfrac{f\alpha_1 - (1-f)\alpha_2}{d}\varepsilon I \beta_2^*$	$\beta_{22}^{**} = 1$

续表

序号	情景	承诺升级模式	风险偏好	最优生产性努力水平 h^*	最优承诺升级行为 e^*	最优效益分配比例 β^*
3	政府部门对承诺升级提供担保	被动式承诺升级	风险规避型投资者	$h_3^* = \dfrac{1}{b}\alpha I \beta_3^*$	$e_3^* = \dfrac{f\alpha_1-(1-f)\alpha_2(1-\beta_3^*)}{d}\varepsilon I$	$\beta_{31}^* = \beta_3$
		主动式承诺升级	风险中性型投资者			$\beta_{32}^* = \beta_4$
			风险喜好型投资者			满足式①时，$\beta_{33}^* = \beta_5$
						满足式②时，$\beta_{33}^{**} = 1$

注：$\beta_{ij}^*(i=1,2,3,\ j=1,2,3)$ 是指通过模型求解契约关系得到的最优解，β_{ij}^{**} 是指根据模型求解结果并结合效益分配比例 β 的实际含义综合确定得到的最优解

$$\beta_1 = \frac{\alpha^2 I^2}{\alpha^2 I^2 + \rho b\sigma^2}$$

$$\beta_2 = \frac{\alpha^2 I^2 d + \varepsilon^2 I^2 b\bullet\left[f\alpha_1-(1-f)\alpha_2\right]^2}{\alpha^2 I^2 d + \varepsilon^2 I^2 b\bullet\left[f\alpha_1-(1-f)\alpha_2\right]^2 + \rho bd\left[\sigma^2 + f^2\varepsilon^2\sigma_1^2 + (1-f)^2\varepsilon^2\sigma_2^2\right]}$$

$$\beta_3 = \frac{\alpha^2 I^2 d + \rho bd\varepsilon^2\sigma_2^2(1-f)^2}{\alpha^2 I^2 d + \rho bd\varepsilon^2\sigma_2^2(1-f)^2 + \rho bd\sigma^2 + \varepsilon^2\alpha_2^2 I^2 b(1-f)^2}$$

$$\beta_4 = \frac{\alpha^2 I^2 d}{\alpha^2 I^2 d + \varepsilon^2\alpha_2^2 I^2 b(1-f)^2}$$

$$\beta_5 = \frac{\alpha^2 I^2 d + \varpi bd\sigma + \varpi bd\varepsilon\sigma_2(1-f)}{\alpha^2 I^2 d + \varepsilon^2\alpha_2^2 I^2 b(1-f)^2}$$

式①为 $\varepsilon^2\lambda_2^2 I^2 b(1-f)^2 \geqslant \varpi bd\left[\varepsilon\sigma_2(1-f)+\sigma\right]$，式②为 $\varepsilon^2 r_2^2 I^2 b(1-f)^2 < \varpi bd\left[\varepsilon\sigma_2(1-f)+\sigma\right]$

综合分析表 3-1，可得到如下结论。

（1）投资者获得的 PPP 项目产出效益分配比例 β 的增加，可促进投资者投入更多的生产性努力水平 h。不论政府部门在 PPP 项目中是否对投资者承诺升级行为提供担保，或是否参与承诺升级结果的分担，投资者的最优生产性努力水平关于效益分配比例 β 的表达式相同，记作 $h^* = \dfrac{\alpha I\beta^*}{b}$。该生产性努力水平 h^* 与投资者获得 PPP 项目效益分配比例 β 和投入资源 I 成正比，与生产性努力成本系数 b 成反比，表示投资者获得 PPP 项目产出的效益分配比例 β 越高，投入项目的资源 I 越多，且生产性努力成本系数 b 越低，投资者愿意付出的最优生产性努力水平 h^* 越高。

（2）PPP 项目中的生产性产出 R 随着投资者获得项目效益分配比例 β 的增加而显著增加。尽管在不同情景和不同模式的承诺升级下，投资者获得 PPP 项目最优效益分配比例 β_{ij}^*（或 β_{ij}^{**}）不同（为简化符号，统一计作 β^*），但

$\dfrac{\partial h^*}{\partial \beta^*} = \dfrac{\alpha I}{b} > 0$ ，表示投资者生产性努力水平 h 随着效益分配比例 β 的增加而增

加。同时 $\dfrac{\partial R}{\partial h} = \alpha I > 0$ ，说明 PPP 项目的正常生产性产出 R 为生产性努力水平 h 的

增函数。由此，为增加 PPP 项目的正常生产性产出 R ，政府部门应适当增加投资者的效益分配比例 β 。

（3）投资者对 PPP 项目最优的承诺升级行为 e 直接受自身承诺升级意愿 ε 的影响。当投资者不具备承诺升级意愿（即 $\varepsilon = 0$ ）时，则承诺升级行为 $e = 0$ ，表示不论政府部门是否会分担风险，也不论投资者的风险偏好如何，投资者均不会对 PPP 项目升级承诺；相反，当面对 PPP 项目负反馈信息时，只要投资者存在承诺升级的倾向（ $\varepsilon \neq 0$ ），投资者就有可能继续项目而表现为承诺升级；投资者最优的承诺升级行为 e 因政府部门在 PPP 项目承诺升级中风险分担方式的不同而不同。由于 $\beta \in [0,1]$ ，当投资者独立承担承诺升级行为后的全部结果（情景一）

时的最优承诺升级行为 $e_1^* = \dfrac{f\alpha_1 - (1-f)\alpha_2}{d}\varepsilon I$ ，一定不小于政府部门与投资者共

同分担 PPP 项目中承诺升级风险时（情景二）的最优承诺升级行为

$e_2^* = \dfrac{f\alpha_1 - (1-f)\alpha_2}{d}\varepsilon I \cdot \beta_2^*$ 。

当政府部门不参与承诺升级任何决策，承诺升级的结果全部由投资者自行承

担（情景一）时，投资者的最优承诺升级行为 $e_1^* = \dfrac{f\alpha_1 - (1-f)\alpha_2}{d}\varepsilon I$ ，与项目效

益分配比例 β 无关。此时，只有当 $f\alpha_1 - (1-f)\alpha_2 > 0$ 时投资者才会升级承诺，这

就要求承诺升级后 PPP 项目获得成功的概率 f 满足条件： $f > \dfrac{\alpha_2}{(\alpha_1 + \alpha_2)}$ 。

当政府部门与投资者共同分享承诺升级后的项目收益或共同分担项目损失

（情景二）时，若投资者在收到 PPP 项目负反馈信息时选择继续项目，即

$f\alpha_1 - (1-f)\alpha_2 > 0$ 成立，则承诺升级行为 $e_2^* = \dfrac{f\alpha_1 - (1-f)\alpha_2}{d}\varepsilon I \cdot \beta$ 与自身可获得

PPP 项目的效益分配比例 β 呈正相关关系。在 PPP 项目中，随着承诺升级水平的增加，PPP 项目运行绩效持续较差，则意味着投资者损失不断加大。此时，适当地降低效益分配比例 β ，有助于抑制投资者的承诺升级行为 e ；当项目效益分配比例取值最优为 β^* 时，即投资者承诺升级的最优水平 e^* ，投资者不应无限制地对 PPP 项目升级承诺。

当政府部门对 PPP 项目投资者承诺升级行为提供担保（情景三）时，投资者

的最优承诺升级行为 $e_3^* = \dfrac{f\alpha_1 - (1-f)\alpha_2(1-\beta)}{d}\varepsilon I$ ，随着项目效益分配比例 β 的

增加，投资者承诺升级行为 e 不断加强。同时 $\dfrac{\partial e_3^*}{\partial f} = \dfrac{[\alpha_1 + \alpha_2(1-\beta)]\varepsilon I}{d} > 0$ ，表示

承诺升级行为 e_3^* 同样随着承诺升级后成功概率 f 的增加而增加。将项目产出的最优效益分配比例 β^* 代入 e_3^* 后可知，承诺升级行为 e 还受投资者自身风险偏好（ ρ 和 σ ）的影响。

综上分析可知，在 PPP 项目同一种情景下（情景一和情景二），投资者具备不同风险偏好态度时，承诺升级行为 e 的表现存在显著差异。若投资者为风险规避型，其最优承诺升级行为一定不大于风险中性型和风险喜好型的最优承诺升级行为，即风险规避型投资者升级承诺的程度最低，与自身风险态度一致。PPP 项目存在政府担保（情景三）时，投资者不同模式承诺升级下的最优承诺升级行为的大小，受其他参数的影响；但在投资者主动承诺升级情景下，风险中性型的投资者最优承诺升级行为一定不大于风险喜好型投资者的最优承诺升级行为。

（4）投资者在 PPP 项目中的最优效益分配比例 β ，不仅与政府部门在承诺升级情景中的角色相关，还与投资者自身的承诺升级模式（即风险偏好态度）密切相关。总体而言， $\beta_{11}^* < \beta_{12}^* = 1$ 、 $\beta_{21}^* < \beta_{22}^* = 1$ 、 $\beta_{31}^* < \beta_{32}^* = \min\{\beta_5, 1\}$ ，即投资者主动式承诺升级情景下，政府部门给予的最优效益分配比例应更高，对于被动式承诺升级（风险规避型）的投资者的项目产出效益分配比例反而最低。具体而言，当 PPP 项目中不存在政府担保（即情景一和情景二）且投资者被动承诺升级

时，投资者越厌恶风险表示风险规避系数 ρ 越大，由于 $\dfrac{\partial \beta_{11}^*}{\partial \rho} < 0$ 和 $\dfrac{\partial \beta_{21}^*}{\partial \rho} < 0$ ，则

政府部门应给予 PPP 项目投资者的最优效益分配比例 β 越低，由此投资者愿意付出的生产性努力水平 h 也越低；而对于主动承诺升级（风险中性型和风险喜好型）的投资者，其最优效益分配比例 $\beta^* = 1$ ，其生产性努力水平 $h^* = \dfrac{\alpha I}{b}$ ， β 和 h

均不受风险偏好系数 σ 的影响。此时， $\beta^* = 1$ 表示 PPP 项目正常的生产性产出 R 和承诺升级行为结果 R_{EOC_1} 或 R_{EOC_2} 全部由投资者自己承担，即在投资者为风险中性型或风险喜好型时，政府部门与投资者分担承诺升级行为风险时（情景二）的最优契约设计，同承诺升级风险由投资者全部承担时（情景一）的最优契约设计相同。

然而，当政府部门对 PPP 项目投资者的承诺升级行为提供担保（情景三）时，对于风险中性型的投资者，最优效益分配比例 β 和生产性努力水平 h 均 与 风 险 偏 好 无 关 。 若 投 资 者 为 风 险 规 避 型 ，

$$\frac{\partial \beta_{31}^*}{\partial \rho} = \frac{bd\varepsilon^2\sigma_2^2(1-f)^2\,\varepsilon^2\alpha_2^2 I^2 b(1-f)^2 - \alpha^2 I^2 dbd\sigma^2}{\left[\alpha^2 I^2 d + \rho bd\varepsilon^2\sigma_2^2(1-f)^2 + \rho bd\sigma^2 + \varepsilon^2\alpha_2^2 I^2 b(1-f)^2\right]^2}$$，表示投资者在项

目中的效益分配比例 β 与风险规避系数 ρ 的单调关系受其他参数大小关系的调

节：当各参数满足 $b\varepsilon^4\sigma_2^2\alpha_2^2(1-f)^4 = \alpha^2\sigma^2 d$ 时，则 $\dfrac{\partial \beta_{31}^*}{\partial \rho} = 0$，表明 PPP 项目投资

者 享 有 的 最优效益分配比例 β_{31}^* 与自身风险规避系数 ρ 无关； 当

$b\varepsilon^4\sigma_2^2\alpha_2^2(1-f)^4 > \alpha^2\sigma^2 d$ 时，则有 $\dfrac{\partial \beta_{31}^*}{\partial \rho} > 0$，最优效益分配比例 β_{31}^* 是关于投资者

风险规避系数 ρ 的增函数；当 $b\varepsilon^4\sigma_2^2\alpha_2^2(1-f)^4 < \alpha^2\sigma^2 d$ 时，则 $\dfrac{\partial \beta_{31}^*}{\partial \rho} < 0$，此时效

益分配比例 β_{31}^* 应随着投资者风险厌恶态度 ρ 的增加而降低。将项目产出的最优

效益分配比例 β_{31}^* 代入正常的最优生产性努力水平 $h_{31}^* = \dfrac{\alpha I \beta_{31}^*}{b}$ 中，可得投资者的

最大生产性努力水平 h_{31}^* 与风险规避系数 ρ 的单调关系，以及效益分配比例 β_{31}^*

与风险规避系数 ρ 的关系。

当政府部门对 PPP 项目中风险喜好型投资者的承诺升级行为提供担保时，通

过模型求解得到的最优效益分配比例 $\beta_{32}^* = \dfrac{\alpha^2 I^2 d + \varpi bd\sigma + \varpi bd\varepsilon\sigma_2(1-f)}{\alpha^2 I^2 d + \varepsilon^2\alpha_2^2 I^2 b(1-f)^2}$。当各

参 数 满 足 条 件 $\varepsilon^2\alpha_2^2 I^2(1-f)^2 \geqslant \varpi\left[d\varepsilon\sigma_2(1-f) + d\sigma\right]$ 时 ， 则 $\beta_{32}^* \in [0,1]$ 、

$h_{32}^* = \dfrac{\alpha I \beta_{32}^*}{b}$，此时最优效益分配比例 β_{32}^* 和最优生产性努力水平 h_{32}^* 随着风险偏好

系数 ϖ 的增加而增加；相反，当 $\varepsilon^2\alpha_2^2 I^2(1-f)^2 < \varpi\left[d\varepsilon\sigma_2(1-f) + d\sigma\right]$ 时，根据

实际效益分配比例的取值范围为 $\beta \in [0,1]$，投资者的最优效益分配比例为

$\beta_{32}^{**} = 1$，此时投资者最优生产性努力水平 $h^* = \dfrac{\alpha I}{b}$，与投资者喜好风险的程度 ϖ

无关。

综上所述，在 PPP 项目中不同的承诺升级情景下，对风险规避型投资者

的最优产出分配差异显著。当投资者承诺升级的后果全部由自己承担（情景

一）时，最优效益分配比例 $\beta_{11}^* = \dfrac{\alpha^2 I^2}{\alpha^2 I^2 + \rho b\sigma^2}$ 与承诺升级后果的概率分布 f 和

承诺升级成本系数 d 无关；当投资者承诺升级的风险由双方共担（情景二）

时 ， PPP 项 目 最 优 效 益 分 配 比 例

$$\beta_{21}^{*} = \frac{\alpha^2 I^2 d + \varepsilon^2 I^2 b\left[f\alpha_1 - (1-f)\alpha_2\right]^2}{\alpha^2 I^2 d + \varepsilon^2 I^2 b\left[f\alpha_1 - (1-f)\alpha_2\right]^2 + \rho b d\left[\sigma^2 + f^2\varepsilon^2\sigma_1^2 + (1-f)^2\varepsilon^2\sigma_2^2\right]}$$ ；当存

在 政 府 担 保 （ 情 景 三 ） 时 ， 最 优 效 益 分 配 比 例

$$\beta_{31}^{*} = \frac{\alpha^2 I^2 d + \rho b d \varepsilon^2 \sigma_2^2 (1-f)^2}{\alpha^2 I^2 d + \rho b d \varepsilon^2 \sigma_2^2 (1-f)^2 + \rho b d \sigma^2 + \varepsilon^2 \alpha_2^2 I^2 b (1-f)^2}$$ 。由于投资者承诺升级

后 PPP 项目仍存在较大的不确定性，即承诺升级成功或失败的概率分布 f 对于政府部门选择风险共担（情景二）或提供担保（情景三）的政策制定至关重要，为清楚分析三种情景下政府部门政策制定的优劣，同时更清晰阐述上述模型的应用，拟通过数值分析的方式予以体现。

通常情况下，政府部门能清楚掌握参与某 PPP 项目的投资者的风险态度（ ρ ），如通过调查问卷、情景模拟或心理测试等。同时，可通过蒙特卡罗方法模拟 PPP 项目中的各项参数。由于投资者承诺升级的决策与其承诺升级成本系数 d 和承诺升级后 PPP 项目获得收益的概率 f 直接相关，本章将分别研究投资者可获得 PPP 项目的最优效益分配比例 β^{*}、最优承诺升级行为 e^{*} 和最优生产性努力水平 h^{*} 与 d、f 的关系。如上文所述，当 PPP 项目中政府部门和投资者再谈判制定契约时，双方的最优策略选择（包括 β^{*}、h^{*} 和 e^{*}）均与各自第一阶段的收益（ R_{G_0} 和 R_{I_0} ）无关，但第一阶段的收益会影响双方在 PPP 项目中的总效用（ U_G 和 U_I ）。因此，假定 $R_{I_0} = R_{G_0} = 0$ 、 $\alpha = 0.9$ 、 $I = 0.6$ 、 $b = 0.7$ 、 $\alpha_1 = 0.8$ 、 $\alpha_2 = 0.2$ 、 $\varepsilon = 0.3$ 、 $\rho = 0.4$ 、 $\underline{R} = 0.5$ 、 $\sigma^2 = \sigma_1^2 = \sigma_2^2 = 0.5$ 。以 $d = 0.4$ 和 $f = 0.3$ 作为参照情况，当投资者承诺升级后 PPP 项目产生收益的概率极大（如 $f = 0.99$ ），或承诺升级的成本降低（如 $d = 0.2$ ），或两者同时发生变化（即 $f = 0.99$ 且 $d = 0.2$ ）时，三种不同 PPP 项目承诺升级情景下政府部门和投资者各自的最优策略选择和期望效用如表 3-2 所示。结果显示，当投资者承诺升级的代价相对较高（ d 较大），且承诺升级后项目形势并不明朗（ f 相对较小）时，投资者在政府提供担保时（情景三）的期望效用反而最低，表明投资者应优先选择与政府部门风险共担或全部承担风险的方式，政府担保并非总是投资者承诺升级时的最优选择。

表 3-2　不同情景下投资者被动承诺升级契约设计机制对比分析

序号	情景	d	f	h^{*}	e^{*}	β^{*}	U_I^{*}	U_G^{*}	$U^{*} = U_I^{*} + U_G^{*}$
1	情景一	0.4	0.3	0.521	0.045	0.676	−0.555	0.091	−0.464
	情景二			0.513	0.030	0.665	−0.554	0.093	−0.461
	情景三			0.523	0.088	0.678	−0.787	0.327	−0.460
2	情景一	0.4	0.99	0.521	0.356	0.676	−0.534	0.091	−0.443

续表

序号	情景	d	f	h^*	e^*	β^*	U_I^*	U_G^*	$U^*=U_I^*+U_G^*$
2	情景二	0.4	0.99	0.526	0.243	0.682	−0.542	0.101	−0.441
	情景三			0.521	0.356	0.676	−0.537	0.095	−0.442
3	情景一	0.2	0.3	0.521	0.090	0.676	−0.555	0.091	−0.464
	情景二			0.513	0.060	0.665	−0.554	0.093	−0.461
	情景三			0.522	0.175	0.677	−0.785	0.325	−0.460
4	情景一	0.2	0.99	0.521	0.711	0.676	−0.509	0.091	−0.418
	情景二			0.543	0.501	0.712	−0.526	0.108	−0.418
	情景三			0.521	0.712	0.676	−0.512	0.094	−0.418

　　图 3-5~图 3-7 分别反映了 PPP 项目中政府部门对投资者承诺升级提供担保情景下，投资者被动承诺升级时的最优契约安排，即 PPP 项目产出最优效益分配比例 β_3、投资者最优生产性努力水平 h_3^* 和最优承诺升级行为 e_3^*，分别随着承诺升级成本系数 d 和承诺升级后收益产生概率 f 的变动情况。

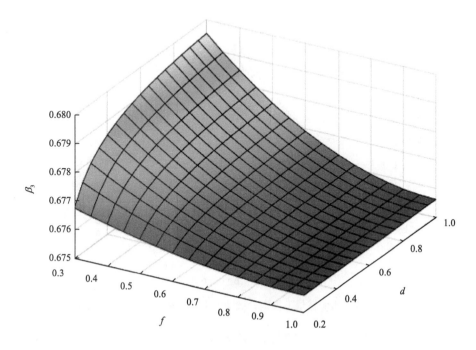

图 3-5　政府担保情景下投资者被动承诺升级时 β_3 与 d 和 f 的关系

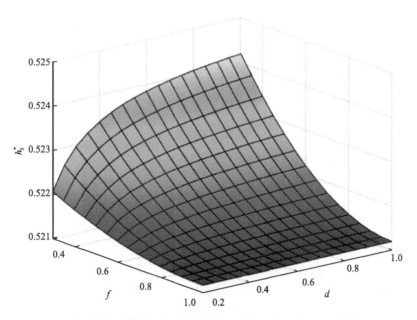

图 3-6   政府担保情景下投资者被动承诺升级时 h_3^* 与 d 和 f 的关系

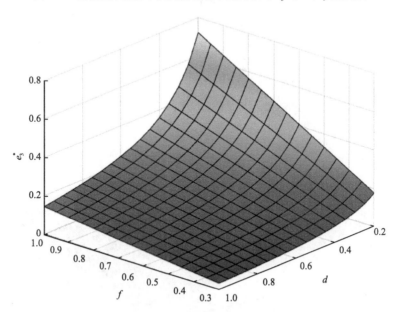

图 3-7   政府担保情景下投资者被动承诺升级时 e_3^* 与 d 和 f 的关系

图 3-5 和图 3-6 显示，给予投资者的最优效益分配比例 β_3、投资者最优生产性努力水平 h_3^*、承诺升级成本系数 d 和承诺升级后 PPP 项目成功概率 f 的变化趋势相同，β_3 和 h_3^* 均随着承诺升级成本系数 d 的降低而降低，且当 d 处于较低水平

（如 $d < 0.5$）时，下降速度加快；但 β_3 随着承诺升级后成功概率 f 的降低而增加，这是因为 f 越小，表示投资者的风险越大，为此需要政府部门提供更多的担保和收益分配。当其他参数一定时，h_3^* 与 β_3 呈单调递增关系，因此随着 f 的降低投资者的生产性努力水平 h_3^* 增加。

但 PPP 项目中投资者最优的承诺升级行为 e_3^* 与其承诺升级成本系数 d 和承诺升级后项目成功的概率 f 的变动趋势不同（图 3-7）。e_3^* 随着 d 的减小而增加，且增加速度越来越快；与之相反，e_3^* 随着 f 的增加而增加，变化速度相对平缓。因此，为了降低投资者在 PPP 项目中的承诺升级行为 e_3^*，特别是承诺升级后项目成功的概率 f 较低时，政府部门应采取适当的手段，如加大舆论力度、伦理甚至法律制裁的力度，提高投资者承诺升级的成本系数 d，从而制订出最佳的激励强度方案。对于投资者而言，根据政府部门制定的政策，可确定自身最优生产性努力水平 h_3^* 和最优承诺升级水平 e_3^*，因此 PPP 实践中投资者的承诺升级水平并非越高越好。

3.8　本章小结

PPP 项目实际是政府部门和投资者之间建立的一系列契约关系，其本质是双方之间的一种委托代理关系，其中政府部门为委托人，投资者为代理人。经政府部门授权，投资者负责 PPP 项目的建设、运营和维护，PPP 资产的所有权归政府部门所有，投资者只享有经营权和收益权。在 PPP 项目实施过程中，当投资者接收项目负反馈信息表明项目现阶段进展失利且未来可能失败时，投资者将与政府部门启动再谈判以明确双方各自的最优策略选择。根据双方谈判结果，政府部门在 PPP 项目投资者承诺升级情景中的角色存在较大差异，政府部门可能完全不参与投资者承诺升级这种主观风险的分担（情景一），也可能按照利益共享、风险共担的原则与投资者分担风险（情景二），还甚至可能对投资者的承诺升级提供担保（情景三）。在这三种不同的承诺升级情景下，由政府部门优先制定政策（即 PPP 项目产出效益分配比例 β），投资者进而根据政府部门的政策确定自身的最优生产性努力水平 h 和最优承诺升级行为 e。

基于此，本章采用委托代理理论，通过动态博弈思维方式建立了投资者存在承诺升级意愿 ε 时，政府部门和投资者在 PPP 项目中的最优契约安排。研究结果表明，效益分配比例 β 的增强，有助于提高投资者在 PPP 项目中的生产性努力水平 h，同时在不同情景下可能会造成承诺升级行为 e 的增加，间接增大了 PPP 项目的风险。因此，当接收 PPP 项目负反馈信息时，政府部门准确预估和研判未来

PPP 项目的发展趋势至关重要。本章研究针对投资者不同类型的风险偏好，引入投资者对PPP项目承诺升级意愿 ε 和承诺升级行为后果的概率 f 这两个关键参数，有效地协调了双方之间的利益分配机制，可有效促进双方在再谈判阶段就承诺升级的契约设计达成一致意见。

第4章 PPP项目投资者承诺升级终止阈值研究

4.1 引　言

　　PPP 项目中投资者承诺升级的决策大多属于进展型决策（Moon，2001a），即投资者需要基于时间上前后相继的一系列信息，在自身心理因素和所处的组织与社会因素的情景下，综合评估项目因素影响之后做出一连串的相关决策（Staw and Ross，1987a）。因此，在收到有关 PPP 项目负反馈信息时，投资者通常会为了挽回损失，试图证明自己先前决策的正确性（Brockner，1992），维护自己前后形象和决策的一致性（Staw，1976；Bobocel and Meyer，1994），并为了获得项目剩余价值（Vroom，1964），而表现出一定程度的承诺升级行为，同时心理预设一个损失阈值。但 PPP 项目中投资者的承诺升级并非一种稳定的现象，只有当投资者试图解释这些负反馈信息时才会升级承诺，即投资者的承诺升级通常只会出现在 PPP 项目的早期（McCain，1986）。随着 PPP 项目负反馈信息的增多，PPP 项目失败的迹象日益明显，投资者的损失不断增加，一旦累计损失达到投资者可承受损失的阈值，投资者将终止承诺，即放弃 PPP 项目并移交给相关政府部门以获得政府补偿或资产残值。通常在 PPP 项目中，投资者享有提前终止项目并要求政府部门按照合同约定提前回购项目的权利，而无须履行相应的义务，投资者享有的这种权利即放弃期权（Xiong et al.，2015）。目前，对承诺升级的研究都集中在理论解释和影响因素上（Arkes and Blumer，1985；Staw and Ross，1987a；Garland and Newport，1991；Keil et al.，2000；Karlsson et al.，2005；He and Mittal，2007；Wong et al.，2008；Sleesman et al.，2012；Rutten et al.，2014；Wieber et al.，2015；Ronay et al.，2017；Chung and Cheng，2018；Wang et al.，2018），很少有文献关注投资者对 PPP 项目负反馈信息的加工和修正过程，也鲜有文献研究 PPP 项目中投资者承诺升级终止的阈值问题。

实物期权理论为进行项目价值评估和投资分析决策提供了一种新思路。实物期权理论考虑了项目决策和实施的灵活性，投资者可根据战略决策做出相应的调整，可用于规划与管理战略投资，使评估结果更接近项目的真实价值，从而使得分析决策数据更加科学可靠。因此，实物期权理论被广泛应用于 PPP 项目风险管理等领域以提高项目价值（Martins et al.，2013；Liu et al.，2014b；Li et al.，2017）。

然而，实物期权理论假定投资者是从理性和概率的角度予以判断，从而进行决策（Garvin and Ford，2012），但这种假设并不总是成立的（Herder et al.，2011）。当需要考虑 PPP 项目中投资者的承诺升级行为时，要融入实物期权理论模型，必须要克服实物期权理论应用中的障碍。在 PPP 项目承诺升级情景下，投资者可能因个人激励（如晋升）而延迟执行放弃期权，即使当时放弃期权的选择对投资者来说可能是最佳的，即含期权价值的项目价值为 0（Dahan and Mendelson，2001）。因此，与传统实物期权理论不同，在 PPP 项目承诺升级情景下，投资者终止项目的临界条件不再是项目价值（含期权价值）等于 0，而是允许一定程度的损失，即承诺升级的终止阈值小于 0。本章旨在分析投资者在 PPP 项目中能容忍的最大负反馈信息量，从而基于实物期权理论的思想构建投资者承诺升级终止阈值模型，为 PPP 项目中投资者科学决策和政府治理体系的完善提供参考，研究结果有助于为负反馈信息的认知偏差与期权决策之间的联系提供新的视角。

4.2　投资者承诺升级行为期权分析

4.2.1　投资者承诺升级行为期权识别

鉴于 PPP 模式的长周期性和相对复杂的操作模式，PPP 项目中隐含诸多的不确定性和风险。尽管在 PPP 项目特许经营期内通常都存在政府担保，如限制竞争担保、最低需求量担保等，但项目提前终止仍然是不可避免的（Liu et al.，2017a）。当投资者无法正常建设或运营 PPP 项目时，投资者有权（但没有相应的义务）提前终止并要求政府部门按照最初的合同约定提前终止项目，即投资者享有提前终止 PPP 项目的放弃期权（Song et al.，2015；Xiong et al.，2015）。当投资者接收 PPP 项目负反馈信息，表明 PPP 项目无法按照预期开展而触发提前终止的条件时，若投资者选择继续项目而承诺升级，承诺升级后投资者也可随时将 PPP 项目提前终止并移交给政府部门。因此，PPP 项目承诺升级情景下投资者一直享有放弃期权，这种放弃期权也是一种美式看跌期权（Martins et al.，2013；Boulding et al.，2016；Liu et al.，2017a）。

在 PPP 项目承诺升级情景下，投资者执行放弃期权之前，通常会允许一定程度的损失，但当潜在损失相对较小时，投资者的放弃期权实际上毫无价值，相反早期的承诺升级决策可能提供战略优势（Dahan and Mendelson，2001）。随着投资者对 PPP 项目持续不断地承诺升级，投资者的实际损失也不断增加，一旦负面反馈信息的水平和项目累计超过投资者能够承受的限度，投资者会终止承诺并放弃 PPP 项目，此时承诺升级就会消失。即当项目损失达到投资者预设的阈值（记作 V_{low}），投资者执行放弃期权，将 PPP 项目提前移交给相关政府部门，通过收回项目残值或获得政府补贴而避免进一步的损失。不同于传统的实物期权理论，在承诺升级情景下，投资者终止 PPP 项目的临界条件不再是项目价值（含期权价值）为 0，而是允许项目一定程度的损失，即投资者承诺升级终止阈值 $V_{\text{low}} < 0$。

4.2.2　投资者承诺升级实物期权模型

当投资者收到关于 PPP 项目的负反馈信息表明项目可能失败时，根据传统的实物期权理论，一旦包含期权价值的项目价值降至 0，投资者应立即终止项目，如图 4-1 所示，其中 V 表示项目价值，K_0 表示执行价格，P_S 表示资产价值。当资产价值 P_S 小于等于执行价格 K_0，即 $P_S \leqslant K_0$ 时，投资者应立即终止项目。

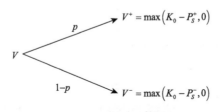

$$V^+ = \max\left(K_0 - P_S^+, 0\right)$$

$$V^- = \max\left(K_0 - P_S^-, 0\right)$$

图 4-1　放弃期权模型

尽管如此，投资者仍然选择坚持，即投资者的承诺升级发生；同时，投资者心理会预设一个损失阈值（V_{low}）。即面对承诺升级后造成接连不断的损失时，投资者不会总是升级承诺，一旦 PPP 项目升级承诺后造成的损失达到一定程度，投资者将终止承诺升级并将项目移交给政府部门。这表明在 PPP 项目承诺升级情景中，当带有期权价值的 PPP 项目总价值为负时，投资者就拥有放弃这些项目的权利。在 PPP 项目承诺升级的终止时点，投资者可承受的最大累计损失即承诺升级的阈值如图 4-2 所示。

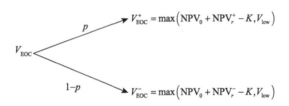

图 4-2　PPP 项目中投资者承诺升级实物期权模型

如图 4-2 所示，V_{EOC} 表示 PPP 项目投资者承诺升级情景下考虑放弃期权时的项目价值，V_{low} 表示 PPP 项目承诺升级的阈值。当投资者终止承诺升级而放弃 PPP 项目时，可从政府部门获得一定的补偿或项目剩余价值（记作 K，即放弃期权的执行价格）以弥补损失，但同时也意味着放弃剩余特许期内项目收益的净现值 NPV_r。当投资者面对 PPP 项目的多次负反馈信息需要再次决策时，无论是否继续升级承诺，投资者都能获得截至再次决策点时 PPP 项目的价值 NPV_0（图 4-3）。放弃期权价值的 PPP 项目总价值 V_{EOC} 上涨到 V_{EOC}^+ 的概率为 p；相反，PPP 项目价值 V_{EOC} 下跌到 V_{EOC}^- 的概率为 $1-p$，其中 $V_{EOC}^- < V_{EOC} < V_{EOC}^+$ 且 $0 \leqslant p \leqslant 1$。不同于传统的实物期权理论，投资者承诺升级放弃期权时的临界值不再是项目价值为 0，而是允许一定程度的损失，即阈值 $V_{low} < 0$。换言之，只有当 $V_{EOC} \leqslant V_{low}$ 时，投资者才会终止承诺而放弃 PPP 项目。

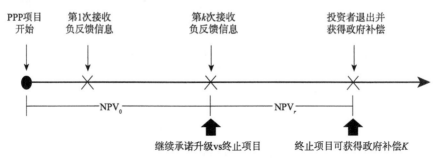

图 4-3　PPP 项目中投资者承诺升级时间路径图

假定投资者放弃承诺升级、提前终止 PPP 项目并将其移交给政府部门后，可获得补偿为 P_{at}（详见第 5 章），其净现值即 K，如图 4-4 所示。不同于传统实物期权理论中放弃期权的执行条件为 $P_S - K_0 \leqslant 0$，表示当 PPP 项目资产价值（P_S）小于等于执行价格（K_0）时，投资者就会执行放弃期权（图 4-1）；在 PPP 项目承诺升级情景下，投资者允许项目一定的损失，即投资者终止承诺升级的临界点为 $V_{low} < 0$，表示只有当投资者获得 PPP 项目总价值（$NPV_0 + NPV_r$）小于执行价格（K）一定程度，满足条件 $NPV_0 + NPV_r - K \leqslant V_{low}$ 时，投资者才会执行终止承诺升级的放弃期权。即 PPP 项目投资者承诺升级情景下，放弃期权的理论收益函

数将左移，平移距离即投资者可容忍的最大损失值 $|V_{\text{low}}|$，此时投资者执行放弃期权的区间减小；换言之，投资者保有 PPP 项目的区间增大，表示投资者建设和运营 PPP 项目的时间延长，提前终止 PPP 项目的时点延后。

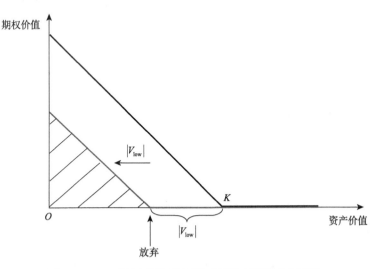

图 4-4　PPP 项目中投资者承诺升级放弃期权收益函数

4.3　投资者承诺升级时的 PPP 项目价值

4.3.1　投资者承诺升级终止阈值模型

假定投资者在初始时刻（ $t=0$ ）投资某个 PPP 项目，同时，投资者对初始决策产生一种原生性认知，包括对该项目预期收益及其完成概率的一种最初的信念（或认知）（Festinger，1957）。随着 PPP 项目的开展，由于 PPP 项目的长期性、复杂性和各种不可预测的风险，投资者可能会持续不断地收到负反馈信息 k（ $k=1,2,3\cdots$ ），如成本严重超支、进度严重滞后等，暗示着继续项目可能会面临失败，应立即放弃项目。当这些后续反馈的信息与原生性认知不一致时，投资者就会产生一种心理的冲突，即失调认知产生（Kiesler，1971）。这时为了减轻甚至消除这种失调认知带来的不舒适感，投资者就会对 PPP 项目重新进行价值评估，如果评估后的原生性认知的感觉仍强于失调认知，投资者会接受原生性认知，即继续投资该项目，承诺升级行为发生；相反，如果投资者接受失调认知，则会放弃承诺升级、终止该 PPP 项目（图 4-5）。

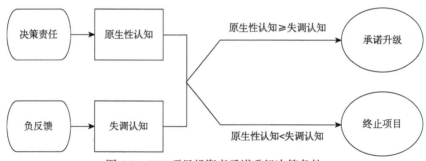

图 4-5　PPP 项目投资者承诺升级决策条件

基于 Hogarth 和 Einhorn（1992）提出的人类信息加工的认知修正模型，通常情况下投资者采用逐步法反应模式对 PPP 项目中的负反馈信息进行加工与修正，如图 4-6 所示。S_k 表示投资者在接收并评估了 PPP 项目的 k 条负反馈信息后的认知修正最终值，$0 \leqslant S_k \leqslant 1$；$S_{k-1}$ 表示投资者接收和评估了项目的（$k-1$）条负反馈信息后的认知修正值，也是投资者评估第 k 条负反馈信息的初始值，即投资者对第 k 条负反馈信息的原生性认知；a_k 表示第 k 条 PPP 项目负反馈信息的证据力和可信度，$0 \leqslant a_k \leqslant 1$，且 a_k 越大，表示第 k 条负反馈信息的证据力越强；φ_k 表示投资者对 PPP 项目第 k 条负反馈信息的接受程度，$0 \leqslant \varphi_k \leqslant 1$；$S(a_k)$ 表示投资者对 PPP 项目中同一条负反馈信息的证据力所产生的主观评价值（即失调认知），当负反馈信息的证据力 a_k 越强时，产生的失调认知 $S(a_k)$ 越大。当投资者收到持续不断的负反馈信息时，对项目的原生性认知也不断下降（Hogarth and Einhorn，1992）。

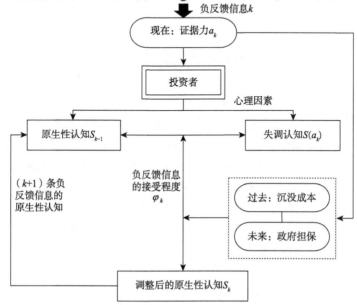

图 4-6　PPP 项目中投资者承诺升级信息加工模型

如图 4-6 所示，PPP 项目中投资者接收第 k 条负反馈信息时的认知修正值 S_k 与失调认知 $S(a_k)$ 的关系如式（4-1）所示：

$$S_k = S_{k-1} - \varphi_k S_{k-1} S(a_k) \tag{4-1}$$

当投资 PPP 项目后，投资者就产生最初的原生性认知 S_0，并依次处理之后的每一条负反馈信息。具体而言，当投资者收到有关 PPP 项目的第一条负反馈信息时，失调认知 $S(a_1)$ 产生。经过信息处理和修正后，调整后的原生性认知 S_1 如式（4-2）所示：

$$S_1 = S_0 - \varphi_1 S_0 S(a_1) \tag{4-2}$$

同理，当投资者收到 k 条负反馈信息后，关于证据力 a_k 的失调认知 $S(a_k)$ 可通过迭代得到式（4-3）：

$$\left.\begin{aligned} S_k &= \left[1 - \varphi_k S(a_k)\right] S_{k-1} \\ S_{k-1} &= \left[1 - \varphi_{k-1} S(a_{k-1})\right] S_{k-2} \\ &\vdots \\ S_1 &= \left[1 - \varphi_1 S(a_1)\right] S_0 \end{aligned}\right\} \tag{4-3}$$

如式（4-3）所示，当投资者不断收到该 PPP 项目的负反馈信息时，调整后的原生性认知逐渐下降。当接收到 k 条负反馈信息时，投资者的原生性认知由最初的 S_0 下降到 S_{k-1}。根据心理承诺理论（Kiesler，1971），投资者承诺升级的条件为原生性认知大于失调认知；相反，如果原生性认知小于失调认知时，投资者将终止该 PPP 项目。因此，假定投资者收到 k_0 负反馈信息时，恰好满足终止承诺升级的临界条件，即此时原生性认知等于失调认知，如式（4-4）所示：

$$S_{k_0-1} = S(a_{k_0}) \tag{4-4}$$

即考虑有关 PPP 项目的第 k_0 条负反馈信息的证据力 a_{k_0-1} 和投资者对其的接受程度 φ_{k_0-1} 后，投资者终止承诺升级的临界条件可表示为

$$S_{k_0-1} = \left[1 - \varphi_{k_0-1} S(a_{k_0-1})\right] S_{k_0-2} = S(a_{k_0}) \tag{4-5}$$

此时，根据信息逐步加工模式可知，投资者对 PPP 项目终止承诺升级时的原生性认知 S_{k_0-1} 为

$$\begin{aligned} S_{k_0-1} &= \left[1 - \varphi_{k_0-1} S(a_{k_0-1})\right] S_{k_0-2} \\ &= \left[1 - \varphi_{k_0-1} S(a_{k_0-1})\right] \bullet \left[1 - \varphi_{k_0-2} S(a_{k_0-2})\right] S_{k_0-2} \\ &= S_0 \bullet \left[1 - \varphi_1 S(a_1)\right] \bullet \left[1 - \varphi_2 S(a_2)\right] \cdots \left[1 - \varphi_{k_0-1} S(a_{k_0-1})\right] \end{aligned} \tag{4-6}$$

a_k 表示第 k 条负反馈信息表明该 PPP 项目可能失败的证据力和可信度，最初

负反馈信息 k 较少时，对 PPP 项目未来状况的预测可信度 a_k 较低；随着 PPP 项目进展，负反馈信息 k 越来越多，项目失败的可能性越来越大，表示对 PPP 项目预测状况越来越准，可信度越来越高，即证据力 a_k 为负反馈信息量 k 的单调增函数。当 PPP 项目不存在负反馈信息（ $k=0$ ）时，证据力 $a_0=0$ ；当负反馈信息量 $k \neq 0$ 且 k 较小时，证据力 a_k 的增长速度较慢；随着负反馈信息的不断增加（ k 不断增大），对 PPP 项目未来状况的预测精确度快速提高，表明 PPP 项目可能在未来随时失败，此时证据力 a_k 的增长速度不断加快。基于上述证据力 a_k 随着负反馈信息量 k 呈现"单调递增，且增长速度不断加快"的基本特征，可用"过原点、开口向上"的二次函数刻画负反馈信息的证据力 a_k 与负反馈信息 k 的关系，如式（4-7）所示：

$$a_k = m_1 k^2 \qquad\qquad (4\text{-}7)$$

其中，$0 \leqslant a_k \leqslant 1$，系数 $m_1 > 0$。

　　投资者对 PPP 项目第 k 条负反馈信息的接受程度 φ_k 与自身对 PPP 项目承诺升级意愿 w_k 有关。投资者承诺升级意愿 w_k 越强，则对 PPP 项目负反馈信息的接受程度 φ_k 越弱，即负反馈信息接受程度 φ_k 与承诺升级意愿 w_k 为负相关关系，如下所示：

$$\varphi_k = n_1 w_k + l_1 \qquad\qquad (4\text{-}8)$$

其中，$\varphi_k \in [0,1]$，$w_k \in [0,1]$，系数 $n_1 < 0$。当投资者不存在对 PPP 项目承诺升级的意愿（ $w_k=0$ ）时，投资者对负反馈信息的接受程度 φ_k 最大，此时 $\varphi_k = l_1$，即 $l_1 \in [0,1]$。投资者在 PPP 项目中承诺升级的意愿 w_k 受多个因素影响，如投资者个体因素（心理因素），包括风险偏好（Wong，2005；Jani，2008）、自尊水平（Schaumberg and Wiltermuth，2014）等，通常投资者这些主观的心理特征较为稳定，主要影响投资者对 PPP 项目中负反馈信息产生的失调认知 $S(a_k)$（详见下文）。因此，暂不考虑投资者的主观心理特征对承诺升级意愿 w_k 的影响。以投资者承诺升级决策点为分界，将影响承诺升级意愿 w_k 的主要因素划分为三类，一是决策点之前的沉没成本（包括前期已投入的资金、时间和精力等）水平 c_k（Staw and Ross，1987a；Rutten et al.，2014；Chung and Cheng，2018），其大小等于所有沉没成本效用化与预期全部投入效用化的比值，则 $c_k > 0$ ；二是决策点时负反馈信息的证据力 a_k ；三是考虑决策点后的影响因素，PPP 项目中通常表现为政府担保（Wang and Liu，2015；Wang et al.，2018），用政府担保程度 G 表示，其大小等于承诺升级的政府担保水平与承诺升级后项目实际产值比值的绝对值，即 $G \in [0,1]$。

　　当 PPP 项目前期大量的沉没成本（包括投资、时间、精力等）使投资者感到损失时，投资者为挽回损失而表现承诺升级倾向（Staw and Ross，1987a；Chung and Cheng，2018）。最初当 PPP 项目沉没成本水平 c_k 处于较低时，投资者的承诺升级意愿 w_k 较强，随着沉没成本的增加，投资者承诺升级意愿 w_k 逐渐降低，但降低速度较慢；当沉没成本增加到一定程度，投资者明显感知到 PPP 项目大概率要失败时，其承诺升级意愿 w_k 迅速下降，由此可用开口向下的二次函数刻画投资者承诺升级意愿 w_k 与沉没成本水平 c_k 之间的单调递减关系。对于决策点负反馈信息的证据力 a_k，若证据力 a_k 越强，表明负反馈信息的可靠度越高，则投资者承诺升级意愿 w_k 越弱，即承诺升级意愿 w_k 与证据力 a_k 呈现负相关关系。对于 PPP 项目中政府部门对承诺升级的担保，当政府担保程度 G 越高时，投资者认为可通过政府担保止损，因此表现为较高的承诺升级意愿 w_k，即 w_k 为 G 的增函数。鉴于影响投资者承诺升级意愿的三类因素（沉没成本水平 c_k、证据力 a_k 和政府担保程度 G）是以再次决策时间点为依据进行划分，三类因素互不干扰，可认为这三类因素相互独立。投资者接收负反馈信息后承诺升级意愿 w_k 与沉没成本水平 c_k、证据力 a_k 和政府担保程度 G 的关系可用式（4-9）描述：

$$w_k = \left(m_2 c_k^2 + l_2 \right) + \left(n_2 a_k + l_3 \right) + \left(n_3 G + l_4 \right) \tag{4-9}$$

其中，系数 $m_2 < 0$，系数 $l_2 \in [0,1]$，系数 $n_2 < 0$，系数 $n_3 > 0$，系数 $l_4 \in [0,1]$。将式（4-9）代入式（4-8）可得投资者对 PPP 项目负反馈信息的接受程度 φ_k 为

$$\varphi_k = n_1 w_k + l_1 = n_1 \left[\left(m_2 c_k^2 + l_2 \right) + \left(n_2 a_k + l_3 \right) + \left(n_3 G + l_4 \right) \right] + l_1 \tag{4-10}$$

将 PPP 项目负反馈信息的证据力 a_k 的表达式（4-7）代入式（4-10）后，合并得到投资者对负反馈信息的接受程度 φ_k，如式（4-11）所示：

$$\varphi_k = n_1 m_2 c_k^2 + n_1 n_2 m_1 k^2 + n_1 n_3 G + \left[n_1 \left(l_2 + l_3 + l_4 \right) + l_1 \right] \tag{4-11}$$

为简化计算，令 $n_1 m_2 = \zeta_1$、$n_1 n_2 m_1 = \zeta_2$、$n_1 n_3 = -\zeta_3$、$n_1 \left(l_2 + l_3 + l_4 \right) + l_1 = \zeta_4$，且 ζ_1、ζ_2、$\zeta_3 > 0$，此时化简后得到投资者对负反馈信息的接受程度 φ_k 为

$$\varphi_k = \zeta_1 c_k^2 + \zeta_2 k^2 - \zeta_3 G + \zeta_4 \tag{4-12}$$

PPP 项目中，$S\left(a_{k_0} \right)$ 表示投资者接收第 k 条负反馈信息的证据力 a_k 所产生的主观评价值，即失调认知。不同的投资者对于同一条负反馈信息所产生的失调认知不同，在特定的 PPP 项目环境下，失调认知主要与投资者的心理特征和综合实力紧密相关（唐洋和刘志远，2008）。当负反馈信息的证据力 a_k 越强时，产生的失调认知 $S\left(a_{k_0} \right)$ 越大，即失调认知 $S\left(a_{k_0} \right)$ 为证据力 a_k 的增函数。因此，在考虑投资者心理因素对失调认知的影响机制下，参考累积远景理论的价值函数（Kahneman and Tversky，1979），投资者对 PPP 项目 k 条负反馈信息的证据力 a_k 产生的失调认知 $S\left(a_{k_0} \right)$ 可表示为

$$S\left(a_{k_0} \right) = \lambda \left(a_{k_0} \right)^{\eta} \tag{4-13}$$

其中，η 表示投资者对 PPP 项目损失的边际敏感程度，$0 < \eta < 1$；λ 表示投资者对损失的厌恶程度，$\lambda > 1$。将式（4-7）代入式（4-13）可得失调认知 $S(a_{k_0})$ 为

$$S(a_{k_0}) = \lambda (a_{k_0})^{\eta} = \lambda (m_1 k_0^2)^{\eta} \tag{4-14}$$

分别将上述式（4-12）和式（4-13）代入式（4-6），可得投资者接收 PPP 项目 k_0 条负反馈信息的原生性认知 S_{k_0-1} 为

$$S_{k_0-1} = S_0 \prod_{i=1}^{k_0-1} \left[1 - \lambda (m_1 i^2)^{\eta} \bullet (\zeta_1 c_i^2 + \zeta_2 i^2 - \zeta_3 G + \zeta_4) \right] \tag{4-15}$$

投资者终止 PPP 项目承诺升级的临界条件为

$$S_{k_0-1} = S_0 \prod_{i=1}^{k_0-1} \left[1 - \lambda (m_1 i^2)^{\eta} \bullet (\zeta_1 c_i^2 + \zeta_2 i^2 - \zeta_3 G + \zeta_4) \right] = \lambda (m_1 k_0^2)^{\eta} \tag{4-16}$$

投资者对 PPP 项目的每条负反馈信息加工，是在初始时刻的原生性认知 S_0 的基础上，按照时间先后顺序逐步对信息进行加工的模式进行的（Hogarth and Einhorn，1992）。因此，按照这种逐步反应的模式，投资者接收的负反馈信息量，总存在一个最小的正整数 $k_0 (k_0 \geqslant 0)$ 满足式（4-16）。此时，这个最小的 k_0 即投资者可承受的最大 PPP 项目负反馈信息量。当投资者收到的负反馈信息 $k < k_0$ 时，原生性认知大于失调认知，投资者将表现为 PPP 项目承诺升级；随着投资者持续性接收负面反馈信息，对 PPP 项目的原生性认知逐渐减少，当投资者收到的负反馈信息量恰好等于 $k_0 (k = k_0)$ 时，原生性认知等于失调认知，达到投资者可承受损失的临界，此时投资者将终止该 PPP 项目。

当投资者接收 PPP 项目的第 k_0 条负反馈信息时，对项目的原生性认知如式（4-17）所示。此时的原生性认知为 $S_{\min}$，即投资者终止承诺升级时的原生性认知，也是投资者可以接受的对 PPP 项目最小的原生性认知，即 $S_{\min} < S_0$。

$$S_{\min} = S_0 \prod_{i=1}^{k_0-1} \left[1 - \lambda (m_1 i^2)^{\eta} \bullet (\zeta_1 c_i^2 + \zeta_2 i^2 - \zeta_3 G + \zeta_4) \right] \tag{4-17}$$

因此，PPP 项目承诺升级条件下，投资者对项目损失的最大容忍度 τ_0 为

$$\tau_0 = \frac{S_{\min} - S_0}{S_0} = \prod_{i=1}^{k_0-1} \left[1 - \lambda (m_1 i^2)^{\eta} \bullet (\zeta_1 c_i^2 + \zeta_2 i^2 - \zeta_3 G + \zeta_4) \right] - 1 \tag{4-18}$$

其中，容忍度 $\tau_0 \in [-1, 0]$；负号表示"损失"；大小表示投资者在 PPP 项目中可承受损失的最大程度。如前述假设，PPP 项目的总投资为 I，假定预期的项目投资回报率为 $\tilde{R}$，投资回报率 $\tilde{R}$ 是时间 t 的函数，即 $\tilde{R} = Z(t)$。PPP 项目运营的时间越长，投资回报率 $\tilde{R}$ 越大，反之则越小（Liu et al.，2017a）。此时，投资者可以容忍的 PPP 项目最大损失，即投资者承诺升级终止的阈值 V_{low} 为

$$V_{\text{low}} = I\widetilde{R}\tau_0 = IZ(t)\left\{\prod_{i=1}^{k_0-1}\left[1-\lambda\left(m_1i^2\right)^\eta\bullet\left(\zeta_1c_i^2+\zeta_2i^2-\zeta_3G+\zeta_4\right)\right]-1\right\}$$

（4-19）

4.3.2　基于承诺升级放弃期权的项目价值

假定投资者投资的该 PPP 项目的特许经营期为 T，预期项目实施过程中投资者可获得的净现金流为 $\text{CF}_i\left(i=0,t_1,t_2,\cdots,T\right)$。由于投资者的损失随着 PPP 项目持续的负面反馈信息不断增加，一旦损失达到临界值，投资者将放弃该项目。当投资者持续收到负反馈信息后损失值达到临界点，投资者已获得的 PPP 项目净现值 NPV_0 和剩余特许期内可获得的项目净现值 NPV_r 分别为

$$\text{NPV}_0 = \sum_{i=0}^{t_0}\frac{\text{CF}_i^0}{\left(1+r_i\right)^i}$$

（4-20）

$$\text{NPV}_r = \sum_{i=t_0+1}^{T}\frac{\text{CF}_i}{\left(1+r_i\right)^i}$$

（4-21）

其中，CF_i^0 表示 PPP 项目中投资者获得的实际现金流；r_i 表示在时刻 $i(i=0,t_1,t_2,\cdots,t_0)$ 的折现率或加权平均资本成本（weighted average cost of capital，WACC）；t_0 表示投资者收到项目负反馈信息后必须进行再次决策的时刻。如上所述，由图 4-2 分析可知，若投资者放弃承诺升级而选择提前终止 PPP 项目并将其移交给政府部门，可获得政府赔偿 P_{at}，其净现值（K）即放弃期权的执行价格。因此，在 PPP 项目中投资者拥有承诺升级终止的放弃期权的期权价值 $V_{A\text{-RO}}$ 为

$$V_{A\text{-RO}} = K - \text{NPV}_r = \frac{P_{\text{at}}}{\left(1+r_f\right)^{t_0}} - \sum_{i=t_0+1}^{T}\frac{\text{CF}_i}{\left(1+r_i\right)^i}$$

（4-22）

其中，r_f 表示 PPP 项目的无风险利率。因此，投资者承诺升级情景下，包含放弃期权的 PPP 项目价值 V_{EOC} 为

$$V_{\text{EOC}} = \text{NPV}_0 + \text{NPV}_r + V_{A\text{-RO}} = \sum_{i=0}^{t_0}\frac{\text{CF}_i^0}{\left(1+r_i\right)^i} + \frac{P_{\text{at}}}{\left(1+r_f\right)^{t_0}}$$

（4-23）

在 PPP 项目中，当 $V_{\text{EOC}} > V_{\text{low}}$ 时，表示项目损失未超过投资者预设的阈值，投资者会选择继续 PPP 项目而表现为持续的承诺升级；相反，若 $V_{\text{EOC}} \leqslant V_{\text{low}}$ 时，表示项目损失已超出投资者的可承受范围，此时投资者会终止承诺升级，放弃 PPP 项目。

4.4 投资者承诺升级终止阈值影响因素

投资者对 PPP 项目 k 条负反馈信息的证据力 a_k 所产生的主观评价值，即失调认知 $S(a_k) = \lambda(a_k)^\eta = \lambda(m_1 k^2)^\eta$，与负反馈信息的证据力 a_k 相关，进而与 PPP 项目负反馈信息 k 相关，负反馈信息 k 越大，所产生的证据力 a_k 越强，则投资者的失调认知 $S(a_k)$ 就越大。若投资者对 PPP 项目的第一条负反馈信息 $(k=1)$ 所产生的失调认知达到 1，即 $S(a_1) = \lambda \bullet m_1^\eta$，表示最少的负反馈信息所产生的证据力和说服力 a_k 足够大，以致使 PPP 项目投资者产生的失调认知 $S(a_k)$ 达到最大值 1。一旦投资者接收负反馈信息，就会对 PPP 项目产生强烈的失调认知，投资者必然会放弃该项目，在这种情况下投资者不会进行承诺升级。相反，当 PPP 项目负反馈信息量足够大时，投资者产生的失调认知 $S(a_k)$ 仍然极小，如当 k 趋于正无穷时 $S(a_k) = \lambda(m_1 k^2)^\eta = 0$，表示有关 PPP 项目负反馈信息的证据力 a_k 很小，小到不足以使投资者对 PPP 项目产生失调认知 $S(a_k)$，投资者同样不会表现出承诺升级行为（唐洋和刘志远，2008）。因此，PPP 项目中投资者承诺升级发生时，投资者对项目的失调认知即负反馈信息 $k(k>0)$ 要满足条件 $0 < S(a_k) = \lambda(m_1 k^2)^\eta < 1$ 且 k 为整数。

根据 Hogarth 和 Einhorn（1992）提出的人类信息加工的认知修正模型，当 PPP 项目产生持续性的负反馈信息时，投资者对 PPP 项目的原生性认知 S_k 就会不断减少，即 $0 \leqslant S_k \leqslant \cdots \leqslant S_2 \leqslant S_1 \leqslant S_0 \leqslant 1$。直到投资者对 PPP 项目的原生性认知恰好等于由负反馈信息造成的失调认知时，投资者会终止对 PPP 项目的承诺升级，此时投资者可承受的最大负反馈信息 k_0 满足 $S_0 \prod_{i=1}^{k_0-1} \left[1 - \lambda(m_1 i^2)^\eta \bullet (\zeta_1 c_i^2 + \zeta_2 i^2 - \zeta_3 G + \zeta_4) \right] = \lambda(m_1 k_0^2)^\eta$。该负反馈信息 k_0 与投资者在初始时刻对 PPP 项目产生的原生性认知 S_0 呈正相关关系，S_0 越大，则 k_0 越大。当投资者的原生性认知 S_0 很小，小到恰好等于其最弱的失调认知 λm_1^η 时，第一条负反馈信息（$k=1$）的出现就会超过投资者最大可承受信息量负反馈点；即投资者初始的原生性认知等于失调认知，$S_0 = \lambda m_1^\eta$，经过信息加工和修正后的认知修正值 S_1 必然小于失调认知。此时投资者不会承诺升级，一旦接收 PPP 项目的负反馈信息，就会直接放弃项目。当 $S_0 > \lambda m_1^\eta$ 时，则 $k_0 \geqslant 2$；换言之，当投资者初始的原生性认知 S_0 大于第一条负反馈信息（$k=1$）产生的失调认知 λm_1^η 时，投资者可承受的最大负反馈信息量超过 1 条，至少为 2 条，即投资者至少在接收第一条负反馈信息时，仍会继续 PPP 项目而表现为承诺升级。因此，分析投资者在 PPP 项目中承诺升级的阈值，即投资者表现出一定程度承诺升级的前提条件为，负反馈信息 k 要满足 $0 < \lambda\left(m_1 k^2\right)^{\eta} < 1$ 且 $S_0 > \lambda m_1^{\eta}$。

即使投资者在 PPP 项目中承诺升级，这种行为也不会持续进行。随着负反馈信息的增多，投资者对 PPP 项目的原生性认知不断减少，失调认知不断增加，当两者恰巧相等时，承诺升级行为终止，即投资者彻底放弃 PPP 项目。此时，项目损失达到投资者可承受损失的阈值 $V_{\text{low}} = IZ(t)\left\{\prod_{i=1}^{k_0-1}\left[1 - \lambda\left(m_1 i^2\right)^{\eta} \bullet \left(\zeta_1 c_i^2 + \zeta_2 i^2 - \zeta_3 G + \zeta_4\right)\right] - 1\right\}$。此阈值的大小受到多个因素的影响，如下所述。

（1）投资者对 PPP 项目进行承诺升级时，可接受损失阈值的大小 $|V_{\text{low}}|$ 与项目初始的总投资 I 呈正相关关系，进一步验证了投资者在 PPP 项目承诺升级时存在沉没成本效应（Heath，1995；Karlsson et al.，2005；Ku et al.，2005）。PPP项目耗资巨大、周期长，投资者已投入的大量人力、财力和物力及努力和自我认可等都构成了 PPP 项目的沉没成本。为了避免巨大的资源浪费，投资者面对负反馈信息时通常都会倾向于继续付出。当沉没成本增加时，意味着项目总投资 I 增大，投资者承诺升级程度也会不断增加，进而可接受损失的范围 $|V_{\text{low}}|$ 也会增加；即项目的总投资 I 越大，投资者承诺升级越严重，即投资者承诺升级可接受损失的阈值范围 $|V_{\text{low}}|$ 越大。

（2）投资者允许损失的范围 $|V_{\text{low}}|$ 与项目投资回报率 $\tilde{R} = Z(t)$ 呈正相关关系，即与接收 PPP 项目负反馈信息的时间长短（t）呈正相关关系。投资者参与PPP项目的时间 t 越长，特别是运营期内项目收益不断增加，则项目预期的投资回报率 $\tilde{R}$ 越大。根据 Vroom（1964）提出的期望理论，基于 PPP 项目未来投资回报率的目标价值，投资者会投入更多的资源，承诺升级现象更为明显，则损失阈值的范围也在不断扩大。

（3）投资者承诺升级损失阈值的大小 $|V_{\text{low}}|$ 随着政府部门对 PPP 项目承诺升级的担保程度 G 而增大或至少保持不变。根据式（4-16）可知，投资者不断加工PPP 项目负反馈信息直至终止承诺升级行为的过程，是对项目初始时刻原生性认知 S_0 的不断修正和调整，使得项目的原生性认知 S_{k-1} 逐渐减少、失调认知 $S(a_k)$ 不断增加，直到负反馈信息 k 的原生性认知 S_{k-1} 恰好等于失调认知 $S(a_k)$，投资者终止承诺升级。在此过程中，投资者原生性认知 S_0 的调整系数为 $1 - \lambda\left(m_1 k^2\right)^{\eta} \bullet \left(\zeta_1 c_k^2 + \zeta_2 k^2 - \zeta_3 G + \zeta_4\right)$，随着政府担保程度 G 的增加，调整系数也

随之增大，则投资者原生性认知减少的过程减缓，即需要更多的负反馈信息（k_0增大）才能促使投资者终止 PPP 项目。因此，在其他参数一定的情况下，G 越大，由于 k_0 的整数性，则 k_0 保持不变或增加，投资者允许的损失范围 $|V_{low}|$ 保持不变或扩大，至少不会减少。

（4）投资者终止对 PPP 项目承诺升级时损失的大小 $|V_{low}|$ 与投资者对项目初始的原生性认知 S_0 呈正相关关系。同理，根据式（4-16）可知，投资者终止承诺升级行为的临界条件为 $S_{k_0-1} = S_0 \prod_{i=1}^{k_0-1} \left[1 - \lambda \left(m_1 i^2 \right)^\eta \cdot \left(\zeta_1 c_i^2 + \zeta_2 i^2 - \zeta_3 G + \zeta_4 \right) \right] = \lambda \left(m_1 k_0^2 \right)^\eta$，经过对项目初始时刻原生性认知（$S_0$）的不断修正和调整后得到的原生性认知（$S_{k_0-1}$）恰巧等于失调认知 $S(a_{k_0})$。投资者在初始时刻对 PPP 项目的原生性认知 S_0 越大，投资者可承受的最大负反馈信息 k_0 越大（至少保持不变），则意味着投资者可承受的项目损失 $|V_{low}|$ 越大（或保持不变）。

（5）在 PPP 项目承诺升级情景下，投资者可承受的项目最大损失 $|V_{low}|$ 和自身的行为偏好相关，包括 λ、η、$m_i (i=1,2)$、$n_i (i=1,2,3)$、$l_i (i=1,2,3,4)$。根据投资者终止 PPP 项目承诺升级终止的临界条件式（4-16）可知，损失厌恶系数 λ 或 PPP 项目风险态度系数 η 的增加，表示投资者对项目的损失和风险更为敏感。当其他参数一定时，随着系数 λ 或 η 的增加，投资者对项目的失调认知 $S(a_k) = \lambda \left(m_1 k^2 \right)^\eta$ 增加，但最初原生性认知 S_0 的调整系数 $1 - \lambda \left(m_1 k^2 \right)^\eta \cdot \left(\zeta_1 c_k^2 + \zeta_2 k^2 - \zeta_3 G + \zeta_4 \right)$ 减小。此时，只要接收相对较少的负反馈信息（k 减小），投资者对项目初始的原生性认知 S_0 就会小于失调认知 $S(a_k)$，则承诺升级行为会更快地终止。

此外，当其他参数一定，系数 ζ_1、ζ_2（仅 n_1 或 n_2 变大）或 ζ_4 增加，或系数 ζ_3 减小时，投资者对 PPP 项目负反馈信息产生的失调认知 $S(a_k) = \lambda \left(m_1 k^2 \right)^\eta$ 不变，而初始原生性认知 S_0 的调整系数 $1 - \lambda \left(m_1 k^2 \right)^\eta \cdot \left(\zeta_1 c_k^2 + \zeta_2 k^2 - \zeta_3 G + \zeta_4 \right)$ 减小。根据对负反馈信息的逐步法反应模式的核心思想，投资者在接收更少的 PPP 项目负反馈信息时即可达到原生性认知和失调认知的平衡，同样投资者会更快地终止承诺升级行为，即阈值 $|V_{low}|$ 将降低（或保持不变），至少不会增加，有助于降低投资者的承诺升级行为。

4.5　数 值 模 拟

为清楚说明上述模型的可行性，并加深对该模型的理解，本节通过一个数值算例阐述模型的应用。在 PPP 项目中，投资者预期的收益率（$\tilde{R}$）通常是由政府部门和投资者事先通过谈判后确定，并在 PPP 合同中明确规定。基于政府部门和投资者在 PPP 项目中的投入，则可确定 PPP 项目总投资（I）。假定 PPP 合同中约定投资者的预期收益率 $\tilde{R} = 6\%$，项目总投资为 10 000 万元，即 I=10 000（单位为万元，下同）。在理想情况下，投资者可通过一定的手段（如蒙特卡罗模拟等）确定 PPP 项目负反馈信息 k 的证据力 a_k，即确定系数 m_1；同时，可通过调查问卷或情景模拟等方式，确定投资者对负反馈信息的接受程度 φ_k 和承诺升级意愿 w_k，即确定参数包括 m_2、$n_i (i=1,2,3)$ 和 $l_i (i=1,2,3,4)$。假定 PPP 项目中投资者的各参数分别为 $m_1 = 0.001$、$m_2 = -1$、$n_1 = -0.001$、$n_2 = -1$、$n_3 = -0.01$、$l_1 = l_2 = l_3 = l_4 = 0.01$。根据 Tversky 和 Kahneman（1992）的实验结果，假定投资者在 PPP 项目中的风险态度系数 $\eta = 0.88$、损失厌恶系数 $\lambda = 2.25$。

在 PPP 项目中，沉没成本水平 c_k、政府担保程度 G 和投资者对项目初始的原生性认知 S_0 在一定程度上直接决定了投资者承诺升级终止的阈值 V_{low}。事实上，PPP 项目的这些参数均是直接决定投资者可容忍的最大负反馈信息 k_0（k_0 为正整数），进而决定投资者对项目损失的最大容忍度 τ_0 和承诺升级终止的阈值 V_{low}。投资者在 PPP 项目中可容忍的最大负反馈信息 k_0、最大容忍度 τ_0 和损失阈值 V_{low}，与项目沉没成本水平 c_k、政府担保程度 G 和投资者初始的原生性认知 S_0 变化趋势分别如下所述。

由于投资者的沉没成本水平 c_k 通常随着 PPP 项目的开展而逐渐增加，假定沉没成本水平 c_k 是基于第一条负反馈信息时相应沉没成本水平 c_1 的单调递增函数，且表现为等差数列。若每新增一条负反馈信息之间对应的 PPP 项目沉没成本水平的变化幅度（$c_k - c_{k-1}$）不同，则意味着投资者收到第 k 条负反馈信息时的项目沉没成本水平 c_k 各不相同。假定 PPP 项目中的政府担保程度一定（如 $G = 0.35$），当投资者收到第一条负反馈信息时的沉没成本水平 $c_1 = 0.1$ 时，则投资者可承受最大负反馈信息 k_0 与沉没成本的变动幅度 $c_k - c_{k-1}$ 和初始的原生性认知 S_0 的变化情况如图 4-7 所示。

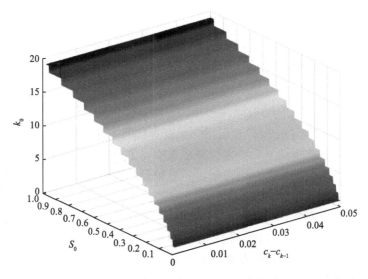

图 4-7　k_0、S_0 与 $c_k - c_{k-1}$ 的关系图

由图 4-7 分析可知，k_0 的变化整体呈现为阶梯状态势，随着 S_0 的减小而显著减小；但由于 k_0 取值为正整数，在上述既定参数条件下，随着 $c_k - c_{k-1}$ 的变化而保持不变，即 k_0 一定不会随着 $c_k - c_{k-1}$ 的增大而增大，与上述理论分析的结论一致。在这种情况下，投资者对 PPP 项目损失的最大容忍度（τ_0）、阈值（V_{low}）随着沉没成本变化幅度（$c_k - c_{k-1}$）和初始的原生性认知 S_0 的变化趋势分别如图 4-8 和图 4-9 所示。

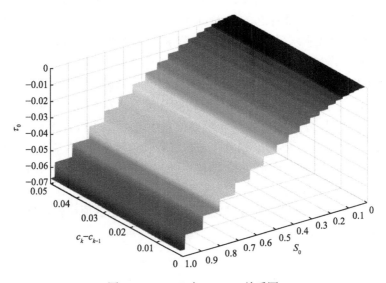

图 4-8　τ_0、S_0 与 $c_k - c_{k-1}$ 关系图

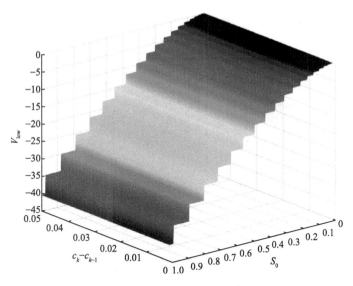

图 4-9　V_{low}、S_0 与 $c_k - c_{k-1}$ 关系图

结果显示，τ_0 随着 S_0 和 $c_k - c_{k-1}$ 的增减变化与 V_{low} 随着 S_0 和 $c_k - c_{k-1}$ 的增减变化相同，这是因为 V_{low} 与 τ_0 呈正相关关系（$\dfrac{\partial V_{\text{low}}}{\partial \tau_0} = I\tilde{R} > 0$）；与 k_0 的变化趋势相反，这意味着 k_0 越大，投资者可承受的项目损失越多，即 $|\tau_0|$ 和 $|V_{\text{low}}|$ 越大，而 $\tau_0 \in [-1, 0]$ 且 $V_{\text{low}} < 0$，表示 τ_0 和 V_{low} 随着 k_0 的增大而减小，投资者将延迟终止承诺升级。具体而言，τ_0 和 V_{low} 随着 S_0 的增大而逐渐减小，但与 $c_k - c_{k-1}$ 的变化无关，表示当 $c_k - c_{k-1}$ 变化幅度较小（如 $c_k - c_{k-1} \in [0, 0.05]$）时，$\tau_0$ 和 V_{low} 均不受影响。

相反，若 PPP 项目中投资者的沉没成本水平 c_k 一定（如 $c_k - c_{k-1} = 0.05$ 且 $c_1 = 0.1$）时，图 4-10 反映了政府担保程度 G 和初始的原生性认知 S_0 对投资者可容忍最大负反馈信息 k_0 的影响，总体上仍然呈现阶梯状变化态势。当政府部门对 PPP 项目提供的担保程度 G 一定时，S_0 对 k_0 的影响显著，即 k_0 随着 S_0 的减小而显著减小；相比之下，当 G 和 S_0 变化幅度相同时，k_0 对 S_0 的变化更为敏感。

同理，根据上述图 4-10 确定投资者可承受的最大负反馈信息 k_0 后，则可进一步确定投资者对 PPP 项目损失的最大容忍度 τ_0 和阈值 V_{low}（图 4-11 和图 4-12）。总体而言，τ_0 和 V_{low} 的变化趋势一致。当 S_0 或 G 增加时，k_0 增加（或至少保持不变），但 S_0 对 k_0 的影响更为显著。当政府担保程度 G 在一定范围内（如 $G \in [0, 0.3]$）变化时，由于 k_0 取值的正整数性，G 的变化不会造成

投资者承诺升级终止阈值 V_{low} 的变化。从这个角度而言，政府部门在 PPP 项

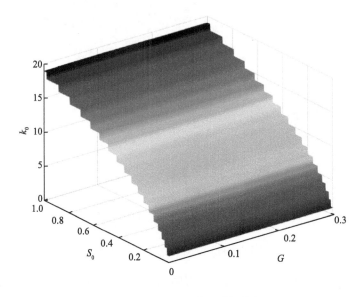

图 4-10　k_0、S_0 与 G 关系图

目中产生负反馈信息时，应确定合理的政府担保机制。当政府担保在一定水平时，对于投资者承诺升级的控制效果相同，但过度担保可能会加重政府财政负担。

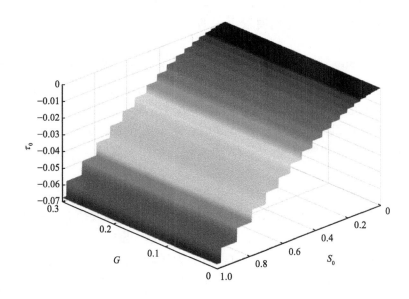

图 4-11　τ_0、S_0 与 G 关系图

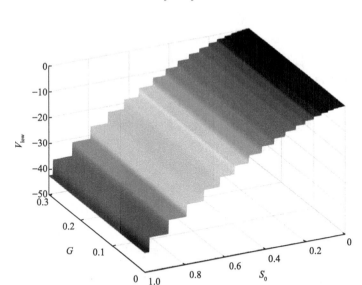

图 4-12　V_{low}、S_0 与 G 关系图

　　通过上述数值模拟分析，进一步论证了投资者在初始时刻投资某 PPP 项目时产生的原生性认知 S_0 在很大程度上决定了投资者承诺升级终止阈值 V_{low} 的设定。因此，当投资者参与 PPP 项目时，政府部门和投资者在谈判阶段应就项目的预期产出和完成情况等达成一致意见，保证投资者初始的原生性认知 S_0 尽可能贴近现实情况，并在 PPP 合同中明确规定。但值得注意的是，对上述参数进行不同赋值时产生的具体图像可能不同，上述情况只模拟了 PPP 项目中可能存在的某一种情况以说明该模型的可行性和应用性。

4.6　本 章 小 结

　　当投资者面对 PPP 项目中的负反馈信息时，通常都会选择继续项目而表现为一定程度的承诺升级。同时，基于特定的 PPP 项目情景，投资者心理会预设该项目的损失阈值，随着承诺升级的持续，一旦项目累计的实际损失达到投资者的阈值，承诺升级将终止，即 PPP 项目提前移交政府相关部门。本章基于信息加工模型分析了投资者可承受的 PPP 项目最大负反馈信息 k_0，并进一步分析了投资者对项目损失的最大容忍度 τ_0。在 PPP 项目承诺升级情景下，投资者享有终止承诺升级、提前退出项目的放弃期权；因此，基于实物期权理论构建了投资者承诺升级

终止阈值（V_{low}）模型。不同于以往传统的实物期权理论，PPP 项目中投资者承诺升级情景下允许一定程度的损失，即投资者判断执行承诺升级终止的放弃期权的临界条件如下：$V_{low} < 0$。研究结果表明，投资者在 PPP 项目中承诺升级终止阈值 V_{low} 与初始的原生性认知 S_0、沉没成本水平 c_k、政府担保程度 G、投资者自身的行为偏好及项目总投资 I 和项目预期收益率 $\tilde{R}$ 相关。在投资者承诺升级情景下，当含有期权价值的 PPP 项目价值（V_{EOC}）大于损失阈值（V_{low}）时，投资者将选择继续项目、不断升级承诺；相反，若考虑期权价值的项目价值（V_{EOC}）小于投资者可承受的损失阈值（V_{low}），投资者将终止承诺升级，并将 PPP 项目提前移交给政府部门以获得资产余值或政府补偿。

由于投资者的承诺升级行为不仅不利于 PPP 模式的可持续发展，还极可能给投资者和政府部门造成更大的损失，因此，双方均应该采取适当的措施有效控制 PPP 项目中的承诺升级行为。在 PPP 项目再谈判阶段，政府部门和投资者应准确评估项目的总投资，并就投资者的投资回报率 $\tilde{R}$ 达成一致意见，保证其合理性的同时使其具备对投资者的吸引力。对投资者而言，预期投资回报率并非越高越好，过高的投资回报率会造成自身损失阈值范围的扩大，从而导致承诺升级延迟终止，最终导致损失增加。同时，政府部门和投资者应就 PPP 项目的预期收益和项目完成情况等达成一致意见，并在 PPP 合同中予以明确约定，避免投资者对项目产生过高的初始原生性认知（S_0）。此外，如通过缩短信息收集周期以提高项目信息反馈的准确性和透明度等，进而提高 PPP 项目负反馈信息的证据力 a_k，也是控制投资者承诺升级行为的有效手段。

综上所述，本章考虑 PPP 项目中投资者承诺升级这一主观的管理决策行为，突破了传统实物期权理论中临界条件为含有期权的项目总价值为 0 的限制，发现投资者承诺升级终止阈值小于 0，研究投资者可承受的损失阈值有助于控制投资者 PPP 项目中的承诺升级行为。

第 5 章　PPP 项目投资者承诺升级的退出定价机制

5.1　引　言

通常情况下，PPP 项目投资规模大，特许经营期长，利益相关方多，投资者面临诸多不确定性和风险（Ahmadabadi and Heravi, 2019），如政治风险（Xu et al., 2015）、市场风险（Liu et al., 2017a）和金融风险（Kumar et al., 2018）等。当投资者无法按照最初的 PPP 协议建设或运营项目时，则有必要提前终止项目并移交给相关政府部门（Chen and Doloi, 2008）。若投资者接收 PPP 项目负反馈信息后，一旦选择继续项目而表现为承诺升级行为，则意味着投资者所面临的风险加剧。尽管在项目特许期内可能存在不同形式的政府担保（Carbonara et al., 2014b；Liu et al., 2014b；Feng et al., 2015；Song et al., 2015；王秀芹等，2018），但 PPP 项目提前终止仍然不可避免（Irwin and Mokdad, 2010；Xiong et al., 2015；Zhang and Soomro, 2015；Liu et al., 2017a；Song et al., 2018a）；特别在投资者升级承诺情景下，接连不断的负反馈信息表明后续 PPP 项目的绩效持续较差，则可能导致 PPP 项目的提前终止而宣告项目彻底失败（Song et al., 2018a）。因此，设计 PPP 项目承诺升级情景下投资者退出的定价机制至关重要。

在实践中，PPP 项目提前终止越发频繁，这一现象通常发生在运营期，但也有少许发生在建设期甚至决策阶段（宋金波等，2014）。不论对于政府部门还是投资者而言，确定合理的提前终止补偿水平有助于 PPP 项目顺利移交和实现投资者顺利退出。从合同角度分析，未到 PPP 项目特许经营期结束而发生提前终止，是 PPP 项目中一种异常的移交模式，因此有关提前终止的补偿机制是政府部门和投资者之间事前谈判的重要内容。理想情况下，PPP 项目提前终止定价机制应纳入初始合同安排，特别是在采购阶段可通过政府部门和投资者的谈判实现（Irwin and Mokdad，2010）。

目前，诸多专家学者已从不同角度对提前终止补偿机制进行了大量研究。Zhang 和 Soomro（2015）基于 35 个案例分析后，识别出导致 PPP 项目提前终止的驱动因素，并评估了公共部门在 PPP 项目中的作用；同时，分别构建了发生在可行性研究阶段和采购阶段 PPP 项目的失败机制。类似地，Zhang 和 Soomro（2015）还提出了 PPP 项目中私人投资者的失败路径模型，并通过问卷调查评估了导致项目提前终止的各驱动因素的重要性。导致提前终止的原因有很多，包括项目公司管理不善（Martins et al.，2011）、合同双方任意一方的违约（Iossa et al.，2007；Habets，2010）、政府部门或项目公司的工作过失（Irwin and Mokdad，2010）、同类项目的竞争（亓霞等，2009）、市场变化导致需求降低（Song et al.，2018a）、资本成本上升导致投资规模过大且风险加剧（Schaufelberger and Wipadapisut，2003）和其他的不可抗力因素（Dahdal，2010）等，但不同 PPP 项目中的具体因素可能各不相同。

Song 等（2015）基于系统动力学和前景理论，提出了垃圾焚烧发电类 PPP 项目提前终止补偿机制。Xiong 等（2015）搭建了补偿评估框架，并基于现金流折现模型构建了相应的补偿机制模型，从而实现了多个投入产出变量和概率的集成。在某些国家的 PPP 实践过程中，PPP 项目的标准化协议明确规定，当 PPP 项目面临提前终止时，政府部门应根据不同情况行使对 PPP 项目的回购义务，并提供相应的补偿（Habets，2010）。目前，一些发达国家已从国家层面制定了相关政策，但各国对提前终止的定价机制各不相同，如表 5-1 所示。在英国首先要分析 PPP 项目提前终止的原因，原因不同则提前终止的补偿机制不同（Moles and Williams，1995；Li et al.，2005）。澳大利亚与英国颁布的政策相似，要确定提前终止对投资者的补偿，首先要分析 PPP 项目提前终止的原因，如果 PPP 项目提前终止是由于项目公司的过失造成的，则项目公司将支付这部分财政支出，无须政府部门支付（Irwin and Mokdad，2010）。韩国的相关政策规定，PPP 项目提前终止补偿机制需要考虑提前终止的时间节点（Kim et al.，2011）。在欧洲能源领域，PPP 项目提前终止补偿应包括不含折旧的固定资产、一年内未收回的运营成本和运营收入（Iossa et al.，2007）；但若根据本国法律判定提前终止是由项目公司或投资者造成的，则政府部门将不予赔偿（Iossa et al.，2007）。

表 5-1　部分国家 PPP 项目提前终止补偿机制汇总表

国家/领域	提前终止原因	提前终止补偿机制	文献来源
英国	项目公司过失	不论项目投入资金的多少，政府部门会补偿投资者未来净现金流量的净现值	Moles 和 Williams（1995）；Li 等（2005）
	政府部门过失	按照已投入资本约定的回报率对投资者进行补偿	

续表

国家/领域	提前终止原因	提前终止补偿机制		文献来源
英国	不可抗力等	政府部门和投资者都要承担一定程度的损失，此时投资者无法获得预期收益，但获得的补偿足以清偿优先债务		Moles 和 Williams（1995）；Li 等（2005）
澳大利亚	项目公司过失	提前终止补偿根据项目的市场价值（再次招标的标的价格或第三方评估机构的评估价值）确定，且评估项目剩余价值的费用将从赔偿金中扣除，即项目公司将支付因项目公司过失而产生的财政支出		Irwin 和 Mokdad（2010）
	政府部门过失	政府部门需要补偿债权人和股东的全部损失		Irwin 和 Mokdad（2010）
	不可抗力等	补偿包括项目公司的债务和其所持股份的账面价值		
韩国		建设期	运营期	Kim 等（2011）
	项目公司过失	补偿为投资者已投资总额	剩余资产的折旧价值	
	政府部门过失	补偿为投资者的全部投资与考虑内部收益率的全部投资的资金占用成本	剩余资产折旧价值和剩余经营期预期利润的加权平均值	
	不可抗力等	补偿额为投资者全部投资及相应的贷款利润部分		
欧洲能源领域	政府部门过失	提前终止补偿应为项目未进行摊销的固定资产投资、未收回的运营成本和一年的运营收入		Iossa 等（2007）
	项目公司或投资者单方面原因	根据本国法律判定，政府部门无须进行补偿		

综上文献所述可知，现有文献大多是对 PPP 项目提前终止的原因进行分析后，根据不同的原因制定相应的补偿机制。毫无疑问，提前终止的补偿机制应该由政府部门和投资者通过谈判后商定。然而，在缺乏科学合理定价机制的情况下，双方可能陷入无休止的纠纷之中。尽管现有文献强调了 PPP 项目提前终止定价机制的重要性，并明确提出定价机制应在谈判阶段就予以确定，但都忽略了 PPP 项目中投资者承诺升级这一行为对提前终止定价机制的影响，更忽略了 PPP 项目的灵活性。灵活性也称柔性，是处理 PPP 项目中不确定性的有效策略（Liu and Cheah，2009；Galera and Soliño，2010；Krüger，2012），且柔性管理有助于提高 PPP 项目在复杂环境中的成功率（Engwall，2003；Xiong and Zhang，2016）。柔性管理意味着首先要识别 PPP 项目投资者承诺升级情景中的实物期权（Martins et al.，2013），合理的期权设计可有效减少投资者的承诺升级（Kwong and Wong，2014）。因此，本章的主要目的是基于实物期权理论，构建 PPP 项目投资者承诺升级情景下的提前终止定价模型，助力投资者实现顺利退出，为政府部门和投资者的决策提供参考依据。

5.2   投资者承诺升级行为终止期权识别

通常情况下在投资 PPP 项目之前，为充分识别风险以保证未来自身利益最大化的实现，投资者会对 PPP 项目未来的现金流进行合理的分析和预测。然而，随着时间推移和项目不断开展，PPP 项目中各种问题层出不穷，投资者可能经常收到有关 PPP 项目进展过程中的各种负面反馈信息（如来自新建同类项目的竞争），导致 PPP 项目的实际现金流量远低于预期，导致投资者无法继续正常开展项目（Iossa et al.，2007；Song et al.，2018a）。此时，投资者有权要求政府部门按照最初约定提前回购 PPP 项目，而且无须履行相应的义务，即在实物期权理论下，当 PPP 项目满足一定条件（通常为考虑期权价值的项目总价值为 0）时，投资者享有提前终止并退出 PPP 项目的放弃期权。

当在 t_0' 时刻收到 PPP 项目负反馈信息时，投资者也可能表现为承诺升级。一旦投资者升级承诺后，若 PPP 项目实际绩效更差，则意味着投资者承担了更多的损失，即项目总价值小于 0。因此，在 PPP 项目承诺升级过程中，投资者始终享有提前终止承诺升级的放弃期权，可随时要求政府部门按约定提前回购项目。如图 5-1 所示，T 表示特许经营期，当 PPP 项目投资者进行一定程度的承诺升级后，实际现金流量持续下跌，导致累计项目损失到达一定临界点，投资者有权要求政府部门提前回购 PPP 项目。投资者终止承诺升级可能发生在 PPP 项目特许经营期内的任何一年，因此投资者享有终止承诺升级，即提前退出 PPP 项目的放弃期权。

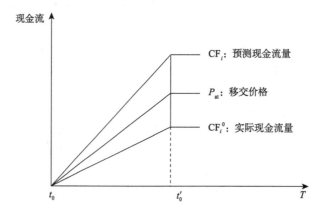

图 5-1   PPP 项目承诺升级情景下投资者可获得的现金流量图

在 PPP 项目投资者承诺升级情景下，提前终止通常由投资者发起（Iossa et al.，2007）。当投资者承诺升级后，若后续 PPP 项目绩效持续较差（如市场需求持续性表现过低），导致项目收入无法满足预期收益，甚至在投资者允许损失的情况下，一旦项目累计损失超过投资者的承受阈值，投资者可要求政府部门提前回购 PPP 项目以弥补一定程度的损失（Li et al.，2005；Ke et al.，2010）。本章制定投资者承诺升级情景下的退出定价，实际为投资者判断是否终止对 PPP 项目的承诺升级，即是否执行放弃期权的执行价格。

5.3　投资者承诺升级终止时的退出定价

5.3.1　模型假设

投资者承诺升级后，PPP 项目面临更大的不确定性和风险是导致项目提前终止的主要原因。实物期权理论是评估这些不确定性和风险的首选，相应地，PPP 项目实物期权价值应在政府部门和投资者之间的谈判过程中商定，并最终将相关条款纳入 PPP 特许协议（Liu and Cheah，2009）。如上所述，当 PPP 项目实际累计现金流量下跌到一定程度后，投资者即可终止承诺升级，要求政府部门履行提前回购 PPP 项目的义务以实现退出。为了构建 PPP 项目中投资者终止承诺升级的退出定价模型，提出如下假设。

假设 5-1：当政府部门决定是否进行提前终止 PPP 项目时，需要综合考虑经济和社会两方面的效益。从政府部门角度分析，采用 PPP 模式的初衷为缓解地方政府投资压力，在公共供给领域引入竞争机制，并实现政府职能的转变，其最终受益人为社会公众。但尽管如此，由于实践中很难准确量化社会效益，本章主要从经济角度分析承诺升级下，投资者提前终止 PPP 项目的退出定价机制。

假设 5-2：导致 PPP 项目提前终止的影响因素众多，且各因素之间可能存在千丝万缕的联系。本章只从结果角度进行分析，即只考虑投资者承诺升级发生后，PPP 项目实际现金流低于初始预期现金流，导致累计实际现金流小于预期累计现金流一定程度时，投资者不得已而终止项目并移交给政府部门的情形。

假设 5-3：PPP 项目中政府部门履行提前回购项目的行为，对投资者而言具有不可逆性，即一旦政府部门回购 PPP 项目后，投资者将彻底失去对 PPP 项目的经营权和收益权。因此，投资者承诺升级情景下的退出定价，应经过双方谈判、商定达成一致意见后，在 PPP 合同中明确规定（Irwin and Mokdad，2010；Song et al.，2015；Xiong et al.，2015）。

假设 5-4：当 PPP 项目不发生提前终止时，特许期结束后，投资者必须将 PPP 项目无偿移交给政府部门（Xiong et al.，2015；Liu et al.，2017b）。

假设 5-5： 在 PPP 项目运营期内，项目运营和维护成本保持不变。

假设 5-6： 假定在 PPP 项目中从出现负反馈信息开始，即从 t_0 时刻开始，PPP 项目实际的现金流开始下降（如竞争性设施的正式开放）。同时，随着负反馈信息的增多，PPP 项目的现金流量一直处于过低水平，但在项目出现负反馈信息之前，PPP 项目现金流量正常。

假设 5-7： 在 PPP 项目中，投资者预测自身可获得的净现金流量为 CF_i。以承诺升级为划分节点，投资者预测自身可获得的现金流量 CF_i 可划分为两个阶段，在承诺升级之前的净现金流量假定为 $CF_i^1\left(0 \leqslant i \leqslant t_0\right)$，承诺升级后的净现金流量由投资者正常性生产产出和承诺升级行为共同决定（同假设 3-1）。投资者选择对 PPP 项目承诺升级后，在时刻 i 项目正常的生产性产出的净现金流量为 $CF_i^h\left(t_0+1 \leqslant i \leqslant T\right)$。根据第 3 章所述，承诺升级后获得收益的概率为 f，假定其净现金流量为 $CF_i^{e1}\left(t_0+1 \leqslant i \leqslant T\right)$；承诺升级后产生损失的概率为 $1-f$，同理，假定其净现金流量为 $CF_i^{e2}\left(t_0+1 \leqslant i \leqslant T\right)$，$CF_i^{e2}>0$，仅表示损失的大小。在投资者承诺升级后，预测 PPP 项目的期望净现金流量为 $CF_i^0=CF_i^h+fCF_i^{e1}-\left(1-f\right)CF_i^{e2}$。政府部门在 PPP 项目承诺升级情景中的角色不同，则投资者在 PPP 项目中的预期净现金流量 $CF_i^2\left(t_0+1 \leqslant i \leqslant T\right)$ 不同。

（1）当投资者承担 PPP 项目承诺升级的全部风险时，表示承诺升级的期望产出 $fCF_i^{e1}-\left(1-f\right)CF_i^{e2}$ 全部归投资者享有；对于 PPP 项目正常的生产性产出 CF_i^h，投资者享有的分配比例为 β_1，则投资者承诺升级后（即 $t_0+1 \leqslant i \leqslant T$），其期望净现金流量为

$$CF_i^2=\beta_1 CF_i^h+fCF_i^{e1}-\left(1-f\right)CF_i^{e2} \tag{5-1}$$

（2）当 PPP 项目中承诺升级风险由投资者和政府部门共担时，投资者享有项目产出总体的分配比例为 β_2。当 $t_0+1 \leqslant i \leqslant T$ 时，投资者升级承诺后的预测期望现金流量为

$$CF_i^2=\beta_2\left[CF_i^h+fCF_i^{e1}-\left(1-f\right)CF_i^{e2}\right] \tag{5-2}$$

（3）当政府部门对投资者 PPP 项目中的承诺升级行为提供担保时，假定担保水平为 CF_i^R（CF_i^R 仅表示担保的损失大小），投资者享有生产性产出和期权价值的分配比例为 β_3。若升级承诺后产生收益 CF_i^{e1}，则投资者收益为 $\beta_3 CF_i^h+CF_i^{e1}$；相反，若投资者承诺升级后导致 PPP 项目进一步的损失 CF_i^{e2} 且触发担保机制，投资者的收益为 $\beta_3 CF_i^h-CF_i^{e2}+\left(CF_i^{e2}-CF_i^R\right)\beta_3$。因此，在时间 $t_0+1 \leqslant i \leqslant T$ 内投资者的期望现金流量为

$$CF_i^2=\beta_3 CF_i^h+fCF_i^{e1}-\left(1-f\right)\left[\left(1-\beta_3\right)CF_i^{e2}+\beta_3 CF_i^R\right] \tag{5-3}$$

假设 5-8：当 PPP 项目中投资者获得的实际现金流量满足式（5-4）时，投资者即可执行放弃期权，即有权要求政府部门提前回购 PPP 项目：

$$\sum_{i=0}^{t_0'} \frac{CF_i^0}{(1+r_i)^i} \leqslant (1-\chi) \times \sum_{i=0}^{t_0'} \frac{CF_i}{(1+r_i)^i} = (1-\chi)\left[\sum_{i=0}^{t_0} \frac{CF_i^1}{(1+r_i)^i} + \sum_{i=t_0+1}^{t_0'} \frac{CF_i^2}{(1+r_i)^i}\right] \quad （5-4）$$

其中，$\sum_{i=0}^{t_0'} CF_i^0$ 表示当投资者持续收到负反馈信息，在时刻 t_0' 需要再次决策继续承诺升级还是终止项目时，投资者已获得的累计实际现金流量；χ 是投资者获得的累计实际现金流量与累计预测净现金流量的净现值差异，表示当 PPP 项目到时刻 t_0'，投资者累计预测净现金流量的净现值 $\sum_{i=0}^{t_0'} \frac{CF_i}{(1+r_i)^i}$ 下跌比例达到 χ，即投资者实际获得的累计净现金流量净现值 $\sum_{i=0}^{t_0'} \frac{CF_i^0}{(1+r_i)^i}$ 仅为预测累计现金流量净现值 $\sum_{i=0}^{t_0'} \frac{CF_i}{(1+r_i)^i}$ 的比例为 $(1-\chi)$ 时，投资者可执行 PPP 项目终止承诺升级的放弃期权。

PPP 项目中，投资者已获得的实际累计净现金流量 $\sum_{i=0}^{t_0'} CF_i^0$ 包括两部分，即承诺升级前后的项目净现金流量。投资者承诺升级前，在时间 $0 \leqslant i \leqslant t_0$ 内，实际获得的净现金流量与最初预测的净现金流量一致为 $\sum_{i=0}^{t_0'} CF_i^1$。假定投资者承诺升级后，在时间 $t_0 + 1 \leqslant i \leqslant t_0'$ 内，可获得的实际净现金流量为 CF_i^e，则承诺升级前后投资者获得的实际累计净现金流量之和 $\sum_{i=0}^{t_0'} CF_i^0 = \sum_{i=0}^{t_0} CF_i^1 + \sum_{i=t+1}^{t_0'} CF_i^e$。

当 PPP 项目实际现金流量与预期现金流量净现值的差异不够显著，即实际现金流量可满足项目回报率时，投资者会选择继续承诺升级。相反，若投资者实际的净现金流量的净现值满足式（5-4），而执行 PPP 项目中终止承诺升级的放弃期权时，投资者可享有提前终止的期权价值 V_{opt}。因此，PPP 项目中投资者承诺终止的放弃期权模型如下：

$$VRO = \begin{cases} V_{opt}, & \sum_{i=0}^{t_0} \frac{CF_i^1}{(1+r_i)^i} + \sum_{t_0+1}^{t_0'} \frac{CF_i^e}{(1+r_i)^i} \leqslant (1-\chi) \times \left[\sum_{i=0}^{t_0} \frac{CF_i^1}{(1+r_i)^i} + \sum_{i=t_0+1}^{t_0'} \frac{CF_i^2}{(1+r_i)^i}\right] \\ 0, & \sum_{i=0}^{t_0} \frac{CF_i^1}{(1+r_i)^i} + \sum_{t_0+1}^{t_0'} \frac{CF_i^e}{(1+r_i)^i} > (1-\chi) \times \left[\sum_{i=0}^{t_0} \frac{CF_i^1}{(1+r_i)^i} + \sum_{i=t_0+1}^{t_0'} \frac{CF_i^2}{(1+r_i)^i}\right] \end{cases}$$

$$（5-5）$$

其中，VRO 表示 PPP 项目中投资者享有终止承诺升级的放弃期权价值的模型。

5.3.2　模型构建与求解

面对有关 PPP 项目负反馈信息表明项目可能失败时，若投资者选择继续项目而表现为承诺升级，则投资者已获得的项目净现值 $\mathrm{NPV}_1 = \sum_{i=0}^{t_0} \dfrac{\mathrm{CF}_i^1}{(1+r_i)^i}$。承诺升级后，随着 PPP 项目负反馈信息的不断增加，投资者需要再次决策是否继续承诺升级时，可获得的项目净现值 $\mathrm{NPV}_2 = \sum_{i=t_0+1}^{t_0'} \dfrac{\mathrm{CF}_i^e}{(1+r_i)^i}$。截至时刻 i，投资者判断是否继续承诺升级时，已获得 PPP 项目的净现值之和 $\mathrm{NPV}_0 = \sum_{i=0}^{t_0} \dfrac{\mathrm{CF}_i^1}{(1+r_i)^i} + \sum_{i=t_0+1}^{t_0'} \dfrac{\mathrm{CF}_i^e}{(1+r_i)^i}$，如图 5-2 所示。

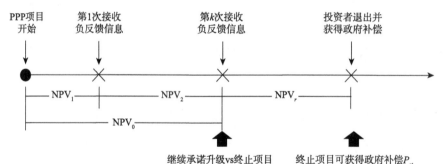

图 5-2　PPP 项目投资者承诺升级时间路径图

在 PPP 项目中，若投资者的管理决策不具备灵活性，且政府部门没有提前回购 PPP 项目的义务，则投资者将不拥有放弃期权。因此在 PPP 项目承诺升级情景下，当实际现金流量较低时，投资者也只能亏损经营，如式（5-6）所示：

$$\mathrm{NPV} = \sum_{i=0}^{t_0} \frac{\mathrm{CF}_i^1}{(1+r_i)^i} + \sum_{i=t_0+1}^{t_0'} \frac{\mathrm{CF}_i^e}{(1+r_i)^i} + \sum_{i=t_0'+1}^{T} \frac{\mathrm{CF}_i^{e_0}}{(1+r_i)^i} \leqslant I\tilde{R} \qquad （5\text{-}6）$$

其中，I 表示 PPP 项目总投资；$\tilde{R}$ 表示投资者预期的投资回报率；T 表示特许经营期；$\mathrm{CF}_i^{e_0}\left(t_0'+1 \leqslant i \leqslant T\right)$ 表示按照目前情况预测承诺升级后的净现金流量。

但事实是，投资者在 PPP 项目中面临诸多风险，特别是承诺升级后风险也随之不断升级，保证项目的合理回报是吸引投资者参与 PPP 项目的动力，也是保证 PPP 项目顺利推进的重要基础。因此，在 PPP 项目中，政府部门通常会为投资者提供担保（Wang et al.，2018），承诺当投资者无法继续 PPP 项目时，政府部门

将以 P_{at} 的价格进行提前回购，保证投资者可在满足一定条件时终止承诺升级并实现顺利退出。此时，投资者在 PPP 项目中可获得的净现值为

$$\text{NPV}_{\text{opt}} = \text{NPV}_0 + K = \sum_{i=0}^{t_0} \frac{\text{CF}_i^1}{\left(1+r_i\right)^i} + \sum_{i=t_0+1}^{t_0'} \frac{\text{CF}_i^e}{\left(1+r_i\right)^i} + \frac{P_{at}}{\left(1+r_f\right)^{t_0'}} \tag{5-7}$$

其中，NPV_{opt} 表示投资者在 PPP 项目中拥有放弃期权时可获得的项目价值；r_f 表示无风险利率。

由式（5-6）和式（5-7）推导可知，投资者拥有 PPP 项目提前终止的放弃期权价值为

$$V_{\text{opt}} = \text{NPV}_{\text{opt}} - \text{NPV} = \frac{P_{at}}{\left(1+r_f\right)^{t_0'}} - \sum_{i=t_0'+1}^{T} \frac{\text{CF}_i^{e_0}}{\left(1+r_i\right)^i} \tag{5-8}$$

从投资者角度分析，放弃期权价值不小于 0，即承诺升级提前终止补偿价格 P_{at} 足以补偿特许期内从时间 $t_0'+1$ 到 T 时刻的现金流量，如式（5-9）所示：

$$V_{\text{opt}} = \frac{P_{at}}{\left(1+r_f\right)^{t_0'}} - \sum_{i=t_0'+1}^{T} \frac{\text{CF}_i^{e_0}}{\left(1+r_i\right)^i} \geqslant 0 \tag{5-9}$$

因此，提前终止定价 P_{at} 要满足条件如式（5-10）所示：

$$P_{at} \geqslant \left(1+r_f\right)^{t_0'} \times \sum_{i=t_0'+1}^{T} \frac{\text{CF}_i^e}{\left(1+r_i\right)^i} \tag{5-10}$$

为吸引投资者积极参与 PPP 项目，政府部门会提供一定程度的担保（Liu et al.，2014a），以保证投资者提前退出 PPP 项目时也可获得一定的投资回报，则提前终止补偿下应满足下述条件：

$$\text{NPV}_{\text{opt}} = \sum_{i=0}^{t_0} \frac{\text{CF}_i^1}{\left(1+r_i\right)^i} + \sum_{i=t_0+1}^{t_0'} \frac{\text{CF}_i^e}{\left(1+r_i\right)^i} + \frac{P_{at}}{\left(1+r_f\right)^{t_0'}} \geqslant I\tilde{R} \tag{5-11}$$

其中，$\tilde{R} = Z(t)$ 表示投资者在 PPP 项目中的期望投资回报率 $\tilde{R}$ 是时间 t 的函数，即 $\tilde{R}$ 随着时间 t 的变化而变化，时间越长，t 越大，则期望投资回报率 $\tilde{R}$ 越大；相反，时间越短，t 越小，则期望回报率 $\tilde{R}$ 越小。式（5-11）表明，投资者在 PPP 项目中期望的投资回报率 $\tilde{R}$ 并非一成不变的，如收费高速公路的交通流量通常是逐渐增加的，尽管在运营期前几年内交通流量可能会低于设计通行能力限制的最大值。因此，投资者运营时间越长，实际现金流量越高，期望的投资回报率 $\tilde{R}$ 越大。在 PPP 项目实施过程中，投资者可能会获得更多的优惠条款或政府担保等，导致现金流量不断增加；在成本不变的情况下，PPP 项目净现金流量的增加必然会导致投资者投资回报率的增加（Liu et al.，2017a）。此时，PPP 项目提前终止的定价要满足条件如式（5-12）所示：

$$P_{\mathrm{at}} \geqslant \left(1+r_f\right)^{t'_0} \times \left[I\widetilde{R} - \sum_{i=0}^{t_0} \frac{\mathrm{CF}_i^1}{\left(1+r_i\right)^i} - \sum_{i=t+1}^{t'_0} \frac{\mathrm{CF}_i^e}{\left(1+r_i\right)^i}\right] \qquad (5\text{-}12)$$

对于政府部门来说，其行为表现在一定程度上决定了 PPP 项目的成功与否。政府部门不仅在 PPP 项目中肩负社会责任，且同时要保证项目的经济性，即要求政府部门提前回购 PPP 项目后，政府部门可获得的项目净现值不小于 0：

$$\mathrm{NPV}_G = \sum_{i=t'_0+1}^{T_C} \frac{\mathrm{CF}_i^g}{\left(1+r_i\right)^i} - \frac{P_{\mathrm{at}}}{\left(1+r_f\right)^{t'_0}} \geqslant 0 \qquad (5\text{-}13)$$

其中，NPV_G 表示政府部门可获得 PPP 项目的价值；T_C 表示 PPP 项目的全寿命周期；政府部门回购 PPP 项目后预测未来时刻 i 的净现金流量为 CF_i^g（$i = t'_0+1, t'_0+2, \cdots, T_C$）。PPP 项目完成回购后，项目中不存在承诺升级，项目现金流量全部归政府部门所有，因此，从政府角度来说，PPP 项目提前终止移交价格 P_{at} 应满足条件：

$$P_{\mathrm{at}} \leqslant \left(1+r_f\right)^{t'_0} \times \sum_{i=t'_0+1}^{T_C} \frac{\mathrm{CF}_i^g}{\left(1+r_i\right)^i} \qquad (5\text{-}14)$$

综上所述，PPP 项目承诺升级情景下，考虑投资者和政府部门对 PPP 项目提前终止定价的相关要求，由式（5-10）、式（5-12）和式（5-14）可得，投资者终止承诺升级时的退出定价临界条件为

$$\left(1+r_f\right)^{t'_0} \times \max\left\{\sum_{i=t'_0+1}^{T} \frac{\mathrm{CF}_i^{e_0}}{\left(1+r_i\right)^i}, I\widetilde{R} - \sum_{i=0}^{t_0} \frac{\mathrm{CF}_i^1}{\left(1+r_i\right)^i} - \sum_{i=t_0+1}^{t'_0} \frac{\mathrm{CF}_i^e}{\left(1+r_i\right)^i}\right\} \leqslant P_{\mathrm{at}}$$
$$\leqslant \left(1+r_f\right)^{t'_0} \times \sum_{i=t'_0+1}^{T_C} \frac{\mathrm{CF}_i^g}{\left(1+r_i\right)^i} \qquad (5\text{-}15)$$

通常投资者在 PPP 项目承诺升级的情况下，为避免进一步的损失，一旦实际的净现金流量满足条件 $\sum\limits_{i=0}^{t_0} \frac{\mathrm{CF}_i^1}{\left(1+r_i\right)^i} + \sum\limits_{i=t_0+1}^{t'_0} \frac{\mathrm{CF}_i^e}{\left(1+r_i\right)^i} = (1-\chi) \times \left[\sum\limits_{i=0}^{t_0} \frac{\mathrm{CF}_i^1}{\left(1+r_i\right)^i} + \right.$

$\left. \sum\limits_{i=t'_0+1}^{t'_0} \frac{\mathrm{CF}_i^2}{\left(1+r_i\right)^i}\right]$ 时，投资者将启动提前退出程序并终止承诺升级，将 PPP 项目移交给政府相关部门以获得一定的政府补偿或资产余值。因此，当投资者终止承诺升级时，PPP 项目实际现金流量的净现值 $\sum\limits_{i=t'_0}^{t'_0} \frac{\mathrm{CF}_i^e}{\left(1+r_i\right)^i} = (1-\chi) \times \left[\sum\limits_{i=0}^{t_0} \frac{\mathrm{CF}_i^1}{\left(1+r_i\right)^i} + \right.$

$\left. \sum\limits_{i=t_0+1}^{t'_0} \frac{\mathrm{CF}_i^2}{\left(1+r_i\right)^i}\right] - \sum\limits_{i=0}^{t_0} \frac{\mathrm{CF}_i^1}{\left(1+r_i\right)^i}$，代入式（5-15）后可得投资者承诺升级行为终止时的

政府赔偿 P_{at} 范围为

$$\left(1+r_f\right)^{t_0'} \times \max\left\{\sum_{i=t_0'+1}^{T}\frac{\text{CF}_i^{e_0}}{\left(1+r_i\right)^i}, I\widetilde{R}-\sum_{i=0}^{t_0}\frac{\text{CF}_i^1}{\left(1+r_i\right)^i}-\Theta\right\} \leqslant P_{\text{at}} \leqslant \left(1+r_f\right)^{t_0'} \times \sum_{i=t_0'+1}^{T_C}\frac{\text{CF}_i^g}{\left(1+r_i\right)^i}$$

（5-16）

其中，$\Theta=\left(1-\chi\right)\sum_{i=t_0+1}^{t_0'}\frac{\text{CF}_i^2}{\left(1+r_i\right)^i}-\chi\sum_{i=0}^{t_0}\frac{\text{CF}_i^1}{\left(1+r_i\right)^i}$。

5.3.3　投资者不同承诺升级情景下的退出定价

1. 投资者承担承诺升级全部风险时的退出定价

PPP 项目中投资者承诺升级后，若承诺升级的行为后果全部由投资者自己承担，表示承诺升级行为的产出 CF_i^e 全部归投资者享有。对于 PPP 项目中正常的生产性产出 CF_i^h，投资者享有的分配比例为 β_1，根据 3.4 节的研究结果可知，若投资者进行被动式承诺升级时，$\beta_1=\dfrac{\alpha^2 I^2}{\alpha^2 I^2+\rho b\sigma^2}$；相反，当投资者进行主动式承诺升级时，$\beta_1=1$。根据式（5-1）可知，投资者承诺升级后的预测现金流量 CF_i^2 为

$$\text{CF}_i^2=\begin{cases}\dfrac{\alpha^2 I^2}{\alpha^2 I^2+\rho b\sigma^2}\text{CF}_i^h+f\text{CF}_i^{e1}-(1-f)\text{CF}_i^{e2}, & \text{被动式承诺升级}\\[3mm] \text{CF}_i^h+f\text{CF}_i^{e1}-(1-f)\text{CF}_i^{e2}, & \text{主动式承诺升级}\end{cases}$$

（5-17）

因此，当投资者在 PPP 项目中不得已表现为被动选择承诺升级时，投资者终止承诺升级时的政府赔偿 P_{at} 为

$$\left(1+r_f\right)^{t_0'} \times \max\left\{\sum_{i=t_0'+1}^{T}\frac{\text{CF}_i^{e_0}}{\left(1+r_i\right)^i}, I\widetilde{R}-\sum_{i=0}^{t_0}\frac{\text{CF}_i^1}{\left(1+r_i\right)^i}-\Theta_{11}\right\} \leqslant P_{\text{at}} \leqslant \left(1+r_f\right)^{t_0'} \times \sum_{i=t_0'+1}^{T_C}\frac{\text{CF}_i^g}{\left(1+r_i\right)^i}$$

（5-18）

其　　中，　　$\Theta_{11}=\left(1-\chi\right)\sum_{i=t_0+1}^{t_0'}\dfrac{\alpha^2 I^2\text{CF}_i^h+\left[f\text{CF}_i^{e1}-(1-f)\text{CF}_i^{e2}\right]\left(\alpha^2 I^2+\rho b\sigma^2\right)}{\left(1+r_i\right)^i\left(\alpha^2 I^2+\rho b\sigma^2\right)}-$

$\chi\sum_{i=0}^{t_0}\dfrac{\text{CF}_i^1}{\left(1+r_i\right)^i}$。

若投资者主动选择对 PPP 项目升级承诺，此时投资者提前终止项目时政府赔偿 P_{at} 的取值范围为

$$\left(1+r_f\right)^{t_0'} \times \max\left\{\sum_{i=t_0'+1}^{T}\frac{\mathrm{CF}_i^{e_0}}{\left(1+r_i\right)^i}, I\widetilde{R}-\sum_{i=0}^{t_0}\frac{\mathrm{CF}_i^1}{\left(1+r_i\right)^i}-\Theta_{12}\right\} \leqslant P_{\mathrm{at}} \leqslant \left(1+r_f\right)^{t_0'} \times \sum_{i=t_0'+1}^{T_C}\frac{\mathrm{CF}_i^g}{\left(1+r_i\right)^i}$$

（5-19）

其中，$\Theta_{12}=\left(1-\chi\right)\sum_{i=t_0+1}^{t_0'}\frac{\mathrm{CF}_i^h+f\mathrm{CF}_i^{e1}-\left(1-f\right)\mathrm{CF}_i^{e2}}{\left(1+r_i\right)^i}-\chi\sum_{i=0}^{t_0}\frac{\mathrm{CF}_i^1}{\left(1+r_i\right)^i}$。

2. 共担承诺升级风险时的退出定价

当政府部门与投资者共同承担 PPP 项目中的承诺升级这一主观风险时，若投资者为风险规避型而表现为被动的承诺升级时，投资者享有项目产出的最优效益分配比例 $\beta_2=\dfrac{\alpha^2 I^2 d+\varepsilon^2 I^2 b\left[f\alpha_1-\left(1-f\right)\alpha_2\right]^2}{\alpha^2 I^2 d+\varepsilon^2 I^2 b\left[f\alpha_1-\left(1-f\right)\alpha_2\right]^2+\rho bd\left[\sigma^2+f^2\varepsilon^2\sigma_1^2+\left(1-f\right)^2\varepsilon^2\sigma_2^2\right]}$。此时，PPP 项目承诺升级后的预测净现金流量 CF_i^2 为

$$\mathrm{CF}_i^2=\frac{\left\{\alpha^2 I^2 d+\varepsilon^2 I^2 b\left[f\alpha_1-\left(1-f\right)\alpha_2\right]^2\right\}\left[\mathrm{CF}_i^h+f\mathrm{CF}_i^{e1}-\left(1-f\right)\mathrm{CF}_i^{e2}\right]}{\alpha^2 I^2 d+\varepsilon^2 I^2 b\left[f\alpha_1-\left(1-f\right)\alpha_2\right]^2+\rho bd\left[\sigma^2+f^2\varepsilon^2\sigma_1^2+\left(1-f\right)^2\varepsilon^2\sigma_2^2\right]}$$

（5-20）

当 PPP 项目投资者承诺升级终止时，政府部门给予投资者的补偿如式（5-21）所示：

$$\left(1+r_f\right)^{t_0'} \times \max\left\{\sum_{i=t_0'+1}^{T}\frac{\mathrm{CF}_i^{e_0}}{\left(1+r_i\right)^i}, I\widetilde{R}-\sum_{i=0}^{t_0}\frac{\mathrm{CF}_i^1}{\left(1+r_i\right)^i}-\Theta_{21}\right\} \leqslant P_{\mathrm{at}} \leqslant \left(1+r_f\right)^{t_0'} \times \sum_{i=t_0'+1}^{T_C}\frac{\mathrm{CF}_i^g}{\left(1+r_i\right)^i}$$

（5-21）

其中

$$\Theta_{21}=\left(1-\chi\right)\sum_{i=t_0+1}^{t_0'}\frac{\left\{\alpha^2 I^2 d+\varepsilon^2 I^2 b\left[f\alpha_1-\left(1-f\right)\alpha_2\right]^2\right\}\left[\mathrm{CF}_i^h+f\mathrm{CF}_i^{e1}-\left(1-f\right)\mathrm{CF}_i^{e2}\right]}{\left\{\alpha^2 I^2 d+\varepsilon^2 I^2 b\left[f\alpha_1-\left(1-f\right)\alpha_2\right]^2+\rho bd\left[\sigma^2+f^2\varepsilon^2\sigma_1^2+\left(1-f\right)^2\varepsilon^2\sigma_2^2\right]\right\}\left(1+r_i\right)^i}$$
$$-\chi\sum_{i=0}^{t_0}\frac{\mathrm{CF}_i^1}{\left(1+r_i\right)^i}$$

相反，若风险中性型或风险喜好型投资者对 PPP 项目主动选择承诺升级时，项目产出的最优效益分配比例 $\beta_2=1$。此时，$\mathrm{CF}_i^2=\mathrm{CF}_i^h+f\mathrm{CF}_i^{e1}-\left(1-f\right)\mathrm{CF}_i^{e2}$，则投资者终止承诺升级时可获得的政府补偿 P_{at} 的取值范围为

$$\left(1+r_f\right)^{t_0'} \times \max\left\{\sum_{i=t_0'+1}^{T}\frac{\mathrm{CF}_i^{e_0}}{\left(1+r_i\right)^i}, I\tilde{R}-\sum_{i=0}^{t_0}\frac{\mathrm{CF}_i^1}{\left(1+r_i\right)^i}-\Theta_{22}\right\} \leqslant P_{\mathrm{at}} \leqslant \left(1+r_f\right)^{j} \times \sum_{i=t_0'+1}^{T_C}\frac{\mathrm{CF}_i^{g}}{\left(1+r_i\right)^i}$$

（5-22）

其中，$\Theta_{22}=\left(1-\chi\right)\sum_{i=t_0+1}^{t_0''}\dfrac{\mathrm{CF}_i^{h}+f\mathrm{CF}_i^{e1}-\left(1-f\right)\mathrm{CF}_i^{e2}}{\left(1+r_i\right)^i}-\chi\sum_{i=0}^{t_0}\dfrac{\mathrm{CF}_i^1}{\left(1+r_i\right)^i}$。

3. 政府部门对承诺升级提供担保时的退出定价

当政府部门对 PPP 项目中投资者的承诺升级行为提供担保时，投资者的承诺升级仍然表现为被动式和主动式两种模式。当投资者不得已被动承诺升级时，PPP 项目产出的最优效益分配比例 $\beta_3=\dfrac{\alpha^2 I^2 d+\rho bd\varepsilon^2\sigma_2^2\left(1-f\right)^2}{\alpha^2 I^2 d+\rho bd\varepsilon^2\sigma_2^2\left(1-f\right)^2+\rho bd\sigma^2+\varepsilon^2\alpha_2^2 I^2 b\left(1-f\right)^2}$，此时投资者预期承诺升级后的期望现金流量 CF_i^2 为

$$\mathrm{CF}_i^2=\frac{\left[\alpha^2 I^2 d+\rho bd\varepsilon^2\sigma_2^2\left(1-f\right)^2\right]\left[\mathrm{CF}_i^{h}+\left(1-f\right)\left(\mathrm{CF}_i^{e2}-\mathrm{CF}_i^{R}\right)\right]}{\alpha^2 I^2 d+\rho bd\varepsilon^2\sigma_2^2\left(1-f\right)^2+\rho bd\sigma^2+\varepsilon^2\alpha_2^2 I^2 b\left(1-f\right)^2}+f\mathrm{CF}_i^{e1}-\left(1-f\right)\mathrm{CF}_i^{e2}$$

（5-23）

投资者终止承诺升级时可获得的政府补偿 P_{at} 为

$$\left(1+r_f\right)^{t_0'} \times \max\left\{\sum_{i=t_0'+1}^{T}\frac{\mathrm{CF}_i^{e_0}}{\left(1+r_i\right)^i}, I\tilde{R}-\sum_{i=0}^{t_0}\frac{\mathrm{CF}_i^1}{\left(1+r_i\right)^i}-\Theta_{31}\right\} \leqslant P_{\mathrm{at}} \leqslant \left(1+r_f\right)^{t_0'} \times \sum_{i=t_0'+1}^{T_C}\frac{\mathrm{CF}_i^{g}}{\left(1+r_i\right)^i}$$

（5-24）

其中，$\Theta_{31}=\left(1-\chi\right)\sum_{i=t_0+1}^{t_0''}\dfrac{\mathrm{CF}_i^2}{\left(1+r_i\right)^i}-\chi\sum_{i=0}^{t_0}\dfrac{\mathrm{CF}_i^1}{\left(1+r_i\right)^i}$；$\mathrm{CF}_i^2$ 同式（5-23）。

对于 PPP 项目中投资者主动承诺升级的情景，当各参数满足条件 $\varepsilon^2\alpha_2^2 I^2\left(1-f\right)^2 b-\varpi bd\varepsilon\sigma_2\left(1-f\right)-\varpi bd\sigma \geqslant 0$ 时，投资者获得的项目产出最优效益分配比例 $\beta_3=\dfrac{\alpha^2 I^2 d+\varpi bd\sigma+\varpi bd\varepsilon\sigma_2\left(1-f\right)}{\alpha^2 I^2 d+\varepsilon^2\alpha_2^2 I^2 b\left(1-f\right)^2}\in\left[0,1\right]$，此时投资者承诺升级后预期的现金流量为

$$\mathrm{CF}_i^2=\frac{\left[\alpha^2 I^2 d+\varpi bd\sigma+\varpi bd\varepsilon\sigma_2\left(1-f\right)\right]\left[\mathrm{CF}_i^{h}+\left(1-f\right)\left(\mathrm{CF}_i^{e2}-\mathrm{CF}_i^{R}\right)\right]}{\alpha^2 I^2 d+\varepsilon^2\alpha_2^2 I^2 b\left(1-f\right)^2}+f\mathrm{CF}_i^{e1}-\left(1-f\right)\mathrm{CF}_i^{e2}$$

（5-25）

若投资者终止对 PPP 项目的承诺，可从政府部门获得的补偿 P_{at} 如式（5-26）

所示：

$$\left(1+r_f\right)^{t_0'} \times \max\left\{\sum_{i=t_0'+1}^{T}\frac{CF_i^{e_0}}{\left(1+r_i\right)^i}, I\widetilde{R}-\sum_{i=0}^{t_0}\frac{CF_i^1}{\left(1+r_i\right)^i}-\Theta_{32}\right\}\leqslant P_{at}\leqslant\left(1+r_f\right)^{t_0'}\times\sum_{i=t_0'+1}^{T_C}\frac{CF_i^g}{\left(1+r_i\right)^i}$$

（5-26）

其中，$\Theta_{32}=\left(1-\chi\right)\sum_{i=t_0'+1}^{t_0'}\frac{CF_i^2}{\left(1+r_i\right)^i}-\chi\sum_{i=0}^{t_0}\frac{CF_i^1}{\left(1+r_i\right)^i}$；$CF_i^2$ 同式（5-25）。

相反，若 PPP 项目中各参数满足条件 $\varepsilon^2\alpha_2^2 I^2\left(1-f\right)^2 b-\varpi bd\varepsilon\sigma_2\left(1-f\right)-\varpi bd\sigma<0$ 时，$\beta_{32}'=1$，则有 $CF_i^2=CF_i^h+fCF_i^{e1}-\left(1-f\right)CF_i^R$。此时当投资者终止承诺升级退出 PPP 项目时，政府部门赔偿 P_{at} 的定价范围为

$$\left(1+r_f\right)^{t_0'} \times \max\left\{\sum_{i=t_0'+1}^{T}\frac{CF_i^{e_0}}{\left(1+r_i\right)^i}, I\widetilde{R}-\sum_{i=0}^{t_0}\frac{CF_i^1}{\left(1+r_i\right)^i}-\Theta_{32}'\right\}\leqslant P_{at}\leqslant\left(1+r_f\right)^{t_0'}\times\sum_{i=t_0'+1}^{T_C}\frac{CF_i^g}{\left(1+r_i\right)^i}$$

（5-27）

其中，$\Theta_{32}'=\left(1-\chi\right)\sum_{i=t_0+1}^{t_0'}\frac{CF_i^h+fCF_i^{e1}-\left(1-f\right)CF_i^R}{\left(1+r_i\right)^i}-\chi\sum_{i=0}^{t_0}\frac{CF_i^1}{\left(1+r_i\right)^i}$。

由上述分析汇总得到，PPP 项目中投资者不同模式承诺升级终止时的退出定价补偿机制如表 5-2 所示。

表 5-2   PPP 项目中投资者不同模式承诺升级终止时的退出定价补偿机制

情景	承诺升级模式	承诺升级后预测现金流量 CF_i^2	退出定价的净现值 $P_{at}/\left(1+r_f\right)^i$ 最小值	最大值
情景一	被动式	$\beta_1 CF_i^h+fCF_i^{e1}-\left(1-f\right)CF_i^{e2}$	$\max\left\{\sum_{i=t_0'+1}^{T}\frac{CF_i^{e_0}}{\left(1+r_i\right)^i}, I\widetilde{R}-\sum_{i=0}^{t_0}\frac{CF_i^1}{\left(1+r_i\right)^i}-\Theta_{11}\right\}$	$\sum_{i=t_0'+1}^{T_C}\frac{CF_i^g}{\left(1+r_i\right)^i}$
情景一	主动式	$CF_i^h+fCF_i^{e1}-\left(1-f\right)CF_i^{e2}$	$\max\left\{\sum_{i=t_0'+1}^{T}\frac{CF_i^{e_0}}{\left(1+r_i\right)^i}, I\widetilde{R}-\sum_{i=0}^{t_0}\frac{CF_i^1}{\left(1+r_i\right)^i}-\Theta_{12}\right\}$	
情景二	被动式	$\beta_2\left[CF_i^h+fCF_i^{e1}-\left(1-f\right)CF_i^{e2}\right]$	$\max\left\{\sum_{i=t_0'+1}^{T}\frac{CF_i^{e_0}}{\left(1+r_i\right)^i}, I\widetilde{R}-\sum_{i=0}^{t_0}\frac{CF_i^1}{\left(1+r_i\right)^i}-\Theta_{21}\right\}$	
情景二	主动式	$CF_i^h+fCF_i^{e1}-\left(1-f\right)CF_i^{e2}$	$\max\left\{\sum_{i=t_0'+1}^{T}\frac{CF_i^{e_0}}{\left(1+r_i\right)^i}, I\widetilde{R}-\sum_{i=0}^{t_0}\frac{CF_i^1}{\left(1+r_i\right)^i}-\Theta_{22}\right\}$	
情景三	被动式	$\beta_3 CF_i^h+fCF_i^{e1}-\left(1-f\right)\left[\left(1-\beta_3\right)CF_i^{e2}+\beta_3\cdot CF_i^R\right]$	$\max\left\{\sum_{i=t_0'+1}^{T}\frac{CF_i^{e_0}}{\left(1+r_i\right)^i}, I\widetilde{R}-\sum_{i=0}^{t_0}\frac{CF_i^1}{\left(1+r_i\right)^i}-\Theta_{31}\right\}$	
情景三	主动式	满足式①时，$CF_i^2=\beta_3' CF_i^h+fCF_i^{e1}-\left(1-f\right)\left[\left(1-\beta_3\right)CF_i^{e2}+\beta_3 CF_i^R\right]$	$\max\left\{\sum_{i=t_0'+1}^{T}\frac{CF_i^{e_0}}{\left(1+r_i\right)^i}, I\widetilde{R}-\sum_{i=0}^{t_0}\frac{CF_i^1}{\left(1+r_i\right)^i}-\Theta_{32}\right\}$	

续表

情景	承诺升级模式	承诺升级后预测现金流量 CF_i^2	退出定价的净现值 $P_{at}/(1+r_f)^i$	
			最小值	最大值
情景三	主动式	满足式②时，$CF_i^2 = CF_i^h + fCF_i^{e1}$ $-(1-f)\left[(1-\beta_3)CF_i^{e2} + \beta_3 CF_i^R\right]$	$\max\left\{\sum\limits_{i=t_0+1}^{T}\dfrac{CF_i^{e_0}}{(1+r_i)^i},\; I\tilde{R} - \sum\limits_{i=0}^{t_0}\dfrac{CF_i^1}{(1+r_i)^i} - \Theta_{32}'\right\}$	$\sum\limits_{i=t_0+1}^{T_c}\dfrac{CF_i^g}{(1+r_i)^i}$

注：$\beta_1 = \dfrac{\alpha^2 I^2}{\alpha^2 I^2 + \rho b\sigma^2}$

$\beta_2 = \dfrac{\alpha^2 I^2 d + \varepsilon^2 I^2 b\left[f\alpha_1 - (1-f)\alpha_2\right]^2}{\alpha^2 I^2 d + \varepsilon^2 I^2 b\left[f\alpha_1 - (1-f)\alpha_2\right]^2 + \rho bd\left[\sigma^2 + f^2\varepsilon^2\sigma_1^2 + (1-f)^2\varepsilon^2\sigma_2^2\right]}$

$\beta_3 = \dfrac{\alpha^2 I^2 d + \rho bd\varepsilon^2\sigma_2^2(1-f)^2}{\alpha^2 I^2 d + \rho bd\varepsilon^2\sigma_2^2(1-f)^2 + \rho bd\sigma^2 + \varepsilon^2\alpha_2^2 I^2 b(1-f)^2}$

$\beta_3' = \dfrac{\alpha^2 I^2 d + \varpi bd\sigma + \varpi bd\varepsilon\sigma_2(1-f)}{\alpha^2 I^2 d + \varepsilon^2\alpha_2^2 I^2 b(1-f)^2}$

$\Theta_{11} = (1-\chi)\sum\limits_{i=t_0+1}^{t_0'}\dfrac{\alpha^2 I^2 CF_i^h + \left[fCF_i^{e1} - (1-f)CF_i^{e2}\right]\left(\alpha^2 I^2 + \rho b\sigma^2\right)}{(1+r_i)^i\left(\alpha^2 I^2 + \rho b\sigma^2\right)} - \chi\sum\limits_{i=0}^{t_0}\dfrac{CF_i^1}{(1+r_i)^i}$

$\Theta_{12} = (1-\chi)\sum\limits_{i=t_0+1}^{t_0'}\dfrac{CF_i^h + fCF_i^{e1} - (1-f)CF_i^{e2}}{(1+r_i)^i} - \chi\sum\limits_{i=0}^{t_0}\dfrac{CF_i^1}{(1+r_i)^i}$

$\Theta_{21} = (1-\chi)\sum\limits_{i=t_0+1}^{t_0'}\dfrac{\left\{\alpha^2 I^2 d + \varepsilon^2 I^2 b\left[f\alpha_1 - (1-f)\alpha_2\right]^2\right\}\left[CF_i^h + fCF_i^{e1} - (1-f)CF_i^{e2}\right]}{\left\{\alpha^2 I^2 d + \varepsilon^2 I^2 b\left[f\alpha_1 - (1-f)\alpha_2\right]^2 + \rho bd\left[\sigma^2 + f^2\varepsilon^2\sigma_1^2 + (1-f)^2\varepsilon^2\sigma_2^2\right]\right\}(1+r_i)^i}$

$\qquad - \chi\sum\limits_{i=0}^{t_0}\dfrac{CF_i^1}{(1+r_i)^i}$

$\Theta_{22} = (1-\chi)\sum\limits_{i=t_0+1}^{t_0'}\dfrac{CF_i^h + fCF_i^{e1} - (1-f)CF_i^{e2}}{(1+r_i)^i} - \chi\sum\limits_{i=0}^{t_0}\dfrac{CF_i^1}{(1+r_i)^i}$

$\Theta_{31} = (1-\chi)\sum\limits_{i=t_0+1}^{t_0'}\left\{\dfrac{\left[\alpha^2 I^2 d + \rho bd\varepsilon^2\sigma_2^2(1-f)^2\right]\left[CF_i^h + (1-f)\left(CF_i^{e2} - CF_i^R\right)\right]}{\alpha^2 I^2 d + \rho bd\varepsilon^2\sigma_2^2(1-f)^2 + \rho bd\sigma^2 + \varepsilon^2\alpha_2^2 I^2 b(1-f)^2} + fCF_i^{e1} - (1-f)CF_i^{e2}\right\}\dfrac{1}{(1+r_i)^i}$

$\qquad - \chi\sum\limits_{i=0}^{t_0}\dfrac{CF_i^1}{(1+r_i)^i}$

$\Theta_{32} = (1-\chi)\sum\limits_{i=t_0+1}^{t_0'}\left\{\dfrac{\left[\alpha^2 I^2 d + \varpi bd\sigma + \varpi bd\varepsilon\sigma_2(1-f)\right]\left[CF_i^h + (1-f)\left(CF_i^{e2} - CF_i^R\right)\right]}{\alpha^2 I^2 d + \varepsilon^2\alpha_2^2 I^2 b(1-f)^2} + fCF_i^{e1} - (1-f)CF_i^{e2}\right\}$

$\qquad \dfrac{1}{(1+r_i)^i} - \chi\sum\limits_{i=0}^{t_0}\dfrac{CF_i^1}{(1+r_i)^i}$

$\Theta_{32}' = (1-\chi)\sum\limits_{i=t_0+1}^{t_0'}\dfrac{CF_i^h + fCF_i^{e1} - (1-f)CF_i^R}{(1+r_i)^i} - \chi\sum\limits_{i=0}^{t_0}\dfrac{CF_i^1}{(1+r_i)^i}$

式①为 $\varepsilon^2 r_2^2 I^2(1-f)^2 b - \varpi bd\varepsilon\sigma_2(1-f) - \varpi bd\sigma \geqslant 0$，式②为 $\varepsilon^2 r_2^2 I^2(1-f)^2 b - \varpi bd\varepsilon\sigma_2(1-f) - \varpi bd\sigma < 0$

综上，PPP 项目中投资者终止承诺升级时的退出定价，与项目预测现金流量密切相关，包括承诺升级之前项目正常建设和运营的净现金流量 CF_i^1、承诺升级后项目正常的生产性产出的净现金流量 CF_i^h、因承诺升级行为产生的不同结果的现金流量 CF_i^{e1} 和 CF_i^{e2}、投资者继续承诺升级时的预测现金流量 $CF_i^{e_0}$ 及政府部门回购项目后预估现金流量 CF_i^g。一旦双方经过谈判确定实际的净现金流量与预期净现金流量的净现值的差异 χ，则投资者退出时可获得的政府补偿的下限由 CF_i^1、CF_i^h、CF_i^{e1}、

CF_i^{e2} 和 $CF_i^{e_0}$ 决定，即 $(P_{at})_{lower} = (1 + r_f)^{t_0'} \times \max\left\{ \sum_{i=t_0'+1}^{T} \frac{CF_i^{e_0}}{(1+r_i)^i}, I\widetilde{R} - \sum_{i=0}^{t_0} \frac{CF_i^1}{(1+r_i)^i} - \right.$

$\left. (1-\chi) \sum_{i=t_0+1}^{t_0'} \frac{CF_i^2}{(1+r_i)^i} + \chi \sum_{i=0}^{t_0} \frac{CF_i^1}{(1+r_i)^i} \right\}$。投资者退出后的项目净现金流量 CF_i^g 的大小直

接决定了投资者退出时定价的上限 $(P_{at})_{upper} = (1 + r_f)^{t_0'} \times \sum_{i=t_0'+1}^{T_C} \frac{CF_i^g}{(1+r_i)^i}$。

在 PPP 项目投资者的不同承诺升级情景下，各参数的变化实际影响投资者承诺升级后预测自身可获得的净现金流量 CF_i^2，特别是具备不同风险偏好的投资者，不同的风险偏好程度不会影响政府补偿的上限 $(P_{at})_{upper} = (1 + r_f)^{t_0'} \times$

$\sum_{i=t_0'+1}^{T_C} \frac{CF_i^g}{(1+r_i)^i}$，而只会对政府补偿的下限产生影响。若 CF_i^2 随着其他参数的变化

（如承诺升级后获得收益的概率 f 增大）而增大，则 $I\widetilde{R} - \sum_{i=0}^{t_0} \frac{CF_i^1}{(1+r_i)^i} -$

$(1-\chi) \sum_{i=t_0+1}^{t_0'} \frac{CF_i^2}{(1+r_i)^i} + \chi \sum_{i=0}^{t_0} \frac{CF_i^1}{(1+r_i)^i}$ 减小；当 CF_i^2 不断变化直到 $I\widetilde{R} - \sum_{i=0}^{J_0} \frac{CF_i^1}{(1+r_i)^i} -$

$(1-\chi) \sum_{i=t_0+1}^{t_0'} \frac{CF_i^2}{(1+r_i)^i} + \chi \sum_{i=0}^{t_0} \frac{CF_i^1}{(1+r_i)^i} = \sum_{i=t_0'+1}^{T} \frac{CF_i^{e_0}}{(1+r_i)^i} = \Upsilon$ 恰好相等时，投资者终止承诺升

级、退出 PPP 项目时定价的下限 $(P_{at})_{lower}$ 取最小值，即 $\left[(P_{at})_{lower} \right]_{min} = \Upsilon$。

5.4　算 例 分 析

5.4.1　项目背景

为清楚阐述上述模型的适用性和可行性，本章基于新马第二通道项目进行算

例分析，通过不同的赋值说明各参数对 PPP 项目中投资者承诺升级下退出定价的影响。

马来西亚是东南亚的一个国家，由西马来西亚（以下简称西马）和东马来西亚（以下简称东马）两个非邻接地区组成。西马的南部与新加坡接壤，与新加坡有着密切的贸易关系。两国之间唯一的通道是建于 20 世纪 20 年代、历史长达 90 余年的现有堤道。随着两国经济的发展，两国间的交通运输规模迅速扩大，每天的交通流量多达 55 000 辆，现有通道的容量明显不足以满足日益增长的交通流量，且变得十分拥挤。因此，20 世纪 90 年代初，新加坡和马来西亚政府达成共识，要在两国之间建立第二条通道（即新马第二通道），并提议修建一座新的桥梁以改善交通状况。

1993 年 7 月，马来西亚联邦政府与马来西亚联合工程公司（United Engineers Malaysia，UEM）签署了特许经营协议。UEM 公司是马来西亚一家行业内领先的建筑集团，成立了一家名为 LINK 的项目公司以实施该项目，预计建设期从 1995 年开始，将持续长达 3 年时间。特许经营协议授权 LINK 公司在项目建成后的 30 年内（即 1998~2027 年）享有新马第二通道的运营权和收费权；同时，LINK 公司负责新马第二通道位于马来西亚侧的部分（长度大约为 1.7 千米）和连接柔佛州南部其他地区的高速公路的设计、建设、运营和维护。新加坡政府负责修建新马第二通道位于新加坡的部分，长度约 0.3 千米。LINK 公司预计该项目的总投资约为 14 亿马来西亚令吉，其中 30%的投资由 UEM 公司以普通股的形式注入，剩余 70%的资金则由马来西亚银行财团以固定利率定期贷款的形式提供（Cheah and Liu，2006）。

5.4.2　项目数据和参数

通过各种渠道搜集有关新马第二通道相关信息，获得的数据总结及根据相关规定做出的部分假设如下。

（1）新马第二通道总投资预计为 14 亿马来西亚令吉，即 $I=14$（单位为亿马来西亚令吉，下同），预期建设期 3 年内项目所需资金比例为 35% : 35% : 30%。

（2）项目中资本金与债务资金比例为 30% : 70%，贷款期限为 15 年，融资成本为 10%。

（3）建设期为 3 年（1995~1997 年），特许经营期为 30 年（1998~2027 年）。

（4）1998 年的交通量为设计容量的 15%，2008 年之前每年的增长率为 18%，之后达到满负荷前的年增长率为 9%。

（5）1998 年发行的 20 年期马来西亚政府债券的利率为 8%，将此利率看作无风险利率，即 $r_f = 8\%$。

（6）1991~2000 年，马来西亚股市的整体回报率为 15.03%，将此投资回报率看作市场回报率（即折现率），且运营期内折现率不变，即 $r_i = 15.03\%$（Cheah and Liu，2006）。

（7）项目全寿命周期 $T_C = 120$ 年。

（8）由于投资者预期投资回报率 $\tilde{R}$ 为时间 i 的函数，通常经双方谈判后在特许经营协议中约定。假定投资者的投资回报率 $\tilde{R}$ 在 2020 年（即特许经营期/运营期的第 23 年）为 28%，$\tilde{R} = 28\%$。在此期间，由于投资者承诺升级累计损失达到阈值，投资者将要求政府部门提前回购 PPP 项目。

（9）假定新马第二通道运营期第一年的收费价格为 11.84 亿马来西亚令吉，之后在运营期内收费价格每年上涨 2%。

（10）项目预期现金流量如表 5-3 所示。

表 5-3　新马第二通道预期现金流量　　单位：亿马来西亚令吉

项目	建设期			运营期				
	1995 年	1996 年	1997 年	1998 年	…	2020 年	…	2026 年	2027 年
设计容量				0.002 0	…	0.002 0	…	0.002 0	0.002 0
交通量				0.109 5	…	0.730 0	…	0.730 0	0.730 0
收费价格				0.118 4	…	0.179 4	…	0.206 1	0.210 2
总收入				1.295 9	…	13.094 7	…	15.041 7	15.342 5
资本支出	1.47	1.47	1.26		…				
运营和维护成本				0.560 0	…	1.276 1	…	1.679 3	1.746 4
EBIT	−1.47	−1.47	−1.26	0.735 9	…	11.818 6	…	13.362 4	13.596 1
还本付息				1.288 4	…				
PBT	−1.47	−1.47	−1.26	−0.552 5	…	11.818 6	…	13.362 4	13.596 1
税收				0	…	3.309 2	…	3.741 5	3.806 9
净现金流量	−1.47	−1.47	−1.26	−0.552 5	…	8.509 4	…	9.620 9	9.789 2

注：EBIT，earnings before interest and tax，息税前利润；PBT，profit before tax，税前利润

5.4.3　承诺升级终止时退出定价

如上所述，假定新马第二通道的收费价格在运营期内每年上涨 2%，导致该 PPP 项目现金流量减少的直接原因是车流量不足。新马第二通道建成后投入运营的第一年交通流量为设计容量的 15%，之后若每年交通流量增长率不同，则每年的现金流量将表现出很大差异。图 5-3 反映了特许经营期内新马第二通道的交通流量逐年分别递增 5%~40%，以及按照 2008 年之前每年的增长率为 18%，之后达

到满负荷前的年增长率为 9%模式增长的交通流量变化情况。

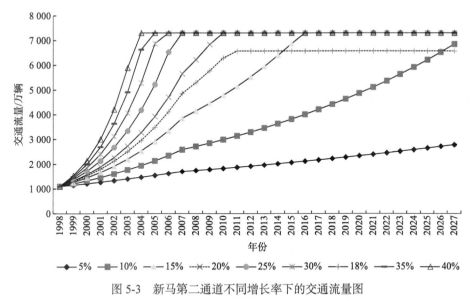

图 5-3　新马第二通道不同增长率下的交通流量图

由图 5-3 可知，当交通流量按照每年增加 10%以内时，截至新马第二通道特许经营期结束，该通道均不会实现满荷载运营。尽管收费价格逐年递增 2%，但现金流远低于满荷载运行时的现金流，不能满足投资者投资回报率的要求（图 5-4）。因此，交通流量对于项目投资者实现一定的投资回报率至关重要。

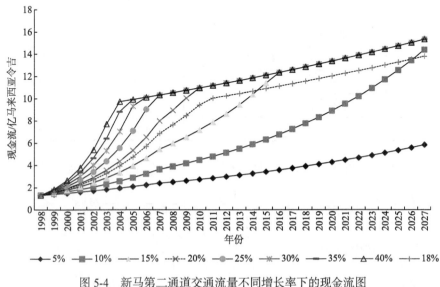

图 5-4　新马第二通道交通流量不同增长率下的现金流图

新马第二通道建成后前 22 年内运营正常，假定 UEM 公司在新马第二通道运营的第 23 年（即 2017 年）第一次接收负反馈信息，由于同类竞争项目导致交通流量骤降，项目收入不足以覆盖项目当年的运营和维护成本等，进而导致当年的净现金流量为-0.821 3 亿马来西亚令吉。当有关同类竞争项目导致净现金流严重不足而难以维持项目运行的负反馈信息，表示继续运营项目可能会失败时，此时 UEM 公司对项目未来状况进行了重新评估，认为继续该项目后可扭转目前亏损局面的概率 $f = 0.3$，除正常生产性产出 $CF^h_i = 0.85CF^1_i$（$\alpha = 0.85$）外，还可以通过提质增效等方式实现净现金流量 20%的提升，即 $CF^{e1}_i = 1.2CF^1_i$（$\alpha_1 = 1.2$）；但如若结果失败，项目的现金流量仅为预测现金流量的-40%（$\alpha_2 = 0.4$），即 $CF^{e2}_i = 0.4CF^1_i$（其中 CF^{e2}_i 仅表示损失的大小）。面对新马第二通道的负反馈信息，UEM 公司选择继续项目而承诺升级后，获得的实际现金流量为 CF^e_i。根据 UEM 公司和马来西亚联邦政府的谈判结果，当政府部门对 PPP 项目中的承诺升级行为提供担保（情景三）时，担保水平 CF^R_i（仅表示担保损失的大小）为预测正常现金流量 CF^1_i 的 80%，即 $CF^R_i = 0.8CF^1_i$。合同约定当 $\chi = 20\%$ 时，投资者可终止承诺升级并提前退出 PPP 项目。投资者承诺升级至 2020 年时，PPP 项目实际的现金流达到提前终止的临界条件，投资者将执行终止承诺的放弃期权，则投资者在 PPP 项目承诺升级过程中，各现金流汇总如表 5-4 所示。

表 5-4　UEM 公司承诺升级过程中各现金流汇总表　　单位：亿马来西亚令吉

项目	运营期			
	2017 年	2018 年	2019 年	2020 年
CF^e	-0.821 3	-1.421 2	-1.701 9	-2.165 3
CF^h	6.980 7	7.105 9	7.233 0	7.362 0
CF^{e1}	9.855 1	10.031 8	10.211 2	10.393 4
CF^{e2}	3.285 0	3.343 9	3.403 7	3.464 5
CF^R	6.570 1	6.687 9	6.807 5	6.928 9

由式（5-16）可知，PPP 项目中投资者终止承诺升级、提前退出项目时可获得的政府补偿为 $\left(1+r_f\right)^{t'_0} \times \max\left\{\sum_{i=t'_0+1}^{T}\frac{CF^{e_0}_i}{\left(1+r_i\right)^i}, I\tilde{R}-\sum_{i=0}^{t_0}\frac{CF^1_i}{\left(1+r_i\right)^i}-\Theta\right\} \leqslant P_{at} \leqslant \left(1+r_f\right)^{t'_0} \times$ $\sum_{i=t'_0+1}^{T_C}\frac{CF^g_i}{\left(1+r_i\right)^i}$，其中 $\Theta = (1-\chi)\sum_{i=t'_0+1}^{t'_0}\frac{CF^2_i}{\left(1+r_i\right)^i}-\chi\sum_{i=0}^{t_0}\frac{CF^1_i}{\left(1+r_i\right)^i}$。$CF^2_i$ 表示投资者对 PPP 项目承诺升级后的预测现金流量，不仅与项目未来收益分布状况相关，还与政府

部门在 PPP 项目中投资者承诺升级时的角色相关，同时还受到自身行为偏好系数的影响。假定通过一定的方式（如问卷、情景模拟分析、蒙特卡罗模拟等）可知，投资者正常的生产性努力成本系数 $b = 900$，承诺升级成本系数 $d = 800$，各收益的波动情况 $\sigma^2 = \sigma_1^2 = \sigma_2^2 = 3\,000$。假定经评估后判定 UEM 公司的承诺升级意愿 $\varepsilon = 0.4$。政府部门回购新马第二通道后，为最大程度保护民生利益，收费价格保持不变，且预测现金流量为投资者正常运营现金流量的 70%，即 $\mathrm{CF}_i^g = 749.30$。UEM 公司作为新马第二通道的投资者，当分别具备不同的风险偏好（如 $\rho = 0.4$ 或 $\varpi = 0.4$）而表现为不同模式的承诺升级时，预测项目承诺升级后的项目现金流量 CF_i^2 及退出定价如表 5-5 所示。

表 5-5　UEM 公司承诺升级终止时的退出定价 单位：亿马来西亚令吉

情景	承诺升级模式	CF_i^2				P_{at}
		2017 年	2018 年	2019 年	2020 年	
情景一	被动式	4.617 3	0.047 001	4.784 2	4.869 5	[6.328 3, 9.674 4]
	主动式	7.637 7	7.774 7	7.913 7	8.054 9	[3.929 6, 9.674 4]
情景二	被动式	4.168 8	4.243 6	4.319 5	4.396 5	[6.447 5, 9.674 4]
	主动式	7.637 7	7.774 7	7.913 7	8.054 9	[3.929 6, 9.674 4]
情景三	被动式	3.350 3	3.410 4	3.471 4	3.533 3	[6.283 8, 9.674 4]
	主动式	5.338 2	5.433 9	5.531 1	5.629 8	[3.929 6, 9.674 4]

由表可知，UEM 公司终止新马第二通道承诺升级退出时可获得的最高的政府补偿为 9.674 4 亿马来西亚令吉，不因马来西亚政府部门的角色不同而不同，也与自身对风险的偏好程度无关。若在该项目中，UEM 公司主动表现为承诺升级，在上述既定参数取值情况下，投资者享有项目全部项目产出（即 $\beta^* = 1$），因此 UEM 公司获得的最低补偿相同，均为 3.969 6 亿马来西亚令吉。但若 UEM 公司被动进行承诺升级，则不同情景下投资者终止承诺升级时的退出定价的最小值不同。表 5-5 显示，有政府部门和 UEM 公司共担风险时，退出定价下限取最大值，即 $\left((P_{\mathrm{at}})_{\mathrm{lower}}\right)_{\max} = 6.447\,5$ 亿马来西亚令吉；而政府部门对承诺升级提供担保时，UEM 公司退出时可获得补偿的下限最低，即 $\left((P_{\mathrm{at}})_{\mathrm{lower}}\right)_{\min} = 6.283\,8$ 亿马来西亚令吉。

当投资者执行 PPP 项目提前终止放弃期权的条件 χ 不同时，其承诺升级终止的时点不同，如表 5-6 所示，反映了 χ 取值不同时投资者终止承诺升级的时点和退出时可获得的补偿定价范围。

表 5-6   不同 χ 时 UEM 公司承诺升级终止的退出定价   单位：亿马来西亚令吉

序号	χ 取值	承诺升级终止时点	情景	承诺升级模式	P_{at}
1	$\chi=10\%$	$t'_0=24$（运营期第 21 年）	情景一	被动式	[5.306 7, 2.717 6]
				主动式	[3.793 3, 12.717 6]
			情景二	被动式	[5.381 9, 12.717 6]
				主动式	[3.793 3, 12.717 6]
			情景三	被动式	[5.278 6, 12.717 6]
				主动式	[3.793 3, 12.717 6]
2	$\chi=15\%$	$t'_0=25$（运营期第 22 年）	情景一	被动式	[5.714 9, 11.103 1]
				主动式	[3.691 8, 11.103 1]
			情景二	被动式	[5.815 5, 11.103 1]
				主动式	[3.691 8, 11.103 1]
			情景三	被动式	[5.677 4, 11.103 1]
				主动式	[3.691 8, 11.103 1]
3	$\chi=20\%$	$t'_0=26$（运营期第 23 年）	情景一	被动式	[6.328 3, 9.674 4]
				主动式	[3.929 6, 9.674 4]
			情景二	被动式	[6.447 5, 9.674 4]
				主动式	[3.929 6, 9.674 4]
			情景三	被动式	[6.283 8, 9.674 4]
				主动式	[3.929 6, 9.674 4]
4	$\chi=25\%$	$t'_0=27$（运营期第 24 年）	情景一	被动式	[7.117 8, 8.410 3]
				主动式	[4.458 9, 8.410 3]
			情景二	被动式	[7.249 9, 8.410 3]
				主动式	[4.458 9, 8.410 3]
			情景三	被动式	[7.068 4, 8.410 3]
				主动式	[4.458 9, 8.410 3]
5	$\chi=30\%$	$t'_0=28$（运营期第 25 年）	情景一	被动式	min=8.058 3
				主动式	[5.238 0, 7.311 4]
			情景二	被动式	min=8.198 5
				主动式	[5.238 0, 7.311 4]
			情景三	被动式	min=8.006 0
				主动式	[5.238 0, 7.311 4]

分析表 5-6 可知，当 χ 越大，表示投资者终止承诺升级的条件越为严格时，政府部门给予投资者提前退出 PPP 项目的定价越低，这是因为投资者终止项目承诺升级越推迟，则剩余的特许经营期越短，政府部门需要支付的补偿越低。当临界条件 χ 达到一定程度时，政府补偿的下限超过其上限，此时应优先满足投资者的需求，即式（5-10）和式（5-12），保证投资者实现顺利退出，则通过上述模型求得政府补偿的最低值，此时会加大双方之间的谈判难度。当 χ 一定时，PPP 项目中风险中性型或风险喜好型的投资者，面对项目负反馈信息表现为主动式承诺升级时，为抑制投资者这种非理性的主观行为，其提前退出定价的下限远低于被动式承诺升级终止时的退出定价。综上，在预测 PPP 项目现金流既定的情况下，投资者终止承诺升级时可获得的政府补偿与双方事先约定的放弃期权的终止条件 χ 密切相关，同时还受到自身风险偏好的影响。但最终的退出定价与投资者和政府部门的能力相关，本章模型的构建为双方提供了合理的谈判区间。

5.5　本 章 小 结

在 PPP 项目投资者承诺升级情景下，项目提前终止通常是无法预测且不可避免的。这种不可预测性就意味着，政府部门和投资者在事前约定提前终止的退出定价时必须重视 PPP 项目的灵活性。本章运用实物期权理论，构建了 PPP 项目中不同承诺升级情景下具备不同风险偏好的投资者退出定价机制。研究结果表明，投资者终止对 PPP 项目承诺升级时可获得的政府补偿与项目预测现金流量密切相关，包括承诺升级之前项目正常建设和运营的净现金流量 CF_i^1、承诺升级后项目正常的生产性产出的净现金流量 CF_i^h、因承诺升级行为产生的不同结果的现金流量 CF_i^{e1} 和 CF_i^{e2}、投资者继续承诺升级时的预测现金流量 $CF_i^{e_0}$ 及政府部门回购项目后预估现金流量 CF_i^g。一旦双方经过谈判确定实际的净现金流量与预期净现金流量的净现值的差异 χ，则投资者退出时定价的下限由 CF_i^1、CF_i^h、CF_i^{e1}、CF_i^{e2} 和 $CF_i^{e_0}$ 决定，而投资者退出后的项目净现金流量 CF_i^g 的大小直接决定了投资者退出时定价的上限 $\left(P_{at}\right)_{upper} = \left(1+r_f\right)^{t_0'} \times \sum_{i=t_0'+1}^{T_C} \dfrac{CF_i^g}{\left(1+r_i\right)^i}$。

在 PPP 项目不同的承诺升级情景下，各参数的变化实际影响投资者承诺升级后预测自身可获得的净现金流量 CF_i^2，特别是具备不同风险偏好的投资者，不同的风险偏好程度不会影响投资者获得政府补偿的上限 $\left(P_{at}\right)_{upper}$，而只会对政府补偿的下限 $\left(P_{at}\right)_{lower}$ 产生影响。当 CF_i^2 随着其他参数（如承诺升级后获得收益的概率 f）的

变 化 而 不 断 变 化 , 直 到 $I\tilde{R} - \sum_{i=0}^{t_0} \frac{\mathrm{CF}_i^1}{(1+r_i)^i} - (1-\chi) \sum_{i=t_0+1}^{t_0'} \frac{\mathrm{CF}_i^2}{(1+r_i)^i} + \chi \sum_{i=0}^{t_0} \frac{\mathrm{CF}_i^1}{(1+r_i)^i} =$

$\sum_{i=t_0'+1}^{T} \frac{\mathrm{CF}_i^{e_0}}{(1+r_i)^i} = \varUpsilon$ 恰好相等时 , 投资者终止承诺升级、退出 PPP 项目时定价的下限

$(P_{\mathrm{at}})_{\mathrm{lower}}$ 取最小值 , 即 $\left[(P_{\mathrm{at}})_{\mathrm{lower}}\right]_{\min} = \varUpsilon$ 。本章基于新马第二通道项目进行算例分

析 , 通过不同的赋值说明各参数对 PPP 项目承诺升级下投资者退出定价的影响 ,

进而逐步探讨了政府补偿对 χ 不同取值时的敏感性分析 , 清楚阐述了上述模型的

适用性和可行性。本章对 PPP 项目中投资者承诺升级导致项目提前终止时退出定

价的量化分析 , 实质上为政府部门和投资者在谈判和决策过程中提供了基础和科

学依据 , 为实现双方更公平的风险分配保驾护航。

第6章 PPP项目投资者承诺升级的控制途径

6.1 政府部门角度

投资者承诺升级行为可能给PPP项目造成更大的损失和资源浪费，不仅不利于投资者实现既定的投资利润率，还可能损害社会公众的利益，长远来看，不利于PPP模式的可持续发展。因此，控制投资者潜在的承诺升级行为，在某种程度上比研究承诺升级的发生机制更为重要（G. Pan and S. L. Pan，2011）。根据上述PPP项目投资者承诺升级影响因素结构化分解及各因素权重分析，结合第3章至第5章的研究内容，分别从政府部门角度和投资者角度制定控制承诺升级的途径。

（1）明确自身的角色定位，合理新增利好政策，确定最优的风险分担机制。

PPP项目中，政府部门承担了许多重要职能，不仅是PPP项目的重要参与方，还是社会公众利益的代表者，有义务保证公共产品和服务的持续供给。因此，政府部门在承诺升级中的角色定位和管理职能的执行效率直接影响PPP项目的绩效表现，就促进PPP模式的优良运作发挥着不可替代的重要作用。随着PPP项目的进展而出现负反馈信息表明项目可能失败时，政府部门在综合评估项目及未来收益情况下，可通过比较不参与承诺升级（情景一）、风险共担、利益共享（情景二）和对承诺升级提供政府担保（情景三）的收益，并进行一定的谈判等方式确定自身在PPP项目中承诺升级情景中的角色定位。

事实上，PPP项目中政府部门不论以风险共担、利益共享（情景二）还是以对承诺升级提供政府担保（情景三）的形式参与承诺升级这一行为，其本质均是分担了投资者一定程度的风险，只是风险分担形式不同。当政府部门对PPP项目中承诺升级行为本身提供担保时，投资者反而会扩大损失容忍度，即阈值范围

$|V_{low}|$ 扩大，投资者将延迟终止承诺升级，相反会造成投资者更大的损失。因此，在 PPP 项目中接收负反馈信息时，是否设置政府担保及合理的担保措施力度至关重要。

政府部门一旦清晰明确在 PPP 项目中承诺升级情景下的角色定位，随之便要确定合理的风险分担机制。在 PPP 项目中，合理的风险分担机制要求实现权责相机和利益共享，同时为防范投资者无限制升级承诺，政府部门应优先制定政策明确投资者可获得的 PPP 项目产出效益分配比例 β，进而使投资者根据政府部门的政策确定自身的最优生产性努力水平 h 和最优承诺升级行为 e。投资者在 PPP 项目中的最优效益分配比例 β，不仅与政府部门在承诺升级情景中的角色相关，还与投资者自身的承诺升级模式（即风险偏好态度）密切相关（不同承诺升级情景及投资者不同模式下的项目产出最优效益分配比例详见表 3-1）。总体而言，$\beta_{11}^* < \beta_{12}^* = 1$、$\beta_{21}^* < \beta_{22}^* = 1$、$\beta_{31}^* < \beta_{32}^* < \min\{\beta_5, 1\}$，即投资者主动式承诺升级情景下，政府部门给予的最优效益分配比例应更高，被动式承诺升级（风险规避型）的投资者可获得的项目产出最优效益分配比例反而更低，且不同承诺升级情景下的最优效益分配差异显著。当政府部门不参与投资者承诺升级（情景一）时，最优效益分配比例与承诺升级后果的概率分布 f 无关，即 $\beta_{11}^* = \dfrac{\alpha^2 I^2}{\alpha^2 I^2 + \rho b \sigma^2}$；当双方共担风险（情景二）时，

$$\beta_{21}^* = \frac{\alpha^2 I^2 d + \varepsilon^2 I^2 b \left[f\alpha_1 - (1-f)\alpha_2 \right]^2}{\alpha^2 I^2 d + \varepsilon^2 I^2 b \left[f\alpha_1 - (1-f)\alpha_2 \right]^2 + \rho b d \left[\sigma^2 + f^2 \varepsilon^2 \sigma_1^2 + (1-f)^2 \varepsilon^2 \sigma_2^2 \right]} \; ; \quad 当存$$

在 政 府 担 保 （ 情 景 三 ） 时 ，

$$\beta_{31}^* = \frac{\alpha^2 I^2 d + \rho b d \varepsilon^2 \sigma_2^2 (1-f)^2}{\alpha^2 I^2 d + \rho b d \varepsilon^2 \sigma_2^2 (1-f)^2 + \rho b d \sigma^2 + \varepsilon^2 \alpha_2^2 I^2 b (1-f)^2} 。 因此，准确掌握承诺$$

升级后 PPP 项目成功或失败的概率分布 f，对于政府部门制定风险分担机制尤为重要。

此外，应减少政府部门通过税收优惠、延长特许期等方式，为投资者遇到承诺升级决策困境时新增一些利好政策，避免过度担保、无底线延长特许期等行为导致投资者推迟终止承诺升级，给社会公众和整个项目造成不可逆转的影响。

（2）打造诚信政府形象。

当 PPP 项目呈现出负反馈信息后，投资者和政府部门启动再谈判，约定政府部门应提供的最优契约分配比例（即项目产出最优效益分配比例 β^*），以及投资者最优生产性努力水平 h^* 和承诺升级行为 e^*。不论政府部门在承诺升级情景下的角色定位如何，投资者自身将投入的最优生产性努力水平

$h^* = \dfrac{\alpha I \beta^*}{b}$，随着可获得项目产出效益分配比例 β 的增大而增大；尽管在不同情景下投资者的最优承诺升级行为 e^* 不同，如在情景二中投资者升级承诺时的最优承诺升级行为 $e_2^* = \dfrac{f\alpha_1 - (1-f)\alpha_2}{d}\varepsilon I \beta_2^*$，情景三中的最优承诺升级行为 $e_3^* = \dfrac{\alpha_1 f - \alpha_2(1-f)(1-\beta)}{d}\varepsilon I$；但在情景二和情景三中投资者的最优承诺升级行为均与项目产出效益分配比例 β 呈正相关关系。因此，投资者承诺升级后拟投入最优生产性努力水平 h^* 的实现及最优承诺升级行为 e^*，均要求政府部门在 PPP 项目中具备较高的政府信用，按照合同履行谈判时的约定，将项目产出按照 β^* 的比例分配给投资者。

政府部门作为 PPP 项目中的委托人，是 PPP 合同的核心利益主体。若政府信用较低，不遵守合同承诺，则可能大幅消减投资者参与 PPP 项目的积极性，甚至还可能通过短期利益的诱惑等各种机会主义行为来侵占投资者的收益。这样不仅会降低 PPP 项目绩效，破坏投资环境，严重时将导致投资者的提前退出（Levy and Spiller，1994；Dahdal，2010），长远来看实则使自身利益受损。PPP 项目中政府信用较弱主要体现在法律准则弱和缺乏地方政府的保证（张万宽等，2010）。因此要打造诚信政府形象，首先，要使各级政府依法行政，尽可能保持政府行政行为在一段时间的一致性和稳定性，避免因政府换届等呈现朝令夕改、不承认之前合同的有效性等失信行为的发生，保证政府行为的稳定性，增强投资者参与 PPP 项目的信心。其次，要建立和完善政府失信的国家赔偿制度，加大政府失信成本，明确对政府官员失信行为的问责机制。当 PPP 项目中政府失信行为无法避免时，从事后弥补的角度出发，给予投资者一定的政府补偿或赔偿，同时根据事前建立的责任追究机制对政府失信官员问责，并将其作为日后政绩评价的重要依据。政府信用在承诺升级情景乃至整个 PPP 项目中都至关重要，不容忽视。

（3）制定完善的退出定价机制，加大投资者承诺升级的机会成本。

面对 PPP 项目不断的负反馈信息，投资者需要再次决策时，或继续承诺升级或终止项目。投资者停止承诺升级，意味着投资者将完全从 PPP 项目中退出，项目由政府部门回购后改用传统的政府投资模式。这意味着投资者再次决策时，项目存在可替代性。基于 PPP 项目中承诺升级时诸多的不确定性和风险，且私人投资者大多处于弱势地位，需事先明确 PPP 模式改用传统的政府投资模式时投资者的退出定价。这不仅要保证投资者终止承诺升级时的退出渠道通畅，也要求退出 PPP 项目时获得的政府补偿合理。

根据第 5 章所述，投资者终止承诺升级的退出定价，需事前由政府部门和投资者谈判确定 PPP 项目提前终止的临界条件，即实际的净现金流量与预期净现金流量的净现值差异 χ，并将该条款在 PPP 合同中予以明确规定。政府部门应

给予投资者的政府补偿为 $\left(1+r_f\right)^{t_0'} \times \max\left\{ \sum_{i=t_0'+1}^{T} \frac{CF_i^{e_0}}{\left(1+r_i\right)^i}, I\tilde{R} - \sum_{i=0}^{t_0} \frac{CF_i^1}{\left(1+r_i\right)^i} - \Theta \right\} \leqslant P_{at} \leqslant$

$\left(1+r_f\right)^{t_0'} \times \sum_{i=t_0'+1}^{T_C} \frac{CF_i^g}{\left(1+r_i\right)^i}$，其中 $\Theta = \left(1-\chi\right)\sum_{i=t_0+1}^{t_0'} \frac{CF_i^2}{\left(1+r_i\right)^i} - \chi\sum_{i=0}^{t_0} \frac{CF_i^1}{\left(1+r_i\right)^i}$。在 PPP 项目不

同的承诺升级情景下，各参数的变化实际影响投资者承诺升级后预测自身可获得的净现金流量 CF_i^2，政府部门须准确判断各参数的取值，制定完善的退出定价机制。合理且能保证一定投资回报率的退出定价机制，已然是投资者承诺升级的机会成本；若投资者选择继续承诺升级而放弃获得退出时的政府补偿，则承诺升级越严重，退出时可获得的政府补偿越少（详见表 5-6）。因此，合理加大投资者承诺升级的机会成本，可有效降低投资者的承诺升级行为。

（4）合理分配 PPP 项目的控制权。

PPP 模式是一种行之有效的公共管理与公共服务市场化手段，相比于传统政府投资模式下政府部门作为公共事业和基础设施的唯一投资者与领导者，PPP 模式的本质和优势在于利益共享、风险共担，其优越性的体现依赖于项目控制权在各参与主体之间的合理配置（张云华等，2019）。PPP 合同的不完备使得有效分配控制权成为决定 PPP 合作效率的关键因素（张喆等，2009a）。

投资者对 PPP 项目控制权的不同，通常意味着投资者的产出分配不同，将直接影响其投入水平（张喆等，2009b）。正如第 3 章所述，投资者对 PPP 项目承诺升级后投入包括生产性努力水平 h 和自利的承诺升级行为 e，其中生产性努力水平 $h^* = \frac{\alpha I\beta}{b}$，与产出效益分配比例 β 呈正相关关系；最优承诺升级行为 e，除情景一中承诺升级行为后果由投资者独自承担与效益分配比例 β 无关外，当政府部门分担承诺升级风险时，情景二和情景三中最优承诺升级行为分别为

$e_2^* = \frac{f\alpha_1 - \left(1-f\right)\alpha_2}{d} \varepsilon I\beta_2^*$、$e_3^* = \frac{\alpha_1 f - \alpha_2\left(1-f\right)\left(1-\beta_3^*\right)}{d} \varepsilon I$，均随着效益分配比例

β 的增大而增大。因此，PPP 项目中控制权配置会影响 PPP 合作中投资者选择承诺升级后的正常生产性努力水平和承诺升级行为。

PPP 实践中，控制权与产出效益分配比例 β 的关系通常分为两种情况。若政府部门和投资者按照控制权比例予以分配，则倒推分析双方的控制权比例为 $1-\beta : \beta$。但事实上，政府部门和投资者在 PPP 项目中的控制权通常与分配比例并非完全对等。控制权作为一种隐性激励手段，不仅间接影响投资者的投入水平，还会影响投资者对项目的原生性认知和失调认知等。在现实中，为有效地运

用控制权这种隐性激励手段，需要政府部门根据项目实际情况予以研判，同时要不断与投资者进行谈判，通过合理的控制权配置，平衡投资者有益的生产性努力水平和自利的承诺升级行为，有效控制投资者这种非完全理性的承诺升级。

（5）减少与投资者之间的信息不对称。

一方面，政府部门对投资者的经营状况要求往往只局限于投标阶段，以资格审查或资信评分的方式来实现，在中标以后往往缺乏关注，存在信息缺位。投资者作为 PPP 项目的代理人，具备先天的优势可掌握项目更多的信息量，导致双方之间存在严重的信息不对称。PPP 项目的长周期性决定了投资者的履约能力是一个动态的过程，需要建立起对称的信息共享机制。

另一方面，当与政府部门掌握的信息量相比，投资者掌握的 PPP 项目信息量越大，越容易承诺升级（Berg et al., 2009）。政府部门降低与投资者之间的信息不对称，有助于同时促进 PPP 项目的落地和公共福利最大化两个目标（龚强等，2019）。因此，为有效防范 PPP 项目中投资者承诺升级行为导致的更大风险，可通过缩短信息收集周期以提高 PPP 项目信息反馈的准确性和透明度等，或建立 PPP 项目信息共享平台，保证政府部门和投资者都可以在第一时间获得有关 PPP 项目的绩效信息，进而提高 PPP 项目负反馈信息的证据力以达到控制投资者承诺升级的目的。

（6）合理设置对投资者违约行为的惩罚力度，降低沉没成本的影响。

在 PPP 项目存在承诺升级时，投资者和政府部门的行为选择都会受到投资者沉没成本 R_0 的影响。R_0 越小，投资者群体中承诺升级时违约的成员比例越高，政府部门中选择过程监管的成员比例也就越大。对于政府部门而言，投资者面对 PPP 项目的巨大沉没成本选择承诺升级后，为试图挽回损失，只要存在违约倾向就有采取违约的可能，而结果监管不一定能识别投资者承诺升级时的违约行为。在 PPP 项目承诺升级情况下，只有当政府部门通过过程监管获得的收益不小于结果监管时的收益，即 $q_{b-p}(R_0 + R_{B-P}) + \dfrac{V_2 - V_1}{V_1}F_0 - q_{b-o}(R_0 + R_{B-O}) + \gamma\dfrac{V_2' - V_1}{V_1}F_0 - Q - C_g$ 时，政府部门才有对投资者承诺升级后的行为选择过程监管的动机，此时概率 γ 要满足的条件为 $\gamma \leqslant \dfrac{q_{b-p}(R_0 + R_{B-P}) - q_{b-o}(R_0 + R_{B-O}) + (V_2 - V_1)\delta - q_{b-p}C_g + Q}{(V_2' - V_1)\delta}$。

要使政府部门在 PPP 项目中投资者承诺升级后充分发挥监督、检查和管理职能，进而倾向于过程监管，则概率 γ 应满足条件

$$
\begin{cases}
\gamma \leqslant \dfrac{q_{b-p}\left(R_0 + R_{B-P}\right) - q_{b-o}\left(R_0 + R_{B-O}\right) + \left(V_2 - V_1\right)\delta - q_{b-p}C_g + Q}{\left(V_2' - V_1\right)\delta} \\
\gamma \leqslant \dfrac{\left(V_2' - V_1\right) - \left(V_2 - V_1\right)\left(\delta - 1\right)}{\left(V_2' - V_1\right)\delta} \leqslant \dfrac{1}{\delta}
\end{cases}
$$

。通过求解得到，

政府部门对投资者承诺升级后违约行为的基准惩罚系数（δ）应满足条件

$$
\begin{cases}
\delta \geqslant \dfrac{\left(q_{nb} + q_{b-p}\right)C_g - Q - \left(q_{b-p} - q_{b-o}\right)R_0 - q_{b-p}R_{B-P} + q_{b-o}R_{B-O}}{V_2' - V_1} \\
\delta \leqslant \dfrac{V_2' - V_1}{V_2 - V_1} + 1
\end{cases}
$$

。对政府部门而言，

对投资者的惩罚力度不应过重，也不宜过轻，若惩罚力度过大，则可能起不到激励的作用；若惩罚力度过低，则无法起到威慑的作用，投资者势必会违约。同时，为保证惩罚机制的顺利、有效开展，政府部门应搭建 PPP 项目信息管理平台，实时记录投资者在 PPP 项目中的绩效表现，并纳入后续 PPP 项目采购指标。

（7）科学引导社会公众参与，避免造成极端的社会舆论压力，保护项目不受权威人士中途介入或其他政治性因素的影响。

为降低投资者承诺升级及其违约行为的双重风险，从而造成社会公众的不满意等，PPP 项目需建立公众监督机制。这一机制将助力 PPP 项目实现透明化，有助于政府监管机构加强对投资者违约行为的监督和防范。为提高公众监督 PPP 项目的能力，要求投资者在进行承诺升级决策时，及时披露项目重新评估结果及承诺升级决策相关事项，并在承诺升级后，按时定期地公布 PPP 项目的运营数据和信息。同时，政府部门还可通过科技博客、移动媒体、移动电视等新媒体的应用，确保举报渠道的畅通，避免社会公众因无法监督举报而引发极端的社会舆论压力，甚至爆发群体冲突等。

除此之外，由于 PPP 项目涉及利益相关者众多，投资者再次决策时很容易受到外界环境的干扰，政府部门应维持相对独立的决策环境，保护 PPP 项目和投资者再次决策时不受权威人士或其他政治性因素（如项目建设背景等）的影响，使得投资者尽可能从项目本身角度出发进行决策是控制投资者承诺升级发生的重要手段。

6.2　投资者角度

研究 PPP 项目中投资者承诺升级这一主观行为，有助于投资者进行科学决策，帮助投资者明确 PPP 项目并非通过对赌宏观经济或项目不可测风险来实现物有所值。本书旨在降低项目陷入承诺升级的决策困境，从而降低 PPP 项目风险，提高项目成功的概率。从投资者角度分析，控制 PPP 项目承诺升级的有效途径如下。

（1）根据自身综合实力合理控制对 PPP 项目的承诺升级程度。

PPP 项目承诺升级情景下，投资者允许一定程度的损失，即终止承诺的阈值为 $V_{low}<0$。由式（4-19）可知，投资者对 PPP 项目损失的阈值 V_{low} 与其自身对负反馈信息所产生的失调认知 $S(a_k)$ 相关，在特定的 PPP 项目环境下，不同的投资者对于同一条负反馈信息所产生的失调认知不同，主要与投资者自身的心理特征和综合实力等紧密相关（唐洋和刘志远，2008）。较强的综合实力会使得投资者对 PPP 项目在初始时刻产生较强的原生性认知 S_0，S_0 越大，投资者可承受的最大负反馈信息 k_0 越大（至少保持不变），这意味着投资者可承受的项目损失 $|V_{low}|$ 越大（或保持不变）。同时，投资者对 PPP 项目损失的容忍范围 $|V_{low}|=|I\tilde{R}\tau_0|$ 与项目总投资 I 呈正相关关系，I 越大，意味着投资者自身综合实力越强，相反会间接促进投资者扩大损失的容忍范围，导致 PPP 项目承诺升级终止延迟，给整个项目乃至社会公众造成巨大的资源浪费，降低社会的资源配置效率。

在 PPP 项目中，只有当 $V_{EOC}\leqslant V_{low}$，即项目损失已超出投资者的承受范围时，投资者才会终止承诺升级，放弃 PPP 项目。因此，参与 PPP 项目的投资者，应控制自身综合实力对项目损失容忍度的影响，特别当投资者参与 PPP 项目时，政府部门和投资者在谈判阶段应就项目的预期产出和完成情况等达成一致意见，保证投资者初始的原生性认知 S_0 尽可能贴近现实情况，并在 PPP 合同中明确规定，避免因投资者较强的自身综合实力导致更多的资源浪费。

（2）降低决策时负面情绪对承诺升级的影响。

PPP 项目的负反馈信息使得投资者产生负面的情绪，如不舒适感、愤怒、郁闷、焦虑、神经质、预期后悔等。不论这些负面情绪持续时间的长短，投资者在愤怒和生气情绪时更容易升级承诺（Tsai and Young，2010）。做决策时对 PPP 项目产生的焦虑情绪也会正向加强投资者承诺升级，但抑郁对承诺升级的作用机制则刚好相反，会抑制承诺升级（Moon et al.，2003a）。此外，投资者是否继续承诺升级行为还与对项目的预期结果有关，并受到风险偏好和风险感知的影响，即风险偏好作为调节变量，投资者的风险偏好程度越高，投资者承诺升级的意愿越强（Wong，2005）。若投资者放弃 PPP 项目后预期产生的后悔更高，则投资者更愿意进行承诺升级（Wong and Kwong，2007）。根据第 3 章式（3-20）、式（3-46）和式（3-80），只要投资者具备承诺升级的意愿，就有对 PPP 项目升级承诺的可能。

因此，投资者要控制负面情绪对承诺升级的影响。负面情绪是投资者自身具备的一种相对稳定的特征，当面对 PPP 项目持续的负反馈信息需要投资者进行承诺升级系列决策时，投资者可通过问卷、情景模拟、实验设计或在线测评等方式评估自身的负面情绪及负面情绪对承诺升级的影响。根据评估结果，有针对性地采取措施，分类引导、规范自身的行为。具体而言，若投资者对于负反馈信息产生极为强烈的不舒适感、愤怒、郁闷等情绪，要通过继续 PPP 项目消除这种感觉和情绪，且如果不继续 PPP 项目，未来还会产生强烈的后悔，可考虑更换负面情绪较低甚至没有负面情绪的其他投资者进行决策，降低负面情绪对承诺升级的影响。

（3）合理设置承诺升级终止的损失阈值。

尽管投资者会在 PPP 项目出现负反馈信息时选择继续项目而表现为承诺升级，但此时心理也会预设一个项目的损失阈值 V_{low}。若 PPP 项目的实际损失小于该项心理预算，则投资者选择继续承诺升级；随着项目实际损失的不断增多，一旦其累计损失达到投资者可承受的阈值，则投资者将停止承诺升级、终止 PPP 项目。因此，投资者对损失阈值 V_{low} 的设定直接决定了投资者放弃承诺升级的时点。

投资者可容忍损失阈值 $V_{low} = IZ(t)\left\{\prod_{i=1}^{k_0-1}\left[1 - \lambda\left(m_i i^2\right)^\eta\left(\zeta_1 c_i^2 + \zeta_2 i^2 - \zeta_3 G + \zeta_4\right)\right] - 1\right\}$ 受多个因素的共同影响，包括项目总投资 I、项目预期的投资回报率 $\tilde{R} = Z(t)$、政府担保程度 G、沉没成本水平 c_k、投资者对项目初始的原生性认知 S_0 及投资者自身的各项行为偏好参数。在 PPP 项目谈判阶段，政府部门和投资者应准确评估 PPP 项目的总投资 I，并就投资者的投资回报率 $\tilde{R}$ 达成一致意见，保证其合理性。对投资者而言，预期投资回报率 $\tilde{R}$ 并非越高越好，过高的投资回报率会造成投资者损失阈值范围的扩大，从而导致投资者延迟终止承诺升级，最终导致投资者损失增加。同时，投资者应全面、准确、系统地评估项目，避免对项目产生过高的初始的原生性认知（S_0）。

（4）打破组织惰性，积极评估项目。

PPP 项目中，投资者所在的组织惰性主要表现为缺乏创新的动力，贪图安逸，缺乏改变现状的胆略，看重眼前利益，得过且过。当面对 PPP 项目的负面反馈信息再次决策时，决策倾向趋于保守，对风险十分敏感，害怕承担责任；管理活动以习惯性的管理模式和被动应付型的管理方式为主，习惯于按部就班。因此，基于目前对项目很难进行评估的决策困境，组织行动惰性使得组织更没有动力采用创新的方法等对项目重新进行评估，投资者将维持现状继续先前的决定，

PPP 项目也将继续下去，承诺升级发生（Ross and Staw，1986）。

目前，国内参与 PPP 项目的投资者，不论是国有企业还是民营企业，PPP 项目的大规模性和大风险性要求投资者资金实力雄厚、综合实力强大。随之而来的是，企业内部层级较多，当 PPP 项目出现负反馈信息时，投资者内部通常会表现出一定程度不等的组织惰性。要减少组织惰性对投资者承诺升级的负面影响，投资者企业内部要完善沟通平台，打破企业层级之间的沟通屏障，促进中高层对 PPP 项目运营的共识。厘清 PPP 项目的发展思路，明晰运营重点和管控方法，建立和完善 PPP 项目运营控制系统，系统挖掘 PPP 项目建设和运营过程中的问题点，系统分析其产生原因，及时寻求解决问题的计划及措施，遇到问题及时决策，杜绝组织惰性。

（5）保持现有投资者负责 PPP 项目。

大量研究发现，当投资者需要对 PPP 项目的初始决策负责时，投资者更容易表现出承诺升级行为（Caldwell and O'Reilly，1982；Conlon and Parks，1987；Moon，2001a）。聚焦我国文化背景，唐洋和刘志远（2008）通过模拟实验方法发现，决策责任并不是导致投资者承诺升级行为的直接原因，而是通过影响投资者对项目的原生性认知而间接影响其投资选择。因此，决策责任对 PPP 项目中投资者承诺升级的影响机制不能一概而论。

若投资者拥有终止承诺升级、提前退出的放弃期权时，投资者组织内部不仅没必要更换新的决策者，反而应让现有投资者继续负责该项目，即使现有投资者存在承诺升级倾向，其继续管理的效果也比替换决策者的方式效果更佳（Boulding et al.，2016）。

（6）投资者组织内部合理设置对决策者的问责机制和业绩考核体系。

PPP 项目中，投资者组织内部过重的问责机制，可能导致决策者为避免因项目失败而受到处罚，在接收项目负反馈信息后仍然坚持继续 PPP 项目。因此，面对周期长且风险大的 PPP 项目投资决策，组织内部应避免设置过重的问责机制而加重投资者再次决策时的心理负担，可通过减少负面结果的威胁，或设置最低项目绩效水平等方式降低承诺升级水平（Simonson and Staw，1992）。

同时，组织内部应针对参与 PPP 项目的投资者不断优化业绩考核体系，切忌将 PPP 项目结果作为唯一考核标准，可适当加大过程考核比重，降低投资者企图通过升级承诺而获得项目成功的行为（Simonson and Staw，1992；Contractor et al.，2012）。

（7）明确自身风险偏好水平，全面理性分析项目预期收益。

投资者在 PPP 项目中表现出的风险偏好特质相对稳定，在不同承诺升级情景下具备不同风险偏好的投资者的最优承诺升级行为各不相同。当 PPP 项目承诺升级后果全部由投资者独立承担（情景一）时，契约理论视角下投资者的最大承诺升级行为 $e_1^* = \dfrac{f\alpha_1 - (1-f)\alpha_2}{d}\varepsilon I$，与投资者的风险偏好态度无

关。当政府部门参与承诺升级结果分担（情景二）时，风险规避型投资者在

PPP 项目中承诺升级的最大（也是最优）承诺升级行为

$$e_{21}^* = \frac{\left\{\alpha^2 I^2 d + \varepsilon^2 I^2 b\left[f\alpha_1 - (1-f)\alpha_2\right]^2\right\}\left[f\alpha_1 - (1-f)\alpha_2\right]\varepsilon I}{\alpha^2 I^2 d^2 + \varepsilon^2 I^2 bd\left[f\alpha_1 - (1-f)\alpha_2\right]^2 + \rho bd^2\left[\sigma^2 + f^2\varepsilon^2\sigma_1^2 + (1-f)^2\varepsilon^2\sigma_2^2\right]}$$，风

险规避系数 ρ 越小，投资者的最优承诺升级行为 e_{21}^* 越高；风险中性型或风险喜

好型投资者的最大承诺升级行为 $e_{22}^* = \dfrac{f\alpha_1 - (1-f)\alpha_2}{d}\varepsilon I$，与风险喜好程度无关。

当政府部门对承诺升级行为提供担保（情景三）时，风险规避型投资者的最优承

诺 升 级 行 为 $e_{31}^* = \dfrac{\alpha_1 f - \alpha_2(1-f)\left(1-\beta_{31}^*\right)}{d}\varepsilon I$ ， 其 中

$\beta_{31}^* = \dfrac{\alpha^2 I^2 d + \rho bd\varepsilon^2\sigma_2^2(1-f)^2}{\alpha^2 I^2 d + \rho bd\varepsilon^2\sigma_2^2(1-f)^2 + \rho bd\sigma^2 + \varepsilon^2\alpha_2^2 I^2 b(1-f)^2}$，此时投资者在 PPP 项目

中的承诺升级行为 e_{31}^* 与风险规避系数 ρ 的单调关系，受其他参数大小关系的调

节：当各参数满足 $b^2\varepsilon^4\sigma_2^2\alpha_2^2(1-f)^4 = \partial^2\sigma^2 d$ 时，$\dfrac{\partial e_{31}^*}{\partial\rho} > 0$，表明 e_{31}^* 与自身的风险

规避系数 ρ 无关；当 $b^2\varepsilon^4\sigma_2^2\alpha_2^2(1-f)^4 > \partial^2\sigma^2 d$ 时，则 $\dfrac{\partial e_{31}^*}{\partial\rho} > 0$，$e_{31}^*$ 是关于投资者

风险规避系数 ρ 的增函数；当 $b^2\varepsilon^4\sigma_2^2\alpha_2^2(1-f)^4 < \partial^2\sigma^2 d$ 时，则 $\dfrac{\partial e_{31}^*}{\partial\rho} < 0$，表示 e_{31}^*

应随着投资者风险规避系数 ρ 的增加而降低。相反，若投资者为风险中性型或风

险喜好型，当 $\varepsilon^2\alpha_2^2 I^2(1-f)^2 b \geqslant \varpi bd\varepsilon\sigma_2(1-f) + \varpi bd\sigma$ 成立时，投资者在 PPP 项

目 中 最 优 承 诺 升 级 行 为 $e_{32}^* = \dfrac{\alpha_1 f - \alpha_2(1-f)(1-\beta)}{d}\varepsilon I$ ， 其 中 $\beta_{32}^* =$

$\dfrac{\alpha^2 I^2 d + \varpi bd\sigma + \varpi bd\varepsilon\sigma_2(1-f)}{\alpha^2 I^2 d + \varepsilon^2\alpha_2^2 I^2 b(1-f)^2}$；若 $\varepsilon^2\alpha_2^2 I^2(1-f)^2 b < \varpi bd\varepsilon\sigma_2(1-f) + \varpi bd\sigma$ 成立

时，投资者 PPP 项目最优承诺升级行为 $\left(e_{32}^*\right)_{\max} = \dfrac{\alpha_1 f}{d}\varepsilon I$。

综上分析，当投资者须确定不同情景下的最优承诺升级行为 e^* 时，首先要明
确自身的风险态度及偏好程度，避免一味追求风险和不确定性价值而不断升级承
诺。投资者对 PPP 项目升级承诺的同时，要全面理性分析项目预期期望收益，这
不仅要求投资者分析未来成功可获得的收益及失败造成的损失，还要分析各自的

概率分布情况。根据问卷调查结果显示，投资者认为目标实现概率因素的权重最低（表 2-17），但事实上投资者往往忽略了目标实现概率的影响。因此，面对 PPP 项目负面反馈信息再次决策时，投资者可通过蒙特卡罗模拟等方法分别模拟不同结果出现的概率及其损益，助力投资者科学决策。政府部门可利用"互联网+"手段促进项目管理和多方参与，建立基于互联网的 PPP 项目统一信息管理平台，通过采集、公开、分析和应用项目信息和数据，优化项目开发、实施、运营和管理流程，从投融资、建设、运营、移交等多角度为政府部门、投资者和社会公众三方服务。平台可实现覆盖全部行业的 PPP 项目实时信息管理，联通中央与地方政府，开展大数据分析，简化信息查询、公开和统计，实现 PPP 项目全生命周期的动态管理，推动 PPP 市场平稳发展。

第7章 结 论

PPP 项目中投资者作为连接政府部门、金融机构和众多分包产业的关键节点，其自身的经营决策将直接关系到整个 PPP 项目的运营绩效和成败。本书针对 PPP 项目中投资者承诺升级这一主观行为，构建了 PPP 项目中投资者承诺升级影响因素指标体系，识别其关键影响因素，实现影响因素指标体系的结构化，并制定了 PPP 项目中投资者承诺升级不同情景下的契约设计。通过实物期权理论识别了投资者承诺升级终止的决策阈值，以及确定投资者承诺升级终止时的退出定价机制，有助于有效降低 PPP 项目风险决策水平，使 PPP 项目投资者的决策更加合理。最终，本书制定了控制投资者 PPP 项目承诺升级行为的有效途径。本书的研究在一定程度上丰富了 PPP 项目治理的理论研究成果，有助于提升 PPP 项目投资者和政府部门的科学决策，为降低投资者承诺升级提供理论支持和实践指导。本书的研究结论主要体现在以下几个方面。

（1）PPP 项目投资者承诺升级的契约设计。PPP 模式是政府部门和投资者之间形成的委托代理关系，其本质是一种契约关系。当 PPP 项目呈现负反馈消息时，由政府部门优先制定政策，确定 PPP 项目产出效益分配比例 β，进而投资者根据政府部门的政策确定自身的最优生产性努力水平 h 和最优承诺升级行为 e。研究针对投资者具备的不同风险偏好，均引入投资者对 PPP 项目承诺升级意愿 ε 和承诺升级后果的概率 f 这一关键参数，有效地协调了双方之间的利益分配机制，可有效促进双方在再谈判阶段就承诺升级的契约设计达成一致意见。

基于委托代理理论构建的政府部门和投资者之间的动态博弈结果表明，效益分配比例 β 的增强，有助于提高投资者在 PPP 项目中承诺升级情景下的生产性努力水平 h，除投资者承诺升级的后果全部由自己承担（情景一）时承诺升级行为 e 与效益分配比例 β 无关外，当双方共担（情景二）和存在政府担保（情景三）时，投资者承诺升级行为 e 随着效益分配比例 β 的增加而增加，意味着 PPP 项目风险增加。但不同情景下，政府部门对不同风险偏好投资者的最优契约设计不同，特别是对于风险规避型投资者的最优效益分配比例差异显著。当投资者独自承担承诺升级结果（情景一）时，最优效益分配比例与承诺升级后果的概率 f 和投资者承诺升级意愿 ε 无关，$\beta_{11}^{*} = \dfrac{\alpha^2 I^2}{\alpha^2 I^2 + \rho b \sigma^2}$ ；当政府部门和投资者共同承担承诺升级风险（情景二）时，PPP 项目产出的最优效益分配比例

$$\beta_{21}^{*} = \frac{\alpha^2 I^2 d + \varepsilon^2 I^2 b\left[f\alpha_1 - (1-f)\alpha_2\right]^2}{\alpha^2 I^2 d + \varepsilon^2 I^2 b\left[f\alpha_1 - (1-f)\alpha_2\right]^2 + \rho b d\left[\sigma^2 + f^2 \varepsilon^2 \sigma_1^2 + (1-f)^2 \varepsilon^2 \sigma_2^2\right]}$$ ；当存

在 政 府 担 保 （ 情 景 三 ） 时 ， 最 优 效 益 分 配 比 例

$$\beta_{31}^{*} = \frac{\alpha^2 I^2 d + \rho b d \varepsilon^2 \sigma_2^2 (1-f)^2}{\alpha^2 I^2 d + \rho b d \varepsilon^2 \sigma_2^2 (1-f)^2 + \rho b d \sigma^2 + \varepsilon^2 \alpha_2^2 I^2 b (1-f)^2}$$ 。投资者承诺升级后 PPP

项目仍存在较大的不确定性，即承诺升级成功或失败的概率 f 对于政府部门选择风险共担或提供担保的政策至关重要。

（2）PPP 项目投资者承诺升级终止阈值研究。当投资者面对 PPP 项目中的负反馈信息时，通常都会选择继续项目而表现为一定程度的承诺升级。同时，综合评估项目信息后，投资者心理会预设该项目的损失阈值；随着承诺升级的持续，一旦项目累计的实际损失达到投资者的阈值，承诺升级终止，将 PPP 项目提前移交给政府相关部门。研究结果表明，投资者在 PPP 项目中承诺升级终止阈值 V_{low} 与初始的原生性认知 S_0、沉没成本水平 c_k、政府担保程度 G、投资者自身的行为偏好及项目总投资 I 和项目预期收益率 $\tilde{R}$ 相关。在投资者承诺升级情景下，当含有期权价值的 PPP 项目价值（V_{EOC}）大于损失阈值（V_{low}）时，投资者将选择继续项目、不断升级承诺；相反，若期权价值的项目价值（V_{EOC}）小于投资者可承受的损失阈值（V_{low}），则投资者将终止承诺升级，并将 PPP 项目提前移交给政府部门以获得资产余值或政府补偿。

（3）PPP 项目投资者承诺升级下的退出定价机制研究。投资者终止对 PPP 项目承诺升级时可获得的政府补偿与项目预测现金流量密切相关，包括承诺升级之前项目正常建设和运营的净现金流量 CF_i^1、承诺升级后项目正常的生产性产出的净现金流量 CF_i^h、因承诺升级行为产生的不同结果的现金流量 CF_i^{e1} 和 CF_i^{e2}、投资者继续承诺升级时的预测现金流量 $\text{CF}_i^{e_0}$ 及政府部门回购项目后预估现金流量 CF_i^g。一旦双方经过谈判确定实际的净现金流量与预期净现金流量的净现值差异 χ，则投资者承诺升级终止时，退出定价的下限由 CF_i^1、CF_i^h、CF_i^{e1}、CF_i^{e2} 和 $\text{CF}_i^{e_0}$ 决定，而投资者退出后的项目净现金流量 CF_i^g 的大小直接决定了投资者退出时定价的上限 $(P_{\text{at}})_{\text{upper}} = (1 + r_f)^{t_0'} \times \sum\limits_{i = t_0' + 1}^{T_C} \dfrac{\text{CF}_i^g}{(1 + r_i)^i}$。在 PPP 项目投资者不同的承诺升级情景下，各参数的变化实际影响投资者承诺升级后预测自身可获得的净现金流

量 CF_i^2，特别是具备不同风险偏好的投资者，风险偏好程度不会影响投资者获得政府补偿的上限 $(P_{at})_{upper}$，而只会对政府补偿的下限 $(P_{at})_{lower}$ 产生影响。

（4）PPP 项目投资者承诺升级的影响因素及控制途径。PPP 项目中影响投资者承诺升级的 20 个关键因素包括：政府担保措施（N_{13}）、风险分担机制（N_{18}）、政府信用状况（N_{15}）、投资者的综合实力（N_{12}）、负面情绪（N_{25}）、项目的可替代性（N_9）、心理预算（N_{22}）、新增利好政策（N_{16}）、项目控制权（N_{11}）、信息不对称（N_{34}）、组织惰性（N_{30}）、负有决策责任（N_{32}）、沉没成本（N_1）、问责机制（N_{33}）、风险偏好（N_{20}）、社会舆论（N_{35}）、项目预期收益（N_3）、权威人士介入或其他政治性因素（N_{39}）、业绩考核（N_{28}）和机会成本（N_5），权重之和共计约 60.70%。通过进一步因子分析降维，将影响投资者对 PPP 项目承诺升级的因素进行结构化分解得到，影响投资者承诺升级的指标体系可划分为八个公因子，分别如下：①心理特征因子（Fac_1），反映投资者的理性思维风格、自尊水平、对负面信息的承受度、风险偏好、过度自信、社会认同、负面情绪、心理预算和责任感这几个方面的变动情况，权重为 22.05%；②组织因素因子（Fac_2），权重为 24.80%，主要体现在组织文化、责任分担、问责机制、决策目标、业绩考核、组织社会形象、负有决策责任、决策方式、组织惰性和信息不对称方面；③政府因素因子（Fac_3）是政府信用状况、政府担保措施、政府财政状况、新增利好政策、项目的可替代性和风险分担机制综合作用的结果，权重为 20.32%；④项目前景因素因子（Fac_4），在评估预期收益的准确性、项目低投入/低成本、项目预期收益、机会成本和目标实现概率五个变量上的载荷系数较大，这些变量均反映了继续 PPP 项目时的一些拟投入成本或未来收益，即反映了 PPP 项目的前景状况，权重为 9.72%；⑤社会环境因素因子（Fac_5），权重为 8.61%，综合反映了变量权威人士介入或其他政治性因素、社会文化和环境、社会榜样与行动一致性和社会舆论的作用效果；⑥外界诱导因素因子（Fac_6），权重为 6.67%，是投资者的综合实力、从众效应和剩余特许期三个变量综合作用的效果；⑦沉没成本效应因子（Fac_7），反映了项目沉没成本和项目进度这两个指标，权重合计为 4.83%；⑧项目控制权因子（Fac_8），反映对 PPP 项目的控制权这一变量，权重为 3.00%。

因此，政府部门清楚明确自身的角色定位，合理新增利好政策，确定最优的风险分担机制，通过制定完善的退出定价机制，加大投资者承诺升级的机会成本（N_5）；合理分配 PPP 项目的控制权，减少与投资者之间的信息不对称，合理设置对投资者违约行为的惩罚力度，降低沉没成本的影响等都是控制投资者承诺升级的重要手段。除此之外，科学引导社会公众参与 PPP 项目，避免引发极端的社会舆论压力，保护项目不受权威人士中途介入或其他政治性因素的影响，积极打造诚信政府形象等对于降低投资者的承诺升级都至关重要。对投资者而言,明确自身风险偏好水平,全面理性分析项目预期收益,降低决策时负面情绪对承诺升级的影响,根据自身综合实力合理控制对 PPP 项目的承诺升级程度和合理设置承诺升级终止的损失阈值,都可以有效防止自身持续的承诺升级。从投资者组织内部而言,合理设置对决策者的问责机制和业绩考核体系,打破组织惰性,积极评估项目,保持现有投资者负责 PPP 项目,是组织内部机制设计的重要内容。

综上所述,本书的创新性主要体现如下:①对 PPP 项目投资者承诺升级影响因素进行结构化分析,系统构建投资者对 PPP 项目承诺升级的影响因素指标体系,识别关键因素并进行结构化分析。②以 PPP 项目中投资者承诺升级这一主观行为为切入点,以控制投资者承诺升级发生后果为主要目的,鉴于承诺升级行为发生后项目结果的不确定性,在构建委托代理模型时引入了承诺升级后果的概率表示,且进一步加入了投资者的风险偏好,研究成果更易为基于 PPP 项目负反馈信息后重新谈判的双方所接受。③不同于传统实物期权理论,本书将 PPP 项目中投资者承诺升级行为融入实物期权理论模型,突破传统实物期权理论的限制,投资者终止项目的临界条件不再是项目价值(含期权价值)等于 0,而是允许一定程度的损失,即终止承诺升级时的阈值小于 0。④基于实物期权理论构建了 PPP 项目投资者承诺升级终止的退出定价模型,助力投资者实现顺利退出,为政府部门和投资者的决策提供参考依据。基于上述模型分析,本书最终提出相应的治理措施,规范引导 PPP 模式实现可持续发展。

参 考 文 献

常亮，刘凤朝，杨春薇. 2017. 基于市场机制的流域管理 PPP 模式项目契约研究[J]. 管理评论，
　　29（3）：197-206.

常雅楠，王松江. 2018. 激励视角下的 PPP 项目利益分配——以亚投行支撑中国企业投资 GMS
　　国家基础设施项目为例[J]. 管理评论，30（11）：257-265.

陈炳，高猛. 2010. "面子"文化与管理之道——中国式管理的文化生态学视角[J]. 管理学报，
　　7（6）：797-803.

陈丹梅，李仲飞. 2016. 委托代理框架下项目投资的最优合同设计[J]. 中国管理科学，24（5）：
　　92-99.

陈天祥，郑佳斯. 2016. 双重委托代理下的政社关系：政府购买社会服务的新解释框架[J]. 公共
　　管理学报，13（3）：36-48，154.

陈伟娜，凌文辁，李锐. 2009. 决策嵌陷现象及其相关研究[J]. 统计与决策，（13）：40-42.

戴大双，李铮，王东波. 2010. 基于多案例的代建制项目关键风险识别研究[J]. 管理案例研究与
　　评论，3（6）：460-468.

杜亚灵，尹航. 2015. 工程项目中社会资本对合理风险分担的影响研究[J]. 管理工程学报，
　　29（1）：135-142，148.

高颖，张水波，冯卓. 2014. 不完全合约下 PPP 项目的运营期延长决策机制[J]. 管理科学学报，
　　17（2）：48-57，94.

龚强，张一林，雷丽衡. 2019. 政府与社会资本合作（PPP）：不完全合约视角下的公共品负担
　　理论[J]. 经济研究，54（4）：133-148.

谷晓燕. 2015. 基于实物期权的研发项目动态投资决策模型[J]. 中国管理科学，23（7）：
　　94-102.

何涛，赵国杰. 2011. 基于随机合作博弈模型的 PPP 项目风险分担[J]. 系统工程，29（4）：
　　88-92.

黄健青，黄晓凤，殷国鹏. 2017. 众筹项目融资成功的影响因素及预测模型研究[J]. 中国软科
　　学，（7）：91-100.

焦媛媛，刘亚光，熊剑芳，等. 2016. 项目组合成功测量及其影响因素：基于中国情境的实证研究[J]. 管理评论，28（10）：214-228.

李刚，程砚秋，董霖哲，等. 2014. 基尼系数客观赋权方法研究[J]. 管理评论，26（1）：12-22.

李海涛. 2016. 政府特许经营模式下的电网投资体制构建[J]. 管理世界，（1）：178-179.

李林，刘志华，章昆昌. 2013. 参与方地位非对称条件下 PPP 项目风险分配的博弈模型[J]. 系统工程理论与实践，33（8）：1940-1948.

刘晓凯，张明. 2015. 全球视角下的 PPP：内涵、模式、实践与问题[J]. 国际经济评论，（4）：53-67，5.

刘志远，刘超. 2004. 基于实验研究的恶性增资行为解释：自辨理论还是前景理论？[J]. 中国会计评论，2（2）：249-258.

刘志远，刘青. 2007. 集体决策能抑制恶性增资吗——一个基于前景理论的实验研究[J]. 中国工业经济，（4）：13-20.

柳瑞禹，秦华. 2015. 基于公平偏好和长期绩效的委托代理问题研究[J]. 系统工程理论与实践，35（10）：2708-2720.

卢纹岱. 2002. SPSS for Windows 统计分析[M]. 北京：电子工业出版社.

陆克今，薛恒新. 2012. 贷款价值比对商业银行风险管理决策的有用性——会计准则和实物期权的结合[J]. 管理世界，（11）：178-179.

马可–斯达德勒 I，佩雷斯–卡斯特里罗 D. 2004. 信息经济学引论：激励与合约[M]. 2 版. 管毅平译. 上海：上海财经大学出版社.

牛芳，张玉利，杨俊. 2012. 坚持还是放弃？基于前景理论的新生创业者承诺升级研究[J]. 南开管理评论，15（1）：131-141.

普劳斯 S. 2004. 决策与判断[M]. 施俊琦，王星译. 北京：人民邮电出版社.

亓霞，柯永建，王守清. 2009. 基于案例的中国 PPP 项目的主要风险因素分析[J]. 中国软科学，（5）：107-113.

钱明辉，李蔚菱. 2014. 心理预算研究新进展及其启示[J]. 管理评论，26（10）：173-180.

任旭林，王重鸣. 2006. 基于创业的承诺升级研究[J]. 人类工效学，12（2）：10-12.

阮利民，曹国华，谢忠. 2011. 矿产资源限制性开发补偿测算的实物期权分析[J]. 管理世界，（10）：184-185.

石磊，孙晓丽. 2011. BOT 项目风险转移的悖论——以日本一 BOT 失败项目为研究对象[J]. 管理案例研究与评论，4（4）：248-256.

斯达德勒 M，卡斯特里罗 P. 2004. 信息经济学引论：激励与合约[M]. 2 版. 管毅平译. 上海：上海财经大学出版社.

宋金波，常静，靳璐璐. 2014. BOT 项目提前终止关键影响因素——基于多案例的研究[J]. 管理案例研究与评论，7（1）：86-95.

宋金波，靳璐璐，付亚楠. 2016. 高需求状态下交通 BOT 项目特许决策模型[J]. 管理评论，

28（5）：199-205.

孙慧，叶秀贤. 2013. 不完全契约下 PPP 项目剩余控制权配置模型研究[J]. 系统工程学报，28（2）：227-233.

唐洋，李伟. 2010. 大股东的认购行为选择与再投资陷阱[J]. 证券市场导报，（10）：52-58.

唐洋，刘志远. 2008. 决策责任、原生性认知、资本预算项目恶性增资——基于模拟试验的证据[J]. 南开管理评论，11（1）：78-84.

田厚平，刘长贤，吴萍. 2007. 非对称信息下参与人不同风险偏好组合的委托代理问题[J]. 管理工程学报，21（3）：24-28.

王磊，王世伟，成克河. 2012. 供应商喜好风险的双渠道定价策略研究[J]. 中国管理科学，20（S2）：575-579.

王守清，柯永建. 2008. 特许经营项目融资（BOT、PFI 和 PPP）[M]. 北京：清华大学出版社.

王守清，伍迪，彭为，等. 2017. PPP 模式下城镇建设项目政企控制权配置[J]. 清华大学学报（自然科学版），57（4）：369-375.

王苏生，康永博，彭珂. 2017. 公司创业投资（CVC）、实物期权和公司价值创造[J]. 管理评论，29（9）：110-121.

王维国，刘德海. 2008. 建筑工程项目招标低价中标现象的不完全信息博弈理论分析[J]. 中国管理科学，16（S1）：444-449.

王晓明，李仕明，杨华刚，等. 2011. 考虑共赢的电信业务创新动态激励合同研究[J]. 系统工程学报，26（5）：671-678.

王秀芹，阚梦莹，张艺红. 2018. 基于实物期权的 PPP 项目最低收入担保界限研究[J]. 中国管理科学，26（7）：40-46.

吴明隆. 2000. SPSS 统计应用实务[M]. 北京：中国铁道出版社.

吴孝灵，刘小峰，周晶，等. 2016. 基于私人过度自信的 PPP 项目最优补偿契约设计与选择[J]. 中国管理科学，24（11）：29-39.

项保华. 2011. 决策管理疑难与破解[M]. 北京：华夏出版社.

熊伟，诸大建. 2017. 以可持续发展为导向的 PPP 模式的理论与实践[J]. 同济大学学报（社会科学版），28（1）：78-84，103.

徐飞，宋波. 2010. 公私合作制（PPP）项目的政府动态激励与监督机制[J]. 中国管理科学，18（3）：165-173.

叶建华. 2016. "热手效应"和"赌徒谬误"决策偏差与股市极大日收益率异象——基于中国 A 股市场的经验证据[J]. 管理评论，28（11）：30-39.

殷红，王先甲. 2008. 政府采购招标的最优机制设计[J]. 系统管理学报，17（4）：365-370.

尹贻林，徐志超，邱艳. 2014. 公共项目中承包商机会主义行为应对的演化博弈研究[J]. 土木工程学报，47（6）：138-144.

于窈，李纾. 2006. "过分自信"的研究及其跨文化差异[J]. 心理科学进展，14（3）：468-474.

张洁梅, 王钰沛, 张玉平. 2019. 利益相关者视角的地方政府融资平台风险管理研究[J]. 管理评论, 31（3）: 61-70.

张俊光, 宋喜伟, 杨双. 2017. 基于熵权法的关键链项目缓冲确定方法[J]. 管理评论, 29（1）: 211-219.

张万宽, 杨永恒, 王有强. 2010. 公私伙伴关系绩效的关键影响因素——基于若干转型国家的经验研究[J]. 公共管理学报, 7（3）: 103-112, 127-128.

张文慧, 王晓田. 2008. 自我框架、风险认知和风险选择[J]. 心理学报, 40（6）: 633-641.

张云华, 丰景春, 张可, 等. 2019. 完全理性与互惠偏好下PPP项目控制权激励模型比较研究: 基于私人部门之间的控制权配置[J]. 管理工程学报, 33（4）: 151-158.

张喆, 贾明. 2012. PPPs合作中控制权配置实验[J]. 系统管理学报, 21（2）: 166-179.

张喆, 贾明, 万迪昉. 2009a. PPP背景下控制权配置及其对合作效率影响的模型研究[J]. 管理工程学报, 23（3）: 23-29, 22.

张喆, 贾明, 万迪昉. 2009b. PPP合作中控制权配置及其对合作效率影响的理论和实证研究——以中国医疗卫生领域内的PPP合作为例[J]. 管理评论, 21（9）: 29-38.

郑传斌, 丰景春, 鹿倩倩, 等. 2017. 全生命周期视角下关系治理与契约治理导向匹配关系的实证研究——以PPP项目为例[J]. 管理评论, 29（12）: 258-268.

朱喜安, 魏国栋. 2015. 熵值法中无量纲化方法优良标准的探讨[J]. 统计与决策, （2）: 12-15.

Abednego M P, Ogunlana S O. 2006. Good project governance for proper risk allocation in public-private partnerships in Indonesia[J]. International Journal of Project Management, 24（7）: 622-634.

Ahmadabadi A A, Heravi G. 2019. Risk assessment framework of PPP-megaprojects focusing on risk interaction and project success[J]. Transportation Research Part A: Policy and Practice, 124: 169-188.

Alonso-Conde A B, Brown C, Rojo-Suarez J. 2007. Public private partnerships: incentives, risk transfer and real options[J]. Review of Financial Economics, 16（4）: 335-349.

Ameyaw C, Adjei-Kumi T, Owusu-Manu D G. 2015. Exploring value for money（VfM）assessment methods of public-private partnership projects in Ghana: a theoretical framework[J]. Journal of Financial Management of Property and Construction, 20（3）: 268-285.

Ameyaw E E, Chan A P C. 2015. Risk allocation in public-private partnership water supply projects in Ghana[J]. Construction Management and Economics, 33（3）: 187-208.

An X, Li H, Wang L, et al. 2018. Compensation mechanism for urban water environment treatment PPP project in China[J]. Journal of Cleaner Production, 201: 246-253.

Andalib M S, Tavakolan M, Gatmiri B. 2018. Modeling managerial behavior in real options valuation for project-based environments[J]. International Journal of Project Management, 36（4）: 600-611.

Anguera R. 2006. The Channel Tunnel—An ex post economic evaluation[J]. Transportation Research Part A: Policy and Practice, 40（4）: 291-315.

Anicich E M, Hirsh J B. 2017. The psychology of middle power: vertical code-switching, role conflict, and behavioral inhibition[J]. Academy of Management Review, 42（4）: 659-682.

Arbuthnott K D, Dolter B. 2013. Escalation of commitment to fossil fuels[J]. Ecological Economics, 89: 7-13.

Arkes H R, Blumer C. 1985. The psychology of sunk cost[J]. Organizational Behavior and Human Decision Processes, 35（1）: 124-140.

Bauer R, Smeets P. 2015. Social identification and investment decisions[J]. Journal of Economic Behavior and Organization, 117: 121-134.

Behrens J, Ernst H. 2014. What keeps managers away from a losing course of action? Go/Stop decisions in new product development[J]. Journal of Product Innovation Management, 31（2）: 361-374.

Berg J E, Dickhaut J W, Kanodia C. 2009. The role of information asymmetry in escalation phenomena: empirical evidence[J]. Journal of Economic Behavior and Organization, 69（2）: 135-147.

Biyalogorsky E, Boulding W, Staelin R. 2006. Stuck in the past: why managers persist with new product failures[J]. Journal of Marketing, 70（2）: 108-121.

Bobocel D R, Meyer J P. 1994. Escalating commitment to a failing course of action: separating the roles of choice and justification[J]. Journal of Applied Psychology, 79（3）: 360-363.

Bonney L, Plouffe C R, Wolter J. 2014. "I think I can… I think I can": the impact of perceived selling efficacy and deal disclosure on salesperson escalation of commitment[J]. Industrial Marketing Management, 43（5）: 826-839.

Boulding W, Guha A, Staelin R. 2016. Do we really need to change the decision maker? Counterintuitive escalation of commitment results in real options contexts[J]. Management Science, 63（10）: 3459-3472.

Bowen M G. 1987. The escalation phenomenon reconsidered: decision dilemmas or decision errors?[J]. The Academy of Management Review, 12（1）: 52-66.

Brandão L E, Bastian-Pinto C, Gomes L L, et al. 2012. Government supports in public-private partnership contracts: Metro Line 4 of the Sao Paulo Subway System[J]. Journal of Infrastructure Systems, 18（3）: 218-225.

Brockner J. 1992. The escalation of commitment to a failing course of action: toward theoretical progress[J]. The Academy of Management Review, 17（1）: 39-61.

Brockner J, Nathanson S, Friend A, et al. 1984. The role of modeling processes in the "knee deep in the big muddy" phenomenon[J]. Organizational Behavior and Human Performance, 33（1）:

77-99.

Brockner J, Rubin J Z. 1985. Entrapment in Escalating Conflicts: A Social Psychological Analysis[M]. New York: Springer-Verlag.

Brockner J, Rubin J Z, Lang E. 1981. Face-saving and entrapment[J]. Journal of Experimental Social Psychology, 17（1）: 68-79.

Buyukyoran F, Gundes S. 2018. Optimized real options-based approach for government guarantees in PPP toll road projects[J]. Construction Management and Economics, 36（4）: 203-216.

Caldwell D F, O'Reilly C A. 1982. Responses to failure: the effects of choice and responsibility on impression management[J]. The Academy of Management Journal, 25（1）: 121-136.

Carbonara N, Costantino N, Pellegrino R. 2014a. Concession period for PPPs: a win-win model for a fair risk sharing[J]. International Journal of Project Management, 32（7）: 1223-1232.

Carbonara N, Costantino N, Pellegrino R. 2014b. Revenue guarantee in public-private partnerships: a fair risk allocation model[J]. Construction Management and Economics, 32（4）: 403-415.

Carbonara N, Pellegrino R. 2018. Revenue guarantee in public-private partnerships: a win-win model[J]. Construction Management and Economics, 36（10）: 584-598.

Carbonara N, Pellegrino R. 2020. The role of public private partnerships in fostering innovation[J]. Construction Management and Economics, 38（2）: 140-156.

Chan A P C, Yeung J F Y, Yu C C P, et al. 2011. Empirical study of risk assessment and allocation of public-private partnership projects in China[J]. Journal of Management in Engineering, 27（3）: 136-148.

Chang C Y. 2013. Understanding the hold-up problem in the management of megaprojects: the case of the Channel Tunnel Rail Link Project[J]. International Journal of Project Management, 31（4）: 628-637.

Chang C Y, Ko J W. 2016. New approach to estimating the standard deviations of lognormal cost variables in the Monte Carlo analysis of construction risks[J]. Journal of Construction Engineering and Management, 143（1）: 06016006.

Chang L M, Chen P H. 2001. BOT financial model: Taiwan high speed rail case[J]. Journal of Construction Engineering and Management, 127（3）: 214-222.

Chang Z, Phang S Y. 2017. Urban rail transit PPPs: lessons from East Asian cities[J]. Transportation Research Part A: Policy and Practice, 105: 106-122.

Cheah C Y J, Liu J. 2006. Valuing governmental support in infrastructure projects as real options using Monte Carlo simulation[J]. Construction Management and Economics, 24（5）: 545-554.

Chen C, Doloi H. 2008. BOT application in China: driving and impeding factors[J]. International Journal of Project Management, 26（4）: 388-398.

Chen C, Messner J. 2005. An investigation of Chinese BOT projects in water supply: a comparative perspective[J]. Construction Management and Economics, 23（9）: 913-925.

Cheng Y H. 2010. High-speed rail in Taiwan: new experience and issues for future development[J]. Transport Policy, 17（2）: 51-63.

Cheung E, Chan A P C. 2011. Risk factors of public-private partnership projects in China: comparison between the water, power, and transportation sectors[J]. Journal of Urban Planning and Development, 137（4）: 409-415.

Cheynel E. 2013. A theory of voluntary disclosure and cost of capital[J]. Review of Accounting Studies, 18（4）: 987-1020.

Chulkov D V, Desai M S. 2008. Escalation and premature termination in MIS projects: the role of real options[J]. Information Management and Computer Security, 16（4）: 324-335.

Chung D, Hensher D A, Rose J M. 2010. Toward the betterment of risk allocation: investigating risk perceptions of Australian stakeholder groups to public-private-partnership toll road projects[J]. Research in Transportation Economics, 30（1）: 43-58.

Chung S H, Cheng K C. 2018. How does cognitive dissonance influence the sunk cost effect?[J]. Psychology Research and Behavior Management, 11: 37-45.

Conlon D E, Garland H. 1993. The role of project completion information in resource allocation decisions[J]. The Academy of Management Journal, 36（2）: 402-413.

Conlon E J, Parks J M. 1987. Information requests in the context of escalation[J]. Journal of Applied Psychology, 72（3）: 344-350.

Contractor S H, Kumar P, Leigh T W. 2012. The impact of governance mechanisms on escalation of commitment[J]. International Journal of Innovation Management, 16（4）: 1250023.

Cui C, Liu Y, Hope A, et al. 2018. Review of studies on the public-private partnerships（PPP）for infrastructure projects[J]. International Journal of Project Management, 36（5）: 773-794.

Dahan E, Mendelson H. 2001. An extreme-value model of concept testing[J]. Management Science, 47（1）: 102-116.

Dahdal A. 2010. The dissolution of public private partnerships: an Australian case study of the political costs involved[J]. International Review of Business Research Papers, 6（2）: 1-11.

Devigne D, Manigart S, Wright M. 2016. Escalation of commitment in venture capital decision making: differentiating between domestic and international investors[J]. Journal of Business Venturing, 31（3）: 253-271.

Doloi H, Sawhney A, Iyer K C, et al. 2012. Analysing factors affecting delays in Indian construction projects[J]. International Journal of Project Management, 30（4）: 479-489.

Drummond H. 2014. Escalation of commitment: when to stay the course?[J]. The Academy of Management Perspectives, 28（4）: 430-446.

Dur R, Tichem J. 2015. Altruism and relational incentives in the workplace[J]. Journal of Economics and Management Strategy, 24（3）: 485-500.

Eisenhardt K M. 1989. Agency theory: an assessment and review[J]. The Academy of Management Review, 14（1）: 57-74.

Engel E, Fischer R, Galetovic A. 2018. The joy of flying: efficient airport PPP contracts[J]. Transportation Research Part B: Methodological, 114: 131-146.

Engwall M. 2003. No project is an island: linking projects to history and context[J]. Research Policy, 32（5）: 789-808.

Feldman G, Wong K F E. 2018. When action-inaction framing leads to higher escalation of commitment: a new inaction-effect perspective on the sunk-cost fallacy[J]. Psychological Science, 29（4）: 537-548.

Feng Z, Zhang S B, Gao Y. 2015. Modeling the impact of government guarantees on toll charge, road quality and capacity for build-operate-transfer（BOT）road projects[J]. Transportation Research Part A: Policy and Practice, 78: 54-67.

Festinger L. 1957. A Theory of Cognitive Dissonance[M]. Palo Alto: Stanford University Press.

Flyvbjerg B, Garbuio M, Lovallo D. 2009. Delusion and deception in large infrastructure projects: two models for explaining and preventing executive disaster[J]. California Management Review, 51（2）: 170-194.

Fox F V, Staw B M. 1979. The trapped administrator: effects of job insecurity and policy resistance upon commitment to a course of action[J]. Administrative Science Quarterly, 24（3）: 449-471.

Fu X, Juan Z. 2017. Exploring the psychosocial factors associated with public transportation usage and examining the "gendered" difference[J]. Transportation Research Part A: Policy and Practice, 103: 70-82.

Galera A L L, Soliño A S. 2010. A real options approach for the valuation of highway concessions[J]. Transportation Science, 44（3）: 416-427.

Gao R, Liu J. 2019. Selection of government supervision mode of PPP projects during the operation stage[J]. Construction Management and Economics, 37（10）: 584-603.

Garland H, Conlon D E. 1998. Too close to quit: the role of project completion in maintaining commitment[J]. Journal of Applied Social Psychology, 28（22）: 2025-2048.

Garland H, Newport S. 1991. Effects of absolute and relative sunk costs on the decision to persist with a course of action[J]. Organizational Behavior and Human Decision Processes, 48（1）: 55-69.

Garvin M J, Cheah C Y J. 2004. Valuation techniques for infrastructure investment decisions[J]. Construction Management and Economics, 22（4）: 373-383.

Garvin M J, Ford D N. 2012. Real options in infrastructure projects: theory, practice and prospects[J]. Engineering Project Organization Journal, 2 (1/2): 97-108.

Ghosh D. 1997. De-escalation strategies: some experimental evidence[J]. Behavioral Research in Accounting, 9: 88-112.

Ghosh S, Jintanapakanont J. 2004. Identifying and assessing the critical risk factors in an underground rail project in Thailand: a factor analysis approach[J]. International Journal of Project Management, 22 (8): 633-643.

Goffman E. 1959. The moral career of the mental patient[J]. Psychiatry, 22 (2): 123-142.

Greer C R, Stephens G K. 2001. Escalation of commitment: a comparison of differences between Mexican and U.S. decision-makers[J]. Journal of Management, 27 (1): 51-78.

Griffin D, Tversky A. 1992. The weighing of evidence and the determinants of confidence[J]. Cognitive Psychology, 24 (3): 411-435.

Griffith J A, Baur J E, Buckley M R. 2019. Creating comprehensive leadership pipelines: applying the real options approach to organizational leadership development[J]. Human Resource Management Review, 29 (3): 305-315.

Gunia B C, Sivanathan N, Galinsky A D. 2009. Vicarious entrapment: your sunk costs, my escalation of commitment[J]. Journal of Experimental Social Psychology, 45 (6): 1238-1244.

Habets J. 2010. Incomplete contracts and public-private-partnerships[D]. Erasmus University Doctoral Dissertation.

Harrison P D, Chow C W, Wu A, et al. 1999. A cross-cultural investigation of managers' project evaluation decisions[J]. Behavioral Research in Accounting, 11: 143-160.

Harvey P, Victoravich L M. 2009. The influence of forward-looking antecedents, uncertainty, and anticipatory emotions on project escalation[J]. Decision Sciences, 40 (4): 759-782.

He J, Alavifard F, Ivanov D, et al. 2019. A real-option approach to mitigate disruption risk in the supply chain[J]. Omega, 88: 133-149.

He X, Mittal V. 2007. The effect of decision risk and project stage on escalation of commitment[J]. Organizational Behavior and Human Decision Processes, 103 (2): 225-237.

Heath C. 1995. Escalation and de-escalation of commitment in response to sunk costs: the role of budgeting in mental accounting[J]. Organizational Behavior and Human Decision Processes, 62 (1): 38-54.

Heaton J B. 2002. Managerial optimism and corporate finance[J]. Financial Management, 31 (2): 33-45.

Heng C S, Tan B C Y, Wei K K. 2003. De-escalation of commitment in software projects: who matters? What matters?[J]. Information and Management, 41 (1): 99-110.

Herder P M, de Joode J, Ligtvoet A, et al. 2011. Buying real options-valuing uncertainty in infrastructure planning[J]. Futures, 43（9）: 961-969.

Hestenes D. 1987. Toward a modeling theory of physics instruction[J]. American Journal of Physics, 55（5）: 440-454.

Higgins E T. 1997. Beyond pleasure and pain[J]. The American Psychologist, 52（12）: 1280-1300.

Ho S P, Liu L Y. 2002. An option pricing-based model for evaluating the financial viability of privatized infrastructure projects[J]. Construction Management and Economics, 20（2）: 143-156.

Ho S P, Liu L Y. 2004. Analytical model for analyzing construction claims and opportunistic bidding[J]. Journal of Construction Engineering and Management, 130（1）: 94-104.

Hogarth R M, Einhorn H J. 1992. Order effects in belief updating: the belief-adjustment model[J]. Cognitive Psychology, 24（1）: 1-55.

Holmstrom B, Milgrom P. 1987. Aggregation and linearity in the provision of intertemporal incentives[J]. Econometrica, 55（2）: 303-328.

Hsieh K Y, Tsai W, Chen M J. 2015. If they can do it, why not us? Competitors as reference points for justifying escalation of commitment[J]. The Academy of Management Journal, 58（1）: 38-58.

Huemann M, Silvius G. 2017. Projects to create the future: managing projects meets sustainable development[J]. International Journal of Project Management, 35（6）: 1066-1070.

Hueskes M, Verhoest K, Block T. 2017. Governing public-private partnerships for sustainability: an analysis of procurement and governance practices of PPP infrastructure projects[J]. International Journal of Project Management, 35（6）: 1184-1195.

Hutchinson M, Berg B K, Kellison T B. 2018. Political activity in escalation of commitment: sport facility funding and government decision making in the United States[J]. Sport Management Review, 21（3）: 263-278.

Ibrahim A D, Price A D F, Dainty A R J. 2006. The analysis and allocation of risks in public private partnerships in infrastructure projects in Nigeria[J]. Journal of Financial Management of Property and Construction, 11（3）: 149-164.

Iossa E, Legros P. 2004. Auditing and property rights[J]. The Rand Journal of Economics, 35（2）: 356-372.

Iossa E, Martimort D. 2016. Corruption in PPPs, incentives and contract incompleteness[J]. International Journal of Industrial Organization, 44: 85-100.

Iossa E, Spagnolo G, Vellez M. 2007. Contract design in public-private partnerships[R]. Report for the World Bank.

Ioulianou S, Trigeorgis L, Driouchi T. 2017. Multinationality and firm value: the role of real options awareness[J]. Journal of Corporate Finance, 46: 77-96.

Irwin T, Mokdad T. 2010. Managing Contingent Liabilities in Public-Private Partnerships: Practice in Australia, Chile, and South Africa[M]. Washington: The World Bank.

Iyer K C, Sagheer M. 2009. Hierarchical structuring of PPP risks using interpretative structural modeling[J]. Journal of Construction Engineering and Management, 136（2）: 151-159.

Jani A. 2008. An experimental investigation of factors influencing perceived control over a failing IT project[J]. International Journal of Project Management, 26（7）: 726-732.

Jensen M C, Meckling W H. 1976. Theory of the firm: managerial behavior, agency costs and ownership structure[J]. Journal of Financial Economics, 3（4）: 305-360.

Jia N, Li L, Ling S, et al. 2018. Influence of attitudinal and low-carbon factors on behavioral intention of commuting mode choice—a cross-city study in China[J]. Transportation Research Part A: Policy and Practice, 111: 108-118.

Jin X H, Doloi H. 2008. Interpreting risk allocation mechanism in public-private partnership projects: an empirical study in a transaction cost economics perspective[J]. Construction Management and Economics, 26（7）: 707-721.

Jin X H, Zhang G. 2011. Modelling optimal risk allocation in PPP projects using artificial neural networks[J]. International Journal of Project Management, 29（5）: 591-603.

Kadous K, Sedor L M. 2004. The efficacy of third-party consultation in preventing managerial escalation of commitment: the role of mental representations[J]. Contemporary Accounting Research, 21（1）: 55-82.

Kahneman D, Tversky A. 1979. Prospect theory: an analysis of decision under risk[J]. Econometrica, 47（2）: 263-292.

Kaiser H F. 1974. An index of factorial simplicity[J]. Psychometrika, 39（1）: 31-36.

Karlsson N, Gärling T, Bonini N. 2005. Escalation of commitment with transparent future outcomes[J]. Experimental Psychology, 52（1）: 67-73.

Karlsson N, Juliusson Á, Grankvist G, et al. 2002. Impact of decision goal on escalation[J]. Acta Psychologica, 111（3）: 309-322.

Ke Y, Wang S Q, Chan A P C, et al. 2010. Preferred risk allocation in China's public-private partnership（PPP）projects[J]. International Journal of Project Management, 28（5）: 482-492.

Keers B B M, van Fenema P C. 2018. Managing risks in public-private partnership formation projects[J]. International Journal of Project Management, 36（6）: 861-875.

Keil M. 1995. Pulling the plug: software project management and the problem of project escalation[J]. MIS Quarterly, 19（4）: 421-447.

Keil M, Depledge G, Rai A. 2007. Escalation: the role of problem recognition and cognitive bias[J]. Decision Sciences, 38（3）: 391-421.

Keil M, Mixon R, Saarinen T, et al. 1994. Understanding runaway information technology projects: results from an international research program based on escalation theory[J]. Journal of Management Information Systems, 11（3）: 65-85.

Keil M, Robey D. 1999. Turning around troubled software projects: an exploratory study of the deescalation of commitment to failing courses of action[J]. Journal of Management Information Systems, 15（4）: 63-87.

Keil M, Tan B C Y, Wei K K, et al. 2000. A cross-cultural study on escalation of commitment behavior in software projects[J]. MIS Quarterly, 24（2）: 299-325.

Keil M, Truex D P, Mixon R. 1995. The effects of sunk cost and project completion on information technology project escalation[J]. IEEE Transactions on Engineering Management, 42（4）: 372-381.

Kiesler C A. 1971. The Psychology of Commitment: Experiments Linking Behavior to Belief[M]. New York: Academic Press.

Kim J H, Kim J, Shin S H, et al. 2011. Public-Private Partnership Infrastructure Projects: Case Studies from the Republic of Korea[M]. Manila: Asian Development Bank.

Kivilä J, Martinsuo M, Vuorinen L. 2017. Sustainable project management through project control in infrastructure projects[J]. International Journal of Project Management, 35（6）: 1167-1183.

Kolb A M. 2019. Strategic real options[J]. Journal of Economic Theory, 183: 344-383.

Krüger N A. 2012. To kill a real option-incomplete contracts, real options and PPP[J]. Transportation Research Part A: Policy and Practice, 46（8）: 1359-1371.

Ku G. 2008. Learning to de-escalate: the effects of regret in escalation of commitment[J]. Organizational Behavior and Human Decision Processes, 105（2）: 221-232.

Ku G, Malhotra D, Murnighan J K. 2005. Towards a competitive arousal model of decision-making: a study of auction fever in live and Internet auctions[J]. Organizational Behavior and Human Decision Processes, 96（2）: 89-103.

Kumar L, Jindal A, Velaga N R. 2018. Financial risk assessment and modelling of PPP based Indian highway infrastructure projects[J]. Transport Policy, 62: 2-11.

Kwong J Y Y, Wong K F E. 2014. Reducing and exaggerating escalation of commitment by option partitioning[J]. The Journal of Applied Psychology, 99（4）: 697-712.

Lambrecht B M. 2017. Real options in finance[J]. Journal of Banking and Finance, 81: 166-171.

Lau H S, Lau A H L. 1999. Manufacturer's pricing strategy and return policy for a single-period commodity[J]. European Journal of Operational Research, 116（2）: 291-304.

Leatherwood M L，Conlon E J. 1988. The impact of prospectively relevant information on persistence in a project following setbacks[J]. Advances in Information Processing in Organizations，3：207-219.

Lee J S，Keil M，Wong K F E. 2018. Does a tired mind help avoid a decision bias? The effect of ego depletion on escalation of commitment[J]. Applied Psychology，67（1）：171-185.

Levy B，Spiller P T. 1994. The institutional foundations of regulatory commitment：a comparative analysis of telecommunications regulation[J]. The Journal of Law，Economics，and Organization，10（2）：201-246.

Li B，Akintoye A，Edwards P J，et al. 2005. The allocation of risk in PPP/PFI construction projects in the UK[J]. International Journal of Project Management，23（1）：25-35.

Li S，Abraham D，Cai H. 2017. Infrastructure financing with project bond and credit default swap under public-private partnerships[J]. International Journal of Project Management，35（3）：406-419.

Li Z，Hensher D A. 2010. Toll roads in Australia：an overview of characteristics and accuracy of demand forecasts[J]. Transport Reviews，30（5）：541-569.

Li Z，Hensher D A. 2012. Estimating values of travel time savings for toll roads：avoiding a common error[J]. Transport Policy，24：60-66.

Liang B，Kale S H，Cherian J. 2014. Is the future static or dynamic? The role of culture on escalation of commitment in new product development[J]. Industrial Marketing Management，43（1）：155-163.

Lin Y E，Fan W M，Chih H H. 2014. Throwing good money after bad? The impact of the escalation of commitment of mutual fund managers on fund performance[J]. Journal of Behavioral Finance，15（1）：1-15.

Liu J，Cheah C Y J. 2009. Real option application in PPP/PFI project negotiation[J]. Construction Management and Economics，27（4）：331-342.

Liu J，Gao R，Cheah C Y J，et al. 2016. Incentive mechanism for inhibiting investors opportunistic behavior in PPP projects[J]. International Journal of Project Management，34（7）：1102-1111.

Liu J，Gao R，Cheah C Y J. 2017a. Pricing mechanism of early termination of PPP projects based on real option theory[J]. Journal of Management in Engineering，33（6）：04017035.

Liu J，Gao R，Cheah C Y J，et al. 2017b. Evolutionary game of investors' opportunistic behaviour during the operational period in PPP projects[J]. Construction Management and Economics，35（3）：137-153.

Liu J，Love P E D，Smith J，et al. 2014a. Life cycle critical success factors for public-private partnership infrastructure projects[J]. Journal of Management in Engineering，31（5）：04014073.

Liu J, Yu X, Cheah C Y J. 2014b. Evaluation of restrictive competition in PPP projects using real option approach[J]. International Journal of Project Management, 32（3）: 473-481.

Liu T, Wang Y, Wilkinson S. 2016. Identifying critical factors affecting the effectiveness and efficiency of tendering processes in public-private partnerships（PPPs）: a comparative analysis of Australia and China[J]. International Journal of Project Management, 34（4）: 701-716.

Liu T, Wilkinson S. 2014. Large-scale public venue development and the application of public-private partnerships（PPPs）[J]. International Journal of Project Management, 32（1）: 88-100.

Mähring M, Keil M. 2008. Information technology project escalation: a process model[J]. Decision Sciences, 39（2）: 239-272.

Marques R C. 2017. Why not regulate PPPs?[J]. Utilities Policy, 48: 141-146.

Marques R C. 2018. Regulation by contract: overseeing PPPS[J]. Utilities Policy, 50: 211-214.

Martins A C, Marques R C, Cruz C O. 2011. Public-private partnerships for wind power generation: the Portuguese case[J]. Energy Policy, 39（1）: 94-104.

Martins J, Marques R C, Cruz C O. 2013. Real options in infrastructure: revisiting the literature[J]. Journal of Infrastructure Systems, 21（1）: 04014026.

McCain B E. 1986. Continuing investment under conditions of failure: a laboratory study of the limits to escalation[J]. Journal of Applied Psychology, 71（2）: 280-284.

Medda F. 2007. A game theory approach for the allocation of risks in transport public private partnerships[J]. International Journal of Project Management, 25（3）: 213-218.

Mobekk H, Fagerstrøm A, Hantula D A. 2018. The influence of probability discounting on escalation in information technology projects[J]. International Journal of Information Technology Project Management, 9（1）: 23-39.

Mok K Y, Shen G Q, Yang R J, et al. 2017. Investigating key challenges in major public engineering projects by a network-theory based analysis of stakeholder concerns: a case study[J]. International Journal of Project Management, 35（1）: 78-94.

Moles P, Williams G. 1995. Privately funded infrastructure in the UK: participants' risk in the Skye Bridge project[J]. Transport Policy, 2（2）: 129-134.

Montealegre R, Keil M. 2000. De-escalating information technology projects: lessons from the Denver International Airport[J]. MIS Quarterly, 24（3）: 417-447.

Moon H. 2001a. Looking forward and looking back: integrating completion and sunk-cost effects within an escalation-of-commitment progress decision[J]. The Journal of Applied psychology, 86（1）: 104-113.

Moon H. 2001b. The two faces of conscientiousness: duty and achievement striving in escalation of commitment dilemmas[J]. The Journal of Applied Psychology, 86（3）: 533-540.

Moon H, Conlon D E, Humphrey S E, et al. 2003b. Group decision process and incrementalism in organizational decision making[J]. Organizational Behavior and Human Decision Processes, 92（1/2）：67-79.

Moon H, Hollenbeck J R, Humphrey S E, et al. 2003a. The tripartite model of neuroticism and the suppression of depression and anxiety within an escalation of commitment dilemma[J]. Journal of Personality, 71（3）：347-368.

Moore M A, Boardman A E, Vining A R. 2017. Analyzing risk in PPP provision of utility services: a social welfare perspective[J]. Utilities Policy, 48：210-218.

Morer M, Ansel D, Michelik F, et al. 2018. Sunk cost of local elected representatives in situation of fiscal competition: an example of escalating commitment[J]. Revue Européenne de Psychologie Appliquée, 68（1）：1-4.

Moriarty J, Palczewski J. 2017. Real option valuation for reserve capacity[J]. European Journal of Operational Research, 257（1）：251-260.

Morreale A, Robba S, Nigro G L, et al. 2017. A real options game of alliance timing decisions in biopharmaceutical research and development[J]. European Journal of Operational Research, 261（3）：1189-1202.

Mota J, Moreira A C. 2015. The importance of non-financial determinants on public-private partnerships in Europe[J]. International Journal of Project Management, 33（7）：1563-1575.

Myers S C. 1977. Determinants of corporate borrowing[J]. Journal of Financial Economics, 5（2）：147-175.

Neale M A, Bazerman M H, Northcraft G B, et al. 1986. Choice shift effects in group decisions: a decision bias perspective[J]. International Journal of Small Group Research, 2（1）：33-42.

Nunes C, Pimentel R. 2017. Analytical solution for an investment problem under uncertainties with shocks[J]. European Journal of Operational Research, 259（3）：1054-1063.

Nurmi V, Ahtiainen H. 2018. Distributional weights in environmental valuation and cost-benefit analysis: theory and practice[J]. Ecological Economics, 150：217-228.

Odean T. 1998. Are investors reluctant to realize their losses?[J]. The Journal of Finance, 53（5）：1775-1798.

Oh H, Yoon C. 2020. Time to build and the real-options channel of residential investment[J]. Journal of Financial Economics, 135（1）：255-269.

Osei-Kyei R, Chan A P C. 2015. Review of studies on the critical success factors for public-private partnership（PPP）projects from 1990 to 2013[J]. International Journal of Project Management, 33（6）：1335-1346.

Pacini R, Epstein S. 1999. The relation of rational and experiential information processing styles to personality, basic beliefs, and the ratio-bias phenomenon[J]. Journal of Personality and Social

Psychology, 76（6）: 972-987.

Paez-Perez D, Sanchez-Silva M. 2016. A dynamic principal-agent framework for modeling the performance of infrastructure[J]. European Journal of Operational Research, 254（2）: 576-594.

Pan G, Pan S L. 2011. Transition to IS project de-escalation: an exploration into management executives' influence behaviors[J]. IEEE Transactions on Engineering Management, 58（1）: 109-123.

Pan S L, Pan G S C, Newman M, et al. 2006. Escalation and de-escalation of commitment to information systems projects: insights from a project evaluation model[J]. European Journal of Operational Research, 173（3）: 1139-1160.

Power G J, Burris M, Vadali S, et al. 2016. Valuation of strategic options in public-private partnerships[J]. Transportation Research Part A: Policy and Practice, 90: 50-68.

Rao V S, Monk A. 1999. The effects of individual differences and anonymity on commitment to decisions: preliminary evidence[J]. The Journal of Social Psychology, 139（4）: 496-515.

Romanus J, Karlsson N, Garling T. 1997. Loss sensitivity and concreteness as principles of integration of prior outcomes in risky decisions[J]. The European Journal of Cognitive Psychology, 9（2）: 155-166.

Ronay R, Oostrom J K, Lehmann-Willenbrock N, et al. 2017. Pride before the fall:（over）confidence predicts escalation of public commitment[J]. Journal of Experimental Social Psychology, 69: 13-22.

Ross J, Staw B M. 1986. Expo 86: an escalation prototype[J]. Administrative Science Quarterly, 31（2）: 274-297.

Ross J, Staw B M. 1993. Organizational escalation and exit: lessons from the Shoreham Nuclear Power Plant[J]. The Academy of Management Journal, 36（4）: 701-732.

Roumboutsos A, Anagnostopoulos K P. 2008. Public-private partnership projects in Greece: risk ranking and preferred risk allocation[J]. Construction Management and Economics, 26（7）: 751-763.

Rubin J Z, Brockner J. 1975. Factors affecting entrapment in waiting situations: the Rosencrantz and Guildenstern effect[J]. Journal of Personality and Social Psychology, 31（6）: 1054-1063.

Rubin J Z, Brockner J, Small-Weil S, et al. 1980. Factors affecting entry into psychological traps[J]. Journal of Conflict Resolution, 24（3）: 405-426.

Rutten M E J, Dorée A G, Halman J I M. 2014. Together on the path to construction innovation: yet another example of escalation of commitment?[J]. Construction Management and Economics, 32（7/8）: 695-704.

Rwelamila P D, Fewings P, Henjewele C. 2014. Addressing the missing link in PPP projects: what constitutes the public?[J]. Journal of Management in Engineering, 31（5）: 04014085.

Sabherwal R, Sein M K, Marakas G M. 2003. Escalating commitment to information system projects: findings from two simulated experiments[J]. Information and Management, 40（8）: 781-798.

Salter S B, Sharp D J. 2001. Agency effects and escalation of commitment: do small national culture differences matter?[J]. The International Journal of Accounting, 36（1）: 33-45.

Sarangee K R, Schmidt J B, Calantone R J. 2019. Anticipated regret and escalation of commitment to failing, new product development projects in business markets[J]. Industrial Marketing Management, 76: 157-168.

Sastoque L M, Arboleda C A, Ponz J L. 2016. A proposal for risk allocation in social infrastructure projects applying PPP in Colombia[J]. Procedia Engineering, 145: 1354-1361.

Schaubroeck J, Williams S. 1993. Type a behavior pattern and escalating commitment[J]. The Journal of Applied Psychology, 78（5）: 862-867.

Schaufelberger J E, Wipadapisut I. 2003. Alternate financing strategies for build-operate-transfer projects[J]. Journal of Construction Engineering and Management, 129（2）: 205-213.

Schaumberg R L, Wiltermuth S S. 2014. Desire for a positive moral self-regard exacerbates escalation of commitment to initiatives with prosocial aims[J]. Organizational Behavior and Human Decision Processes, 123（2）: 110-123.

Schmidt J B, Calantone R J. 2002. Escalation of commitment during new product development[J]. Journal of the Academy of Marketing Science, 30（2）: 103-118.

Schultze T, Schulz-Hardt S. 2015. The impact of biased information and corresponding meta-information on escalating commitment[J]. Journal of Economic Psychology, 49: 108-119.

Schulz-Hardt S, Thurow-Kröning B, Frey D. 2009. Preference-based escalation: a new interpretation for the responsibility effect in escalating commitment and entrapment[J]. Organizational Behavior and Human Decision Processes, 108（2）: 175-186.

Sears J B. 2019. A real options model of market entry: endogenous uncertainty and exogenous uncertainty[J]. Journal of International Management, 25（3）: 100672.

Shen L Y, Wu Y Z. 2005. Risk concession model for build/operate/transfer contract projects[J]. Journal of Construction Engineering and Management, 131（2）: 211-220.

Shi S, Yin Y, Guo X. 2016. Optimal choice of capacity, toll and government guarantee for build-operate-transfer roads under asymmetric cost information[J]. Transportation Research Part B: Methodological, 85: 56-69.

Shrestha A, Chan T K, Aibinu A A, et al. 2017. Efficient risk transfer in PPP wastewater treatment projects[J]. Utilities Policy, 48: 132-140.

Simonson I, Staw B M. 1992. Deescalation strategies: a comparison of techniques for reducing commitment to losing courses of action[J]. Journal of Applied Psychology, 77（4）: 419-426.

Singh L B, Kalidindi S N. 2006. Traffic revenue risk management through annuity model of PPP road projects in India[J]. International Journal of Project Management, 24（7）: 605-613.

Sleesman D J. 2019. Pushing through the tension while stuck in the mud: paradox mindset and escalation of commitment[J]. Organizational Behavior and Human Decision Processes, 155: 83-96.

Sleesman D J, Conlon D E, McNamara G, et al. 2012. Cleaning up the big muddy: a meta-analytic review of the determinants of escalation of commitment[J]. The Academy of Management Journal, 55（3）: 541-562.

Sleesman D J, Lennard A C, McNamara G, et al. 2018. Putting escalation of commitment in context: a multilevel review and analysis[J]. The Academy of Management Annals, 12（1）: 178-207.

Smith H J, Spears R, Oyen M. 1994. People like us: the influence of personal deprivation and group membership salience on justice evaluations[J]. Journal of Experimental Social Psychology, 30（3）: 277-299.

Song J, Hu Y, Feng Z. 2018a. Factors influencing early termination of PPP projects in China[J]. Journal of Management in Engineering, 34（1）: 05017008.

Song J, Song D, Zhang D. 2015. Modeling the concession period and subsidy for BOT waste-to-energy incineration projects[J]. Journal of Construction Engineering and Management, 141（10）: 04015033.

Song J, Song D, Zhang X, et al. 2013. Risk identification for PPP waste-to-energy incineration projects in China[J]. Energy Policy, 61: 953-962.

Song J, Zhao Y, Jin L, et al. 2018b. Pareto optimization of public-private partnership toll road contracts with government guarantees[J]. Transportation Research Part A: Policy and Practice, 117: 158-175.

Sorsa V P. 2016. Public-private partnerships in European old-age pension provision: an accountability perspective[J]. Social Policy and Administration, 50（7）: 846-874.

South A, Eriksson K, Levitt R. 2018. How infrastructure public-private partnership projects change over project development phases[J]. Project Management Journal, 49（4）: 62-80.

Staats B R, Kc D S, Gino F. 2018. Maintaining beliefs in the face of negative news: the moderating role of experience[J]. Management Science, 64（2）: 804-824.

Staw B M. 1976. Knee-deep in the big muddy: a study of escalating commitment to a chosen course of action[J]. Organizational Behavior and Human Performance, 16（1）: 27-44.

Staw B M. 1981. The escalation of commitment to a course of action[J]. The Academy of Management Review, 6（4）: 577-587.

Staw B M, Ross J. 1987a. Behavior in escalation situations: antecedents, prototypes, and solutions[J]. Research in Organizational Behavior, 9（4）: 39-78.

Staw B M, Ross J. 1987b. Knowing when to pull the plug[J]. Harvard Business Review, 65（2）: 68-74.

Staw B M, Ross J. 1989. Understanding behavior in escalation situations[J]. Science, 246（4927）: 216-220.

Stilley K M, Inman J J, Wakefield K L. 2010a. Planning to make unplanned purchases? The role of in-store slack in budget deviation[J]. Journal of Consumer Research, 37（2）: 264-278.

Stilley K M, Inman J J, Wakefield K L. 2010b. Spending on the fly: mental budgets, promotions, and spending behavior[J]. Journal of Marketing, 74（3）: 34-47.

Tamada Y, Tsai T S. 2014. Delegating the decision-making authority to terminate a sequential project[J]. Journal of Economic Behavior and Organization, 99: 178-194.

Teger A I. 1979. Too Much Invested to Quit[M]. Oxford: Pergamon Press.

Thomas G. 2011. A typology for the case study in social science following a review of definition, discourse, and structure[J]. Qualitative Inquiry, 17（6）: 511-521.

Tirole J. 1994. The internal organization of government[J]. Oxford Economic Papers, 46（1）: 1-29.

Tiwana A, Keil M, Fichman R G. 2006. Information systems project continuation in escalation situations: a real options model[J]. Decision Sciences, 37（3）: 357-391.

Tobin J. 1958. Liquidity preference as behavior towards risk[J]. The Review of Economic Studies, 25（2）: 65-86.

Trigeorgis L, Tsekrekos A E. 2018. Real options in operations research: a review[J]. European Journal of Operational Research, 270（1）: 1-24.

Tsai M H, Young M J. 2010. Anger, fear, and escalation of commitment[J]. Cognition and Emotion, 24（6）: 962-973.

Tse D K, Lee K, Vertinsky I, et al. 1988. Does culture matter? A cross-cultural study of executives' choice, decisiveness, and risk adjustment in international marketing[J]. Journal of Marketing, 52（4）: 81-95.

Tversky A, Kahneman D. 1992. Advances in prospect theory: cumulative representation of uncertainty[J]. Journal of Risk and Uncertainty, 5（4）: 297-323.

Vroom V H. 1964. Work and Motivation[M]. San Francisco: Jossey-Bass.

Wang H, Liu Y, Xiong W, et al. 2019. The moderating role of governance environment on the relationship between risk allocation and private investment in PPP markets: evidence from developing countries[J]. International Journal of Project Management, 37（1）: 117-130.

Wang Y. 2015. Evolution of public-private partnership models in American toll road development:

learning based on public institutions' risk management[J]. International Journal of Project Management, 33（3）: 684-696.

Wang Y, Cui P, Liu J. 2018. Analysis of the risk-sharing ratio in PPP projects based on government minimum revenue guarantees[J]. International Journal of Project Management, 36（6）: 899-909.

Wang Y, Gao H O, Liu J. 2019. Incentive game of investor speculation in PPP highway projects based on the government minimum revenue guarantee[J]. Transportation Research Part A: Policy and Practice, 125: 20-34.

Wang Y, Liu J. 2015. Evaluation of the excess revenue sharing ratio in PPP projects using principal-agent models[J]. International Journal of Project Management, 33（6）: 1317-1324.

Westfall J E, Jasper J D, Christman S. 2012. Inaction inertia, the sunk cost effect, and handedness: avoiding the losses of past decisions[J]. Brain and Cognition, 80（2）: 192-200.

Whyte G. 1986. Escalating commitment to a course of action: a reinterpretation[J]. The Academy of Management Review, 11（2）: 311-321.

Whyte G. 1993. Escalating commitment in individual and group decision making: a prospect theory approach[J]. Organizational Behavior and Human Decision Processes, 54（3）: 430-455.

Whyte G, Saks A M, Hook S. 1997. When success breeds failure: the role of self-efficacy in escalating commitment to a losing course of action[J]. Journal of Organizational Behavior, 18（5）: 415-432.

Wieber F, Thürmer J L, Gollwitzer P M. 2015. Attenuating the escalation of commitment to a faltering project in decision-making groups: an implementation intention approach[J]. Social Psychological and Personality Science, 6（5）: 587-595.

Winch G M. 2013. Escalation in major projects: lessons from the Channel Fixed Link[J]. International Journal of Project Management, 31（5）: 724-734.

Wong K F E. 2005. The role of risk in making decisions under escalation situations[J]. Applied Psychology, 54（4）: 584-607.

Wong K F E, Kwong J Y Y. 2007. The role of anticipated regret in escalation of commitment[J]. The Journal of Applied Psychology, 92（2）: 545-554.

Wong K F E, Kwong J Y Y. 2018. Resolving the judgment and decision-making paradox between adaptive learning and escalation of commitment[J]. Management Science, 64（4）: 1911-1925.

Wong K F E, Kwong J Y Y, Ng C K. 2008. When thinking rationally increases biases: the role of rational thinking style in escalation of commitment[J]. Applied Psychology, 57（2）: 246-271.

Wong K F E, Yik M, Kwong J Y Y. 2006. Understanding the emotional aspects of escalation of commitment: the role of negative affect[J]. The Journal of Applied Psychology, 91（2）:

282-297.

Xiong W, Zhang X. 2016. The real option value of renegotiation in public-private partnerships[J]. Journal of Construction Engineering and Management, 142（8）: 04016021.

Xiong W, Zhang X, Chen H. 2015. Early-termination compensation in public-private partnership projects[J]. Journal of Construction Engineering and Management, 142（4）: 04015098.

Xiong W, Zhao X, Yuan J F, et al. 2017. Ex post risk management in public-private partnership infrastructure projects[J]. Project Management Journal, 48（3）: 76-89.

Xu Y, Chan A P C, Xia B, et al. 2015. Critical risk factors affecting the implementation of PPP waste-to-energy projects in China[J]. Applied Energy, 158: 403-411.

Xu Y, Chan A P C, Yeung J F Y. 2010b. Developing a fuzzy risk allocation model for PPP projects in China[J]. Journal of Construction Engineering and Management, 136（8）: 894-903.

Xu Y, Yeung J F Y, Chan A P C, et al. 2010a. Developing a risk assessment model for PPP projects in China—a fuzzy synthetic evaluation approach[J]. Automation in Construction, 19（7）: 929-943.

Yuan J, Chan A P C, Xiong W, et al. 2013. Perception of residual value risk in public private partnership projects: critical review[J]. Journal of Management in Engineering, 31（3）: 04014041.

Zeng J, Zhang Q, Chen C, et al. 2013. An fMRI study on sunk cost effect[J]. Brain Research, 1519: 63-70.

Zhang G P, Keil M, Rai A, et al. 2003. Predicting information technology project escalation: a neural network approach[J]. European Journal of Operational Research, 146（1）: 115-129.

Zhang S, Chan A P C, Feng Y, et al. 2016. Critical review on PPP research—a search from the Chinese and international journals[J]. International Journal of Project Management, 34（4）: 597-612.

Zhang X, Soomro M A. 2015. Failure path analysis with respect to private sector partners in transportation public-private partnerships[J]. Journal of Management in Engineering, 32（1）: 04015031.

附　　录

《PPP 项目决策者承诺升级影响因素》调查问卷

尊敬的先生/女士:

　　您好! 我们是西南交通大学国家自然科学基金项目 "PPP 项目多利益主体承诺升级机理与控制研究" 课题组。本次问卷调查主要针对 PPP 项目利益相关方的决策行为进行研究。调查仅限于学术研究,我们承诺对您所填信息予以保密。非常感谢您的参与。如果您对我们的研究感兴趣,请联系我们: PPPCenter_SWJTU@126.com, 以便反馈研究结果。感谢您对我们研究的大力支持!

西南交通大学

第一部分: 基本信息

1. 您所在单位:

□国企/央企　　　　　　　　　　□民企

2. 您主持或参与过的 PPP 项目数量:

□0 项　　　　　□1~2 项　　　　　□3~4 项　　　　　□5 项及以上

第二部分: PPP 项目投资者承诺升级影响因素

　　由于各种风险和不确定性,PPP 项目实施过程中投资者经常会收到有关项目的负向反馈信息,如果继续项目很可能会面临失败,但当决策者再次决策时,有时依然会选择继续项目,即表现为承诺升级。请您对影响 PPP 项目决策者承诺升级行为因素的重要性打分 (√选)。

编号	题项	非常不重要 ↔ 非常重要
Q1	项目已投入的资金量	□1 □2 □3 □4 □5 □6 □7
Q2	项目已完成的工作量	□1 □2 □3 □4 □5 □6 □7
Q3	项目预期收益的高低	□1 □2 □3 □4 □5 □6 □7
Q4	剩余需要投入的资金量	□1 □2 □3 □4 □5 □6 □7
Q5	剩余资金投入其他项目可获得的收益	□1 □2 □3 □4 □5 □6 □7
Q6	项目预期收益的准确性	□1 □2 □3 □4 □5 □6 □7
Q7	项目目标能够实现的概率	□1 □2 □3 □4 □5 □6 □7
Q8	项目剩余的特许期长度	□1 □2 □3 □4 □5 □6 □7
Q9	继续采用 PPP 模式还是改用传统政府投资模式	□1 □2 □3 □4 □5 □6 □7
Q10	现阶段项目决策目标为获得利润还是减少损失	□1 □2 □3 □4 □5 □6 □7
Q11	对项目控制权的程度	□1 □2 □3 □4 □5 □6 □7
Q12	投资者的综合实力	□1 □2 □3 □4 □5 □6 □7
Q13	政府担保措施	□1 □2 □3 □4 □5 □6 □7
Q14	政府财政状况	□1 □2 □3 □4 □5 □6 □7
Q15	政府信用状况	□1 □2 □3 □4 □5 □6 □7
Q16	新增利好政策（如政策支持、税收优惠、延长特许期等）	□1 □2 □3 □4 □5 □6 □7
Q17	良好的风险分担机制	□1 □2 □3 □4 □5 □6 □7
Q18	对自己的决策行为及对社会公众或他人的责任感	□1 □2 □3 □4 □5 □6 □7
Q19	过度相信自己的能力	□1 □2 □3 □4 □5 □6 □7
Q20	把外在的挑战看作机遇	□1 □2 □3 □4 □5 □6 □7
Q21	对负面信息的承受度	□1 □2 □3 □4 □5 □6 □7
Q22	心理预设的损失容忍度	□1 □2 □3 □4 □5 □6 □7
Q23	投资者自身的自尊水平	□1 □2 □3 □4 □5 □6 □7
Q24	对项目负向反馈信息的理性思考与客观判断	□1 □2 □3 □4 □5 □6 □7
Q25	决策时的负面情绪（如愤怒、忧郁、郁闷等）	□1 □2 □3 □4 □5 □6 □7
Q26	决策方式（直接集体决策或先个体后集体决策）	□1 □2 □3 □4 □5 □6 □7
Q27	为了企业或项目的社会形象	□1 □2 □3 □4 □5 □6 □7
Q28	组织对决策者的业绩考核	□1 □2 □3 □4 □5 □6 □7
Q29	所处的组织文化环境（如结果导向等）	□1 □2 □3 □4 □5 □6 □7
Q30	组织对项目的不决策或延迟决策行为	□1 □2 □3 □4 □5 □6 □7

续表

编号	题项	非常不重要 ↔ 非常重要
Q31	组织中多利益方共担某项责任形成的责任稀释	□1 □2 □3 □4 □5 □6 □7
Q32	需要对前置决策负责	□1 □2 □3 □4 □5 □6 □7
Q33	项目失败后受处罚的程度	□1 □2 □3 □4 □5 □6 □7
Q34	与其他利益相关者相比，自己掌握的信息量	□1 □2 □3 □4 □5 □6 □7
Q35	来自社会的舆论压力	□1 □2 □3 □4 □5 □6 □7
Q36	在相似的情况下跟随他人的决定	□1 □2 □3 □4 □5 □6 □7
Q37	以他人的行为或社会规范来指导决策	□1 □2 □3 □4 □5 □6 □7
Q38	社会文化环境（如不同国家或民族之间的文化差异）	□1 □2 □3 □4 □5 □6 □7
Q39	项目实施过程中权威人士介入或其他政治性因素	□1 □2 □3 □4 □5 □6 □7
Q40	追求自己在他人心中的形象和社会对自身的评价	□1 □2 □3 □4 □5 □6 □7

除上述因素外，您认为其他可能影响 PPP 项目投资者承诺升级的因素包括：
_____（若有，请填写）。

请您确认，您是针对 PPP 项目再次决策时做出的选择！感谢您的支持与配合，祝您生活愉快！